湖北省人文社科重点研究基地三峡大学区域社会管理创新与发展研究中心开放基金重大项目"三峡流域城市社会治理研究"资助

湖北省教育厅人文社科项目"新形势下湖北民族地区应急管理体系优化研究"（13Q033）资助

三峡大学青年科学基金项目"城市化进程中的社会安全与应急管理研究"（KJ2012A004）资助

三峡流域城市
社会治理研究丛书

丛书主编：谭志松

应用社会学文库

三峡流域城市社会安全治理研究

朱静　梁贤艳　著

SANXIA LIUYU CHENGSHI SHEHUI ANQUAN
ZHILI YANJIU

中国社会科学出版社

图书在版编目（CIP）数据

三峡流域城市社会安全治理研究/朱静，梁贤艳著．—北京：
中国社会科学出版社，2016.7
（三峡流域城市社会治理研究丛书）
ISBN 978 - 7 - 5161 - 8189 - 8

Ⅰ.①三… Ⅱ.①朱…②梁… Ⅲ.①三峡—长江流域—城市
管理—社会管理—研究 Ⅳ.①D677.19

中国版本图书馆 CIP 数据核字（2016）第 109564 号

出 版 人	赵剑英
责任编辑	张　林
特邀编辑	吴连生
责任校对	高建春
责任印制	戴　宽

出　　版	中国社会科学出版社
社　　址	北京鼓楼西大街甲 158 号
邮　　编	100720
网　　址	http://www.csspw.cn
发 行 部	010 - 84083685
门 市 部	010 - 84029450
经　　销	新华书店及其他书店

印　　刷	北京明恒达印务有限公司
装　　订	廊坊市广阳区广增装订厂
版　　次	2016 年 7 月第 1 版
印　　次	2016 年 7 月第 1 次印刷

开　　本	710×1000　1/16
印　　张	17
插　　页	2
字　　数	269 千字
定　　价	62.00 元

总　序

　　《三峡流域城市社会治理研究丛书》（以下简称《丛书》）是湖北省人文社科重点研究基地三峡大学区域社会管理创新与发展研究中心（以下简称社管研究中心）开放基金的一项重大研究课题"三峡流域城市社会治理研究"的系列成果。本课题由笔者主持，下设九个子课题，每个子课题用一本专著结题，分别由研究中心部分教授和博士主持完成。经过课题组和编委会近几年的艰苦努力，成果将陆续由中国社会科学出版社出版。

　　本课题研究对象是三峡流域中各大中小城市的社会治理研究。这里涉及两个社会空间概念：一个是大区域概念，即所谓"三峡流域"社会空间，这里指长江三峡段涉及的流域区域和汇入三峡流域段的三江（乌江、清江、沅江）所流经的流域区域共同连片构成的地域的社会空间，它涉及湖北、湖南、重庆、贵州等四个省市的 15 个地市州区及其 94 个县市区（其中重庆的 12 个县为副地级县），国土面积 23 万平方公里，总人口 4 607.8 万余人。这个区域有四大特点：一是水域和水电特色，举世瞩目的三峡水电工程和葛洲坝水电工程等引起世界关注；二是民族山区特色，这一区域覆盖了武陵山区的大部分地域，土家族、苗族、汉族等 30 余个民族共居此地，具有独特的民族和地域文化；三是自然风景和民族文化构成了丰富独特的民族旅游资源；四是远距省会之外，处于边缘地带而分属四个省市，且有相当一部分地区还处于需要国家大力扶贫的状况。另一个区域概念是三峡流域中的城市社会。第一，按现在划分，这一区域内有一个大城市——宜昌市城区，其余全是中小城市（地市州首府和县市区首府城市）；第二，这些城市都在具有国家发展战略和省市发展战略的四个城市圈、群（武汉"8 + 1"城市圈、湖南"长株潭"城市群、重庆城市群和贵阳城市群）之外。第三，在这些城市中有一个被确定为首批 38 个全国城市社会治理的试点——宜昌市，且经过五年的努力，已形成了行之有效的城市社会治理"一本三化"体系和模式。① 因此，笔者认为三峡流域社会是一个值得关注和研究的社会空间，并首次选择了"三峡流域城市社会治理研究"为我们的研究课题。

党的十八届三中全会通过的《中共中央关于全面深化改革若干重大问题的决定》（以下简称《决定》）明确提出："全面深化改革的总目标是完善和发展中国特色社会主义制度，推进国家治理体系和治理能力现代化"，并强调要"创新社会治理的体制"。其现实意义就是维护最广大人民的根本利益，最大限度地增加社会和谐因素，增强社会发展活力，提高社会治理水平，确保人民安居乐业、社会安定有序。它体现了我们党对社会发展规律认识和把握的又一次新飞跃，实现了我国社会建设理论和实践的又一次创新。《决定》的精神，提升了"丛书"研撰的重要现实意义。

研究城市社会治理，必然要考虑城市社会空间的特点和社会转型期社会结构变化情况，要以马克思主义社会空间理论为指导，来构建城市社会治理研究的框架和体系。马克思主义社会空间理论源于马克思"土地空间"理论所导出的社会空间思想。20 世纪 70 年代以来，以列斐伏尔、卡斯特尔、哈维、詹姆逊等为代表的新马克思主义者们循着马克思和恩格斯的思想进一步推进了马克思主义的社会空间思想，进而逐步形成了马克思主义社会空间理论。② 马克思主义社会空间思想的核心是"社会空间是人类社会实践活动的产物"。"实践"是马克思主义哲学的立足点也是目的地。马克思指出："从前的一切唯物主义（包括费尔巴哈的唯物主义）的主要缺点是：对对象、现实、感性，只有从客体或者直观的形式去理解，而不是把它们当作感性的人的活动，当作实践去理解。"③由此可见，马克思的"实践"，"不单是指人类的物质生产实践活动，还

---

① 这部分内容的详细论述见拙作《三峡流域城市社会治理概论》。
② 王晓磊：《社会空间论》，中国社会科学出版社 2014 年版，第 95 页。
③ 《马克思恩格斯选集》第 1 卷，人民出版社 1995 年版，第 54 页。

包括人类的精神生产实践活动、人的生产实践活动和社会交往实践活动"①。也就是说，社会空间是人类物质生产实践、精神生产实践、人的生产实践和社会交往实践等人类的四种实践活动的产物。

从马克思主义社会空间理论去思考，研究城市社会治理必须考虑城市社会与城市自然空间（城市区域位置）和再现的城市空间（政府主导下人们建造的城市空间）的关系；要考虑城市社会与该城市的精神空间的关系；还要考虑城市社会与该城市的人口规模、民族结构和文化的关系；更离不开与该城市的经济发展状况以及治理体制和机制的关系。因此，我们是在这个基本思想的指导下构建的本"丛书"内容体系：

首先，"丛书"第一次提出"三峡流域"的概念，对"三峡流域"概念的界定及其意义的阐释，以及对该区域城市社会治理综合状况的梳理，包括研究区域城市社会的一些基础性理论论述，是整个"丛书"基础性的重要工作。这方面以题为"三峡流域城市社会治理概论"的著作，由谭志松教授完成。

其二，我们选取宜昌市城市社会治理为研究范本，进行全面系统的研究，拟作为三峡流域城市社会治理可以循借的样本，以指导实践和找出规律。这样做的理由有四：一是，宜昌市府城区是三峡流域中规模最大、经济基础较好的城市（现城区人口130余万）。二是，区域位置处该流域中部核心位置，中国水电主要枢纽工程：三峡水电工程和葛洲坝水电工程所在地，有"中国能源的心脏"和"世界水电之都"之称，有重要的社会影响和社会地位；三是，宜昌市已作为全国城市社会管理创新首批38个试点城市之一进行了五年的实践探索，取得了开创性的成果，形成了特色鲜明的社会治理体系："一本三化"城市社会治理模式，并得到了中央和湖北省委的肯定和重视，已经产生了重要影响。这个体系和模式对于三峡流域乃至全国城市社会治理具有重要的示范和推广意义。四是，宜昌城市发展的历史变迁、社会文化结构、经济生活方式与地理生态环境等与三峡流域内城市基本相近，因此，选择宜昌市做样本具有直接指导意义。我们用三本专门著作全面研究宜昌城市社会治理模式和经验：《现代城市社会治理创新"一本三化"模式研究——来自宜昌的中

---

① 王晓磊：《社会空间论》，中国社会科学出版社2014年版，第87页。

国经验》(谭志松教授和王俊教授等编著)、《现代城市政务信息化大统一模式研究——宜昌市电子政务实践与实效》(王俊教授等编著)、《宜昌城市变迁史研究》(李敏昌教授等著)。

其三，围绕城市社会治理涉及的各个方面，结合三峡流域城市社会治理状况，从五个方面作专题研究：

邓莹辉教授的《三峡流域城市社会文化管理创新研究》一书，主要分析了政府行使文化管理职能过程中所面临的困境及其产生的原因，厘清了城市文化管理和管理文化创新的基本思路及有效路径，其间，特别注意到地方文化建设、发展和管理对城市社会治理的影响和作用。

陈金明教授等的《三峡流域城市社会文明教育创新研究》一书，着重分析三峡流域城市社会文明教育的结构体系，从实证研究的角度，总结了三峡流域城市社会文明教育的重要举措及基本经验，同时也对城市文明教育对城市社会治理作用的理论进行一定的探讨。

骆东平教授等的《三峡流域城市社会治理法治化研究》一书，以全国社会管理创新的试点城市——宜昌市的城市社会治理法治化实践为研究对象，重点就宜昌市城市社会治理法治化、社会稳定风险评估与应急管理法治化、特殊人群管理法治化、非政府组织法治化和"智慧城市"建设等几大方面的实践与理论问题进行了研究。以探究当下城市社会治理中本地优势资源的开发与本地社会服务水平提升中的诸多理论与实践问题。意在阐释城市社会治理需将创新社会治理置于法治化的轨道中，需科学规划社会治理立法进程、有序推进公民参与公共决策、积极营造社区法治文化氛围和全面保障社会组织服务民生。

李见顺博士的《三峡流域城市社会社区自治的理论与实践研究》一书，从逻辑的、历史的和现实的三个层面探讨了三峡流域城市社区自治的理论问题和实践模式，对三峡流域社会建设背景下城市社区自治的产生与发展进行理论总结，并提出适应社会建设需要的城市社区自治重构模式和路线图。

朱静博士和梁贤艳副教授等的《三峡流域城市社会安全治理研究》一书，主要选择了我国各地运行较好的城市社会安全治理模式进行比较研究，这些城市包括山东烟台、浙江平阳、辽宁沈阳、江苏淮安、四川遂宁、湖北宜昌等，通过比较研究，归纳出这些城市社会安全治理的特征和经验。

"丛书"的研撰经过了艰辛努力，也得到了多方的帮助和支持。2012年，在宜昌市政协主席、市社会管理创新领导小组办公室（以下简称"市创新办"）主任李亚隆同志的支持下，三峡大学应用社会学研究所与宜昌市社会管理创新办公室联合申报湖北省人文社科重点研究基地三峡大学区域社会管理创新与发展研究中心并获得成功，开始实质性合作研究。我们派出朱静博士等到市创新办挂职工作，学习宜昌市社会管理创新工作，参与市创新办相关工作。多次请市创新办相关领导和工作人员来社管研究中心开讲座，介绍宜昌市社会管理创新工作，并一直保持紧密合作关系，进行了政校联合攻关。

2014年8月，笔者率"丛书"编撰人员赴三峡流域中的恩施土家族苗族自治州、利川市、黔江区、涪陵区、湘西土家族苗族自治州、张家界市、怀化市、铜仁市等地区进行了为期20余天的实地调研，2014年10月又在宜昌市、荆州市等调研三周，各书作者还分别进行了专项实地深入调研。其他地方我们也通过其他途径联系获得了需要的资料。各地政府和部门的相关领导和干部都给予了大力支持和热情接待，使我们的调研得以顺利进行，并获得了近两千万字的第一手重要资料。借此，笔者要向以上各地党委政府及其部门的相关领导表示衷心的感谢！

著名社会学家、中国人民大学一级教授郑杭生先生生前是我们社管研究中心名誉主任，他十分关心"丛书"的研撰和出版工作，并对"丛书"框架和各著作的提纲给予了许多具体的指导性意见。我们也以"丛书"的出版表达对郑先生的深切怀念和万分感激之情。

我们还得到中国社会科学出版社副总编辑曹宏举编审的悉心指导和大力支持，责任编辑张林主任也给予了大力帮助，在此一并致谢。

"丛书"得以顺利出版，还要特别感谢三峡大学党委书记李建林教授、校长何伟军教授，他们不仅出任编委会顾问，在"丛书"研撰的整体方向上把脉，还给我们全体编撰人员以极大的鼓励和支持。还要感谢三峡大学科技处（社科处）许文年处长、周卫华副处长，马克思主义学院胡孝红院长、胡俊修和黎见春副院长等给予的大力支持。

"丛书"涉及社会学、文化学、民族学、管理学、法学、教育学等多门学科，虽然各著作的负责人属于在相应领域里有较深造诣或者有一定研究特长的专家、教授和博士，但毕竟着眼于一个区域的城市社会治理的研究的知识和经验有限，所以，书中定有不足或不妥之处，还请各位学者、广大读者和三峡流域各地的领导、干部批评指正。

谭志松

于三峡大学云锦花园专家楼

2015 年 3 月 1 日

目　　录

前　言

当前，社会转型不断加剧，社会矛盾日益突出，社会安全与稳定呈现出一些新特点，影响社会稳定的各种安全事件，如重大刑事案件、群体性事件、恐怖袭击事件、校园安全事件、民族宗教事件、涉外安全事件等，数量有所增多，社会纠纷与矛盾冲突涉及范围不断扩大，利益主体间的摩擦和对立程度也在不断加剧。为维护社会稳定，保障社会安全和人民生命财产的安全，创造安全与稳定的社会环境至关重要。

城市社会安全治理，是城市治理和安全治理问题的耦合。由于城市治理和安全治理本身的复杂性，城市社会安全治理问题，也是一个颇为复杂的系统问题。城市是社会安全治理的重心，寻求科学、合理、高效的现代城市社会安全治理模式，已成为城市政府提高城市治理水平、应对社会安全事件的重要课题，也已成为城市可持续发展能力建设的重要环节和保证。

三峡流域城市社会安全形势和城市社会安全治理有其独特的区位特征和特色领域，客观分析三峡流域城市社会安全治理面临的形势，并探索出一条适合本地区区域特征的治理路径，对三峡流域城市社会乃至整个社会的安全稳定至关重要。推而广之，如果能从三峡流域这个个体的城市社会安全治理中，探索出适合其他区域乃至一般城市社会安全治理的新思路、新方法、新举措，则更是事关三峡流域乃至整个社会安全治理的大事。

2014年7月至10月，作者梁贤艳副教授（在读博士）随"丛书"主编谭志松教授率领的课题组，对三峡流域内的宜昌市、恩施土家族苗族自治州、荆州市、涪陵区、黔江区、铜仁市、怀化市、湘西土家族苗族自治州、张家界市、利川市、恩施市、西陵区、远安县、秭归县、兴山县等地级城市和县级城市的社会安全治理工作，通过集体座谈、部门访问、实地走访等方式，进行了实地调研，收集了大量一手珍贵资料。整体看，三峡流域各城市均高度重视城市社会安全治理工作，采取一系列措施确保城市社会安全稳定，有多个城市因连续多年被评为全国先进而获得象征社会治理最高荣誉的"长安杯"，如宜昌市、黔江区、张家界市等。

2013 年，本书作者朱静博士到宜昌市社会服务管理创新办公室挂职锻炼一年，参与到社会治理创新实际工作之中，对城市社会安全治理尤其是网格化治理模式，有了切身的感受和较为全面的了解，收益良多。本书中理论与实践的结合部分，从某种程度上即是对这一段实践工作的回应。本书的重点不在理论化的程度，而在于应用的价值，在于对城市社会安全治理创新实践的案例描述与反思，以及对运行经验的总结。

本书的顺利出版要特别感谢三峡大学区域社会管理创新与发展研究中心及"三峡流域城市社会治理研究"课题组各位领导和同人的大力支持。本书是"三峡流域城市社会治理研究"系列丛书之一，其写作计划与框架设想由作者提出后，经"丛书"主编谭志松教授组织课题组成员讨论而成，凝聚了"丛书"课题组全体成员的心血。各章具体分工是：前言，朱静、梁贤艳；第一章、第二章，梁贤艳；第三章、第四章、第五章，朱静。最后由朱静统稿。

本书由朱静和梁贤艳两位博士、副教授共同完成，虽然两人在社会安全治理领域内有多年的理论和实践积累，但由于时间紧迫，加之水平有限，难免有偏颇和疏漏之处，恳请各位读者、专家与实际工作部门同志批评指正！

第一章

城市社会安全治理概述

世界银行在 2006 年的《东亚经济发展报告》中提出了"中等收入陷阱"（Middle Income Trap）的概念，指的是当一个国家或地区在从中等收入向高等收入迈进的过程中，如不能摆脱原有发展模式，则容易陷入经济滞胀状态。当人均 GDP 难以突破 1 万美元大关时，发展过程中积累的矛盾就会集中爆发，旧有发展模式无法有效应对系统性风险，表现出经济滞胀、就业困难、贫富分化、信仰缺失、腐败多发、民主乱象、社会动荡等现象。2006 年 10 月 11 日，中共中央召开十六届六中全会，发布《中共中央关于构建社会主义和谐社会若干重大问题的决定》，该《决定》全面分析了当前形势，阐述了社会主义和谐社会构建的重要性和紧迫性，明确指出我国社会在总体和谐稳定的同时，"也存在不少影响社会和谐的矛盾和问题"，"社会和谐是我们党不懈奋斗的目标"。由此，社会安全治理被上升到党和国家战略的高度。作为社会安全治理重心的城市社会安全治理，逐渐成为全社会关注的焦点和研究的重点。

第一节　社会安全治理

准确把握"社会安全治理"的科学内涵，是探讨城市社会安全治理问题的前提。而要把握"社会安全治理"的科学内涵，首先需要对"社会安全"做一系统理解。

一　社会安全

（一）社会与社会整合

"社会"一词的英文翻译为"Society"。而英语 Society 一词来源于拉丁语 Socius，意为伙伴。西方社会学家对"社会"一词，从不同角度进行了多种阐释，概括起来有两大派别：即唯实派和唯名派。① 齐美尔、涂尔干等社会唯实派认为，社会不仅是个人的集合，也是真实的客观实在；吉丁斯、塔尔德等社会唯名派认为，社会只是具有同等特征的人的代名词，只是个空名，不是实体。

马克思主义认为，社会是人类生活的共同体，其本质既不是在个人、也不是在整体之中，而存在于人与人、个人与整体的关系之中，究其本质是生产关系的总和，是以物质生产活动为基础而相互联系的人们的有机总体。郑杭生教授认为，社会由人群组成，以人与人的交往为纽带，以人们的物质生产活动为基础，由人口、资源、环境、文化等要素构成，具有整合、交流、导向、继承和发展的功能。②

社会整合（Social Integration）是指"社会将无数单个的人组织起来，形成一股合力，调整种种矛盾、冲突与对立，并将其控制在一定范围内，维护统一的局面。"③ 由于种种原因，当社会矛盾、社会冲突和对立在某一时期没有被有效调处，没有被有效控制在一定范围之内，进而影响到社会的良性运行和协调发展，则产生了我们所说的"社会安全"问题。

（二）人的需求与安全

美国心理学家亚伯拉罕·马斯洛，1943 年在其《人类激励理论》一文中，提出世界知名的需要层次理论。该理论将人的需要分为五种，即生理需要、安全需要、社交需要、尊重需要和自我实现需要；并认为，当某一层次的需要相对满足后，一般会向高一层次发展，追求更高一层次的需要。比如，一个人同时缺乏食物、安全感和自我尊重需要，对他而言首先需要填饱肚子，吃是第一要义，但饥饿问题解决后，安全需要

---

① 参见郑杭生《社会学概论新修》（第四版），中国人民大学出版社 2013 年版，第 50 页。
② 同上书，第 51—53 页。
③ 同上书，第 52 页。

就会逐渐上升为第一需要，安全需要满足后，自我尊重的需要又会上升为第一需求，依次类推，生理、安全、社交、尊重和自我实现这五种需要像阶梯一样从低到高、逐级递升，呈现出金字塔结构（如图1—1所示）。

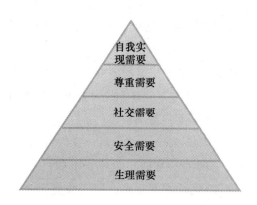

图1—1　马斯洛的需要层次理论

从图1—1可以看出，安全需要是人类仅次于生理需要的普遍、基本、永恒的追求。因而关于安全的追求和探索自人类产生以来就从未停止过，关于安全的思想和理论同人类历史一样源远流长。中国古代的儒家、道家、法家等学说，西方的社会系统论、社会整合论、社会控制论、社会结构论、社会冲突论、集合行为论以及风险社会理论等，①都对安全及其与社会的关系进行过深入探索和研究，为人类构建安全稳定的社会提出过许多颇具价值的思想。

尽管如此，人们对"安全"一词的理解，可谓仁者见仁、智者见智。国内外学术界至今也没有形成一个统一的定义，不同学科、不同学者、不同文献对"安全"二字的界定也不尽相同。为此，我们力图运用本源法，探索出"安全"一词的本源含义和基本要素。

从汉字构字法上分析："安"是宝盖头下一个女字，"屋檐下的女子"，意为受到保护；"全"为人字下面一个王字，有人最大、全面的意思。所以两个字合在一起有"所有人均需受到保护"之意。《现代汉语词

---

① 参见颜烨《安全社会学》，中国政法大学出版社2013年版，第32—48页。

典》将安全解释为"没有危险，不受威胁，不出事故"，中国国家标准将"安全"定义为"免除了不可接受的损害风险的状态"。

"安全"的英文词条为"Safety"和"Security"，在《牛津现代高级英汉双解词典》的解释中，两者均有无伤害、平安、稳妥、保障、保安、可靠等意思；只不过"Safety"偏重于设施、设备、技术、生产等"硬安全"；"Security"偏重于措施、制度、心理等"软安全"，如国家安全、社会安全等。

据此我们可以认为，"安全"是指威胁、危险、事故被控制在可接受范围内的一种稳定状态，是人类最基本、最普遍、最永恒的需求之一。

（三）社会安全及其主要类型

根据上述"社会"和"安全"的分析，我们可以将社会安全理解为：人类生活的共同体所处的一种威胁、危险、事故可控的稳定状态。这种解释可以从广义和狭义①两个方面理解：广义社会安全论者认为，社会安全是指整个社会系统保持在一种良性运行和协调发展的状态。社会有妨碍良性运行与协调发展的因素，但被控制在合理范围之内。社会安全受内、外两个环境因素的影响：从外部环境而言，自然环境的衰退、生态系统的崩溃及外部社会的冲击、竞争、打压、颠覆等，均可能导致社会秩序的破坏，甚至社会结构的瓦解；从内部环境而言，经济系统、政治系统、文化系统、社会生活系统，以及各系统相互之间的关系等，均会对社会安全产生重要影响，如果各系统运行失调，则会引发社会危机，导致社会混乱。

狭义社会安全论者认为，人类社会是一个有机统一体，由许多有机联系的子系统构成：从纵向上看，有国家、地区、城市、社团、公司、家庭等各个层次的子系统；从横向上看，有经济、政治、文化、社会等各个类别的子系统。社会安全主要是指社会子系统的安全。因为从不安全的表现来看：经济不安全主要表现为商品（含服务）的生产、分配、交换与消费等环节的失调，如商品短缺或过剩、金融危机、市场混乱等；政治不安全主要表现为政权的不稳定，如动乱、政变、战争、政权更迭

---

① 参见郑杭生、洪大用《中国转型期的社会安全隐患与对策》，《中国人民大学学报》2004年第2期，第2—3页。

等；文化不安全主要表现为文化的无序状态，如信仰缺失、道德沦丧、认同危机、文化逆流等；社会不安全在很大程度上体现为社会矛盾的积累、社会关系的失调、社会秩序的混乱，如恐怖袭击、重大刑事案件、较大规模群体事件、民族宗教危机、涉外冲突事件等。社会安全与经济安全、政治安全、文化安全的影响因素和不安全的表现在性质上有着明显的区别，应该成为一个独立的研究领域（见表1—1）。

表1—1　　　　　　　《突发事件应对法》公共安全事件分类

事件类型	公共安全事件示例
自然灾害	地震、火山爆发、山体滑坡、地陷等陆界灾害；洪水、海啸、干旱等水界灾害；台风、雷雨冰雹、极端冰雪、热浪等气象灾害；沙尘暴、酸雨、温室效应、气候变暖等环境灾害
事故灾难	交通运输事故、工矿商贸等企业各类安全事故、环境污染和生态破坏事件、公共设施和设备事故等
公共卫生事件	传染病疫情、食品药品安全、群体性不明原因疾病、动物疫情、职业危害以及其他严重影响公众健康和生命安全的事件
社会安全事件	群体性事件、重大刑事案件、校园安全事件、恐怖袭击事件、民族宗教事件、涉外突发事件

2007 年颁布实施的《突发事件应对法》，将突发公共安全事件划分为自然灾害、事故灾难、公共卫生事件、社会安全事件四类。从表1—1 可以看出，当代中国政府对社会安全的理解也是采用上述狭义的阐释，其在某种程度上也代表了当今中国主流的社会意见。本书所指社会安全，主要是指人类生活的共同体中，除了经济、政治、文化安全以外的社会子系统所处的一种稳定状态。打破这种稳定状态的事件被称作社会安全事件，社会安全事件是指"在社会安全领域发生的，因人为因素造成或者可能造成严重的社会危害，需要采取应急处置措施的事件"[①]。

---

① 周定平：《社会安全事件特征的比较分析》，《北京人民警察学院学报》2008 年第 2 期，第 47 页。

社会安全事件主要包括几大类型：一是重大刑事案件。主要是指案件情节严重，涉案人数众多，或社会影响恶劣的刑事案件。如杀人、抢劫、强奸、爆炸、放火、投毒、诈骗、贩毒、绑架、涉枪等案件。二是群体性事件。主要是指以形成一定规模、造成一定影响、干扰社会正常秩序的游行、示威、罢工、非法集会、集体上访等形式，表达利益诉求的事件。如出租车集体罢运事件、因上马污染企业不满而集体"散步"事件、集体堵路事件、冲击党政机关打砸抢烧事件等。三是恐怖袭击事件。主要是指恐怖组织和恐怖分子采用自杀式袭击、爆炸、生物和化学武器等方式，对（但不限于）平民和民用设施实施攻击，引起大面积恐慌迫使政府屈服的事件。如：美国"9·11"恐怖袭击事件，俄罗斯莫斯科剧院人质劫持事件，云南昆明火车站暴恐事件等。四是校园安全事件。主要是指发生在学校等教育机构内、涉及众多学生伤亡的事件。如：踩踏事故，校园枪击、投毒、凶杀等伤害案件。五是民族宗教事件。主要是指涉及少数民族和信教群众的具有一定规模的事件。如：民族人口间的摩擦和纠纷，宗教聚会时发生的踩踏，民族分裂分子和宗教极端主义分子打着民族宗教旗号进行的分裂活动等。六是涉外突发事件。主要包括两类事件：在境外发生的，涉及我国机构和人员重大伤亡及财产损失的突发事件，如菲律宾人质劫持事件；在我国境内发生的，涉及外国机构和人员重大伤亡及财产损失的突发公共事件，如涉外游行中冲击外国机构和人员事件等。

二　社会安全治理

当社会的整合功能出现了问题，无法调整社会矛盾、社会冲突和对立，出现社会稳定危险、威胁和事故，则需要社会发挥导向功能，创新现有行为规范，亦即现在常说的社会治理创新，以有效"调整人们之间的关系，规定和指导人们的思想、行为的方向"，[①] 维护正常的社会秩序。这就涉及社会安全治理问题。

（一）治理的内涵

1989 年，世界银行在讨论非洲发展问题时，首次提出了"治理"一

---

①　郑杭生：《社会学概论新修》（第四版），中国人民大学出版社 2013 年版，第 53 页。

词，当时全称"治理危机"（Crisis in Governance）。从此，"治理"这一概念逐渐风行于学术界，"不仅成为中国社会科学领域内的流行语，更上升为一种分析工具，成为推进政府改革、壮大社会力量、促进社会和谐发展的重要理论。"①

治理一词自提出以来，有过诸多界定，其中以联合国全球治理委员会的最具代表性和权威性，该委员会认为，"治理是个人和公共或私人机构管理其公共事务的诸多方式的总和。它是使相互冲突的或不同的利益得以调和并采取联合行动的持续的过程。它既包括有权迫使人们服从的正式制度和规则，也包括人民和机构统一的或以为符合其利益的各种非正式的制度安排。它有四个特征：治理不是一整套规则，也不是一种活动，而是一个过程；治理过程的基础不是控制，而是协调；治理既涉及公共部门，也包括私人部门；治理不是一种正式的制度，而是持续的互动。"②

（二）治理与统治

从联合国全球治理委员会对"治理"一词的理解可以看出，与传统的"统治"相比，"治理"有其独特之处（具体区别如表1—2所示），它意味着"统治的含义有了变化，意味着一种新的统治过程，意味着统治的条件已经不同于前，或是以新的方法来统治社会。"③

表1—2　　　　　　　　　　　统治和治理的区别

要　素	统　治	治　理
目标	相对单一：善政	多元：善治（合法、透明、责任、回应、有效、参与、公正等）
主体	政府，一元主体，单中心管理	政府、私营部门，第三部门，多元主体，多中心治理

① 麻宝斌等：《公共治理理论与实践》，社会科学文献出版社2013年版，前言。
② 全球治理委员会：《我们的全球伙伴关系》，牛津大学出版社1995年版，第23页。
③ Rhodes, *Understanding Governance*: *Policy Networks, Governance, Reflexivity and Accountability*, pp. 1 - 2, Buckingham: Open University Press, 1997.

续表

要　素	统　　　治	治　　　理
权威基础	法律、法规、命令	认同和共识
结构	通过纵向上等级划分和横向上专业分工构建起组织严密的官僚体系	建立在公共利益和认同基础上的协商合作
手段和方式	以强制和压迫为主，相对单一	以自愿民主协商、协作互助为主，综合运用经济、法律、行政等手段方式
相互关系	非政府组织对政府组织的单向依赖	各主体之间的相互依赖和依存

（三）社会安全治理

社会治理，是治理的一个具体对象、一个具体领域、一个具体类型，是指"一定范围内的多元主体基于多元目标，运用多样化手段对公共事务进行协同管理的过程和活动。"① 而作为社会治理的一个具体领域和类型的社会安全治理，可以相应地理解为政府、第三部门和私营部门，运用多样化手段对共同面对的社会风险、威胁、事故，进行协同应对，以使其达到稳定可控状态的过程和活动。

第二节　城市社会安全治理

人类生活共同体，按照聚居人口从事的生产活动的特征，可以划分为城市社会和农村社会。城市主要是非农业人口集聚形成的较大居民点，农村主要是从事农业生产的人口形成的较大居民点。城市社会安全治理与农村社会安全治理有许多类似或相同之处，如治理的性质、流程等，但在治理的主体、对象、手段、方法等方面，也有很多区别。准确把握城市的内涵及其发展历程，城市社会治理的内涵、特征、要素等，是城市社会安全治理的必备前提。

---

① 麻宝斌等：《公共治理理论与实践》，社会科学文献出版社 2013 年版，第 9 页。

一 城市发展历程及其内涵

(一) 城市发展历程

由于生产力的发展、生产方式的变化、人口的聚集、社会结构的变化以及宗教的吸引等原因，人类在公元前 3000 年左右开始，苏美尔地区部分人口大量增加的农业村庄，开始演变成城邦。早期的城市诞生后，由于人口的迁徙、军事的征服、贸易的发展等，城市逐步从起源地区向其他地区扩散。[①]

我国是四大文明古国之一，城市发展有着悠久的历史。考古资料证明，我国筑城历史起源于原始社会中后期。在 20 世纪 90 年代发掘的郑州西山仰韶遗址，发现了一座仰韶时代晚期的城址，距今有 4800—5300 年的历史；1978 年发现的湖南城头山文化遗址，其城址距今 7000—6500 年前。

随着生产力的发展，人类社会城市数量越来越多、城市规模越来越大、城市功能也越来越完备。尤其是进入 18 世纪中后期以后，随着工业革命的推进，人类开始出现真正现代意义上的城市。进入当代，城市的规模、功能、形态、城市化率等更是变化巨大。

(二) 城市的内涵

城市的兴起和发展，也带动了城市研究的繁荣。尤其是现代，研究城市的学科呈现"集群化"特征。各学科对"城市"一词做了不同的理解。如：政治学认为城市是人类政治活动的中心舞台和不同团体间政治关系的制度化共同体，经济学认为城市是人类生产要素的聚集区和经济活动的中心，文化学认为城市是人类文化演变与传播的载体、文化是城市的灵魂，历史学认为城市是一个反映人类活动进程的场所，教育学认为城市是培育人才的知识密集型区域，人口学认为城市是非农人口高度集中的劳动场所，社会学认为城市是由从事非农产业的人们组成的生活共同体，生态学认为城市是一种动态的"自然、社会、经济"复合人工生态系统，建筑学认为城市是大量建筑物的有机空间组合，地理学认为城市是包括自然环境而又以人造物和人文景观为主的一种相对永久性的

---

① 参见夏建中《城市社会学》，中国人民大学出版社 2010 年版，第 3—6 页。

大型人类聚落，等等。

尽管城市的定义很多，但都包含一些基本的要素，如城市是一个地域概念，城市是一个人口聚居的区域，城市产业主要是非农产业、人口主要是非农人口，等等。"城市"一词可以相应地理解为"非农业产业和非农业人口集聚形成的较大居民点"，而城市社会则主要指非农人口生活的共同体。城市具有要素（如人口、物质、资本、文化等）的聚集性、运行的复杂性、系统的开放性、文化的异质性、职能的中心性等特征。[①]城市按照"城市规划法"的界定可划分为直辖市、建制市、建制镇，按照规模可以分为特大城市、大城市和中小城市，按照功能可分为综合城市和特色城市，按照城市特色可分为旅游城市、工业城市、文化城市、文明城市、卫生城市、园林城市等。

二 城市社会安全治理要素及特征

根据前述分析，城市社会安全治理可以理解为城市政府、第三部门和私营部门，运用多样化手段对城市居民共同面对的社会风险、威胁、事故，进行协同应对，以使其达到稳定可控状态的过程和活动。

（一）城市社会安全治理要素

城市社会安全治理主要包括以下基本要素：

1. 治理主体

传统社会中，城市社会安全治理的主体责任主要在政府，维护城市安全与稳定是城市政府的重要职能，是城市政府职能体系的重要组成部分。但随着城市社会的发展，城市的运行愈加复杂，城市社会安全治理"点多、面广、线长"特征日益明显，复杂性与日俱增，传统的以政府为中心的"单中心治理"模式已经不能适应形势发展的需要。为此，必须纠正过去"过于强调政府在社会控制中的作用，忽视了社会组织的调节"[②] 的现象，做到城市政府、第三部门、私营部门、市民间彼此合作，共同应对社会风险和安全事件。

---

① 参见范志伟《城市管理概论》，上海交通大学出版社 2012 年版，第 1—3 页。

② 童星，文军：《我们的四个误区及其反思——对当前我国维护社会稳定工作的社会学思考》，《学术界》2001 年第 6 期，第 67 页。

具体而言，各治理主体间的关系应为：其一，政府为主导者。主体越多，越需要主导者，"群龙无首"只会让众多治理主体"忙得一团糟"，而城市政府凭借自身权威地位、强大的资源动用能力以及自身职能定位，理应也可以成为城市社会安全治理的主导者。其二，分工执行者。"明确的责任分工是治理效果的保证"①，城市政府、第三部门、私营部门、市民在社会安全治理中的角色、职能、责任、任务等，都必须予以明确界定和有效执行。其三，沟通协调者。城市政府各部门之间、城市政府与非政府组织之间、非政府组织之间、组织与市民之间，沟通协调机制必须顺畅，事前、事中、事后步伐必须一致，各治理主体都必须在政府的协调下各负其责，有机配合，协同应对。

2. 治理对象

城市本身的特征，如城市要素的聚集性、城市运行的复杂性、城市系统的开放性、城市文化的异质性、城市职能的中心性等，决定了城市社会安全治理对象的复杂性。从"治理点"看，城市人口集中，文化异质性强，利益诉求多元，公共场所众多，公共设施遍布，可能发生社会安全事件的地方、人群很多，而且许多社会问题，如利益分配问题、就业问题、贫富差距问题、民主法制问题、腐败问题、意识形态问题等，均因可能会导致社会安全事件的发生而须作为工作的抓手；从"治理面"看，城市人口集中，人口密度大，单位面积内的人口众多，因人为因素造成或者可能造成严重的社会危害的各类事件，如群体性事件、校园安全事件、重大刑事案件、恐怖袭击事件、涉外突发事件、民族宗教事件等，各个级别的事件，如一般、较重、重大、特别重大的社会安全事件，都可能发生；从治理的"线"上看，城市生产、生活昼夜不息、日日不停，一天24小时，一年365天，随时可能发生社会安全事件，而且社会安全事件本身也会经历潜伏期、爆发期、持续期、解决期等阶段，每个时间点、每个时期，均须采取有效防范和处置措施。总之，城市社会安全治理对象呈现出明显的"点多、面广、线长"的特征。

---

① 参见梁贤艳、谭志松《虚拟社会安全治理的"虚实"之道》，《电子政务》2014年第5期，第62页。

3. 治理流程

社会安全事件一般会经历潜伏期、爆发期、持续期、解决期等几个阶段，城市社会安全事件也不例外。城市社会安全治理一般需经历三大阶段：其一，预警预防。以历史的和现实的数据为基础，运用逻辑推理和科学预测的方法、技术，进行社会稳定风险评估，开展社会风险的识别、诊断和监测，并开展全方位、多层次、多手段的预警和预防工作。其二，应对处置。当社会安全事件已然发生，则须采取事态研判、疏散撤离、搜救救助、心理干预、信息发布等一系列应急处置措施，迅速控制事态，将损失降至最低。其三，恢复重建。当事态得到平息，则须开展损失评估、恢复重建、事件调查、总结提高等工作，迅速恢复生产生活秩序，并通过体制机制创新，防范类似事件再次发生。

4. 治理方式

城市社会安全治理的方式、方法、手段、措施很多，实践中各个城市的社会安全治理方式、方法、手段、措施呈现出"千方百计"的态势，但从性质上归纳起来主要为三大类别：其一，道德治理。通过宣传、教育、感化、引导、示范等方式，逐步提高城市组织和个人的道德素质，使其保持高度的道德自觉，是实践中常见的做法。事实上这也非常必要和重要，因为所有的外部方式，都必须先转化为组织和个人的内在认同和行动，才能发挥成效。其二，技术治理。通过先进技术和设备的运用，大幅度提高城市社会安全治理效果、效力和效率，是各大城市通行的做法。如通过"天网工程"防范和破获重大刑事案件，通过舆情识别与监测系统防范网络串联和由此紧接而至的"散步"等活动，通过大数据技术、安防设备等的运用来识别和防范恐怖袭击，等等。其三，法规治理。通过法律、法规、规章、制度、预案、操作流程等的制定和实施，使城市社会安全治理有法可依，并努力做到执法必严、违法必究。

上述城市社会安全治理要素见表1—3。

表1—3　　　　　　　　　　　城市社会安全治理要素简表

名　称	内　容
主　体	主导者：城市政府。分工执行者：城市政府、第三部门、私营部门、市民。沟通协调者：城市政府各部门之间、城市政府与非政府组织之间、非政府组织之间、组织与市民之间
对　象	治理"点"多　　　　　治理"面"宽　　　　　治理"线"长
流　程	预警预防　　　　　　应对处置　　　　　　恢复重建
方　式	道德治理　　　　　　技术治理　　　　　　法规治理

（二）城市社会安全治理特征

相比于农村社会安全治理，城市社会安全治理具有以下特征：

1. 城市是社会安全治理的重心

从治理对象上看，相比于农村，城市社会由于人口集中、物质和资本密集、文化异质性强、利益诉求多元等原因，发生社会安全事件的概率更高。近几年发生的全国有影响的社会安全事件，如天安门前金水桥汽车冲撞暴恐案、云南昆明火车站暴力恐怖袭击案、厦门PX事件、新疆"7·5"事件、贵州瓮安事件、上海暴力袭警案、福建南平校园伤害案、重庆出租车罢运事件等，很多都发生在城市。尤其是恐怖袭击，由于城市人口密集，地铁、机场、港口、车站、公交、影院等公共场所和设施众多，再加上城市是"区域的中心，是一定地域内的政治经济文化等方面的聚集体……在经济上有着重要地位、在政治和文化生活中起着关键作用"，[①] 战略地位重要，容易引起广泛关注，产生重大影响，所以恐怖袭击基本上都发生在城市。当然，随着形势的发展，农村社会安全事件也越来越多，重大刑事案件、群体性事件、校园安全事件、民族宗教事件等，均时有发生，但相比于城市，发生社会安全事件的概率总体小得多。从某种程度而言，社会安全治理的压力主要在城市。

---

① 范志伟：《城市管理概论》，上海交通大学出版社2012年版，第3页。

2. 城市社会安全治理具有人才、财力和组织优势

相比于农村，城市社会安全治理具有三大优势：其一，人才优势。人力资源是社会安全治理的首要资源。相比于农村，城市人才集中，人口素质整体较高，能够为城市社会安全治理提供人才保障。其二，财力优势。相比于农村，城市经济发达，能够为城市社会安全治理提供更强有力的财力保障。其三，组织优势。如前所述，由于城市社会安全治理的复杂性和自身能力的有限性，城市社会安全治理不能仅靠城市政府，而应协调广大社会组织参与，社会组织是城市社会安全治理的重要力量。相比于农村，城市社会组织无论是在数量，还是在规模、影响力等方面，都具有明显的优势。明显的人才、财力和组织优势下，能够在很大程度上缓解城市社会安全治理压力。

3. 城市社会安全治理效果具有放大效应

一方面，城市具有开放性，"伴随着经济发展，一定区域内的物流、人流、资金流、信息流通过各种方式汇集于城市……产生聚集效应和放大效应"，① 一旦发生社会安全事件，其影响也会被放大，如昆明火车站暴力恐怖事件发生后，人们曾一度感到自身安全岌岌可危，尤其是乘坐火车或在其他大型公共场所。但此时出色的社会安全治理，也会使人们感受到政府的力量，政府的形象和公信力也会迅速攀升。另一方面，由于社会安全事件发生在城市的概率更高，社会安全治理的压力主要在城市，如果城市社会安全治理好了，将发挥良好的示范效应，并为农村社会安全治理提供难得的经验和教训，形成可资借鉴的蓝本。

第三节　城市社会安全治理理论基础

理论是实践的指南。城市社会安全治理的推进，离不开理论的指导。能够对城市社会安全治理产生指导的理论很多，现从城市、社会安全、治理三个方面，选择关联紧密的代表性理论予以分析。

---

① 范志伟：《城市管理概论》，上海交通大学出版社 2012 年版，第 2 页。

一　城市圈理论

(一)　城市圈理论的主要内容

"城市圈"(Megalopolis)一词由法国学者简·戈特曼(Jean Gottman)提出,他把"城市圈"界定为"以一个或几个超级城市为核心,组成人口规模逾千万、政治经济影响力举足轻重的庞然大物",[①] 它是以一个大城市为中心,若干个城市围绕中心城市相对集中或连片分布、功能上有机联系的城市空间布局形态,也被称为"都市圈""城市群""城市带""城市连绵带"等,圈内城市具有区位特征趋同、"一主多卫"格局明显、城市功能互补、生产要素集中、城市间联系紧密等特征。

城市圈理论认为,城市圈的建立和发展,有利于实现区域协同发展,主要表现为:

一是可以充分发挥中心城市的辐射带动作用。依托中心城市构建城市圈,已成为区域经济社会发展的重要地域空间组织形式和战略举措。这主要在于,中心城市在人才、技术、经济和社会发展水平等方面,相比于周边城市具有明显的比较优势,可以为周边城市发展提供人才、技术、资源等方面的支撑,起到较强的辐射带动作用。中心城市在一个国家和地区,乃至整个世界经济社会发展中发挥越来越重要的作用。

二是城市圈可以优化区域产业结构布局,促进区域经济总量提升。从农业产业看,城市圈的推进,将会使区域内的产业结构逐步非农化,但农业、农村和农民仍将长期存在,而且会由于城市人口大规模集中所产生的巨大消费需求,而向生态农业、观光农业发展;从非农产业看,人口的大规模集中,必然产生巨大消费需求,有力促进第二产业尤其是各类为生产生活服务的第三产业的发展。由此,城市圈的发展,一方面使区域产业结构得以优化,另一方面也有力地促进了区域经济发展水平的整体提升。

三是城市圈有利于自然资源的节约和环境的可持续发展。城市圈理论认为:城市圈具有高集聚效应,这种效应促使人口不断集中,从而减

---

① 项光勤:《世界城市圈理论及其实践对中国城市发展的启示》,《世界经济与政治论坛》2004年第3期,第17—18页。

少因人口分散导致的工业、交通、生活等用地浪费，缓解土地资源紧张局面，并减少对生态环境的污染；城市圈具有强大的经济吸引力和辐射力，通过这种吸引力和辐射力实现资源（包括自然资源）的优化配置，使各种生产要素在区域内实现最佳组合，最终实现资源的节约和环境的可持续发展。

（二）中国城市圈的兴起与发展

城市圈是 21 世纪城市化的新特征。我国的城市圈"起步于 20 世纪 80 年代，当时主要是珠三角城市群的发展，后来，到 90 年代，长三角、京津冀都市群也渐渐形成"。[1] 2013 年 12 月 12 日到 13 日中央在北京召开城镇化工作会议，会议提出："要优化布局，根据资源环境承载能力构建科学合理的城镇化宏观布局，把城市群作为主体形态，促进大中小城市和小城镇合理分工、功能互补、协同发展。"[2]

目前我国基本建成的城市群包括珠三角城市群、长三角城市群、京津冀城市群、山东半岛城市群、辽中南城市群、长江中游城市群、中原城市群、成渝城市群、关中城市群和海峡西岸城市群；正在建设的城市群，包括武汉城市群、长株潭城市群、江淮城市群、呼包鄂榆城市群、甘肃城市群、乌昌石城市群、黔中城市群、银川城市群、拉萨城市群、太原城市群、石家庄城市群、滇中城市群、环鄱阳湖城市群、南宁城市群；潜在城市群，包括豫皖城市群、冀鲁豫城市群、鄂豫城市群、徐州城市群、浙东城市群、汕头城市群、琼海城市群。[3] 详见图 1—2。

（三）城市圈理论对城市社会安全治理的启示

一是城市社会安全治理事关城市圈战略的实施。城市圈/群的建立，为整合"圈"内资源，促进区域经济社会协同发展，奠定了坚实基础。然而，经济社会在快速、协同发展的同时，需要稳定的社会环境保驾护航，社会动荡只会使经济发展停滞不前甚至倒退；而且，人们在享受经

---

① 夏建中：《城市社会学》，中国人民大学出版社 2010 年版，第 33 页。

② 《中央城镇化工作会议举行：优化城镇化布局和形态》，新华网，http://news. xinhua-net. com/house/bj/2013－12－15/c_ 118560413. htm。

③ 《中国哪些城市纳入了城市群》，凤凰网财经频道，http://finance. ifeng. com/news/special/zgcsq/。

图1—2　中国城市圈/群

资料来源：凤凰网财经频道：《中国哪些城市纳入了城市群》，http://finance.ifeng.com/news/special/zgcsq/。

济社会快速发展的成果时，也迫切需要一个安宁的社会环境，需要较高的"安全感"，否则，重大刑事案件、群体性事件、恐怖袭击事件、校园安全事件、民族宗教事件等时不时发生，不仅"丰收的喜悦"会顷刻荡然无存，而且会陷入无尽的恐惧和焦虑之中。所以，城市社会安全治理既是事关区域发展的大事，也是事关国家城镇化战略实施的大事。

二是城市社会安全治理需要合理分工、精诚协作。城市圈理论认为，城市圈能够实现城镇空间合理布局、实现产业和功能优势互补、有利于资源节约和环境可持续发展，最终实现区域经济社会发展。但这一切均是建立在合理分工、功能互补、精诚协作的基础上的。没有合理分工、没有精诚协作，城市圈就如同一盘散沙，也就失去了建立城市圈的初衷和意义。城市社会安全治理的协作：其一需要城市圈与城市圈的分工协作，其二需要城市与城市的分工协作，其三需要城市与农村的分工协作，其四需要城市政府、第三部门、私营企业、市民的分工协作。

二　治理理论

（一）治理理论的主要内容

20 世纪 90 年代以来，"治理"一词以惊人的速度流行起来，理论界和实践界都在以"治理"为主题词讨论各种各样的问题，如"国家治理""社会治理""文化治理""安全治理""环境治理""生态治理"，等等。治理理论产生后，出现过多种不同的用法。治理理论的代表人物 R. 罗茨归纳了治理的六种形态：[①] 作为最小政府的治理，指的是政府以最小成本取得最大效益的活动；作为公司管理的治理，指的是指导、控制和监督企业的运行；作为新公共管理的治理，指的是将市场机制和管理手段引入公共管理；作为"善治"的治理，强调的是效率、法治和责任；作为社会调控的治理，指的是政府与社会、公共部门与私人部门的协作与互动；作为自组织网络的治理，指的是以认同、信任和互利互惠为基础的相互依存。后来罗茨在此基础上稍微进行了修改，提出了七种形态：作为公司管理的治理、作为社会控制的治理、作为"善治"的治理、作为新公共管理的治理、作为国家间相互依赖的治理、作为新政治经济学的治理和网络治理。

治理理论之所以在西方兴起，并被西方用以取代"管理"或"统治"，最直接的原因就是西方的政治学家和管理学家"在社会资源的配置中既看到了市场的失效，又看到了国家的失效"[②]。也就是说"治理"一词从开始就被寄予了"以治理机制对付市场和/或国家协调的失败"[③]的厚望。但治理在弥补市场和国家某些不足的同时，也存在许多局限，绝非万能。为此，"有效的治理""健全的治理""元治理""善治"等应运而生。其中，以"善治"（Good Governance）理论影响最大，该理论主

---

① R. Rhodes, *The New Governance*: *Governing without Government*, Political Studies, p. 44, 1996.

② 俞可平：《论国家治理现代化》，社会科学文献出版社 2014 年版，第 24 页。

③ ［英］鲍勃·杰索普：《治理的兴起及其失败的风险：以经济发展为例的论述》，《国外社会科学（中文版）》1999 年第 1 期，第 40 页。

张的善治有十大特性，或者说良好的治理应具有十大要素①：一是合法性。指的是在一定范围内被认同的权威和秩序，它与法规没有直接关系，合法性越大善治程度越高。二是法治性。即法律是治理的最高准则，包括公职人员在内的任何人都必须依法办事，法律面前人人平等。三是透明性。它要求信息公开，以便公民参与和监督，透明程度越高善治程度越高。四是责任性。任何组织和个人均须对自己的行为负责，否则就是失职或缺乏责任性，公众尤其是公职人员和机构的责任性越大善治的程度越高。五是回应性。指的是公职人员和机构对公民的要求必须做出及时和负责任的反应，反应越及时善治的程度越高。六是有效性。它要求管理的机构、人员、活动均有效率，管理越有效善治的程度越高。七是参与性。指的是公民的政治参与和其他社会生活的参与，参与性越高善治程度越高。八是稳定性。指的是社会秩序的安定团结，政策的连续，稳定性越高善治程度越高。九是廉洁性。指官员奉公守法，清正廉洁，廉洁性越高善治程度越高。十是公正性。指的是公民不分性别、种族、阶层、信仰等，均能平等享受各项权利，公正性越高善治程度越高。

（二）治理理论对城市社会安全治理的启示

一是城市社会安全治理是达到城市"善治"的重要途径。城市治理也要追求"善治"的目标，但要达到"善治"，必须有一个安定团结的社会环境，稳定的社会秩序是城市治理的重要条件和保障，所以社会安全治理是城市实现"善治"的重要途径，也是一个城市"善治"的重要内容和"善治"程度的重要衡量指标。

二是城市社会安全治理必须依法治理。虽然城市社会安全治理主要面对的是一些事关公众生命财产安全和社会安全稳定的紧急事件，如重大刑事案件、群体性事件、恐怖袭击事件、校园安全事件等，但紧急权力的行使也须以法律为依据和准绳，不能以"事态紧急"为由超越《中华人民共和国突发事件应对法》等法律的边界行事。

三是城市社会安全治理必须反应快速、处置有效。治理要求公职人员和机构对公民的要求做出及时和负责任的反应，反应越及时善治的程

① 参见俞可平《论国家治理现代化》，社会科学文献出版社 2014 年版，第 27—30 页。

度越高。安全治理对反应时效要求更高，"兵贵神速"，当社会安全事件发生后，各治理主体必须以最快的速度对事件做出反应并平息事态，反应的速度和治理本身的高效至关重要。

四是城市社会安全治理必须做到"关口前移""重心下沉"。城市各组织和个人均须以高度的责任感、使命感和担当精神，在平时的工作过程中认真履行职责，扎实推进社会稳定风险评估工作，及时发现事件苗头并采取有效预防措施，做到"早发现、早处置"。

五是城市社会安全治理是一种"多中心"治理。城市政府是"有限型政府"，再加上治理对象、流程、方式的复杂性和多样性，社会安全治理必须充分发挥广大非政府组织和个人的主观能动性、参与的积极性和有效性，形成分工合理、协作有序的多主体治理格局。

六是城市社会安全治理必须是透明、公正、廉洁的治理。城市社会安全治理过程中，必须及时公布信息，与公众坦诚沟通，"支支吾吾""三缄其口"只会让事态不断发酵。此外，治理过程中还须在做到廉洁自律、整体公平公正的同时，对在事件中受害的弱势群体，如贫困者、残疾人、老人、小孩、孕妇、重病人等给予特别的帮助，以帮助他们渡过难关。

三　社会燃烧理论

（一）社会燃烧理论的主要内容

社会燃烧理论（Social Combustion Theory，SCT），是社会物理学的重要理论之一。社会物理学认为，由人组成的社会虽然具有其自身特点，但同时人也是整个自然界的一部分，同样受自然规律的制约，因此可以用自然科学知识，如物理学知识来解释社会现象。据此社会物理学认为："社会的运动和变化取决于社会能量的强度、方向和组织性。作为社会平均动能标志的'社会温度'，当其高于和谐状态下数值时，就会引发不同程度的社会无序和劣质化。"① 具体而言，当以下三大条件具备时，社会温度就会高于某一阈值，使社会"燃烧"：

一是社会燃烧物质。社会燃烧物质在社会燃烧过程中起着基础作用。

---

① 牛文元等：《社会物理学理论与应用》，科学出版社 2009 年版，第 3 页。

社会燃烧物质形成的过程，也是社会组织和个人等社会个体从同化向异化的能量聚集过程。大量失业人口的存在、贫富差距的逐步拉大、腐败现象的蔓延、民主公正的日益损害、集体信仰的缺失、利益诉求渠道的堵塞、居安思危意识的缺乏等，都可能成为社会燃烧物质，即人们常说的"安全隐患"。社会燃烧理论认为，观念差异、文化差异、民族差异、宗教差异和贫富差异是社会燃烧物质积累的根本原因。

二是社会助燃剂。社会助燃剂也被称为"社会激发能"，其主要作用是加速社会劣质化的进程。社会劣质化是指"某个社会形态从有序向无序的蜕变，一般理解为对现行主流社会的偏离程度或异化程度，即对当前社会系统组织性或有序性的破坏。同时，亦可理解为对未来可替代社会系统的向往和追逐，它又是新的自组织能力的培育和积累。"[1] 媒体的误读和误导、别有用心组织和个人的煽动和挑唆、谣言和小道消息满天飞等，都可能成为社会安全事件的"助燃剂""激发能"。

三是社会触发阈值。社会触发阈值也称"导火线"或"点燃温度"。其主要作用是在特定的条件下，使社会燃烧物质在瞬间以快变量的形式释放能量，并迅速突破临界值，使社会秩序迅速变为无序或大规模社会失控状态，完成"临门一脚"的使命。一般情况下，具有一定规模和影响的突发事件的发生，如个体行为的冲突和失控、某个"邻避设施"的选址、国与国之间的摩擦和冲突等，都会成为某类重大刑事案件、群体性事件、恐怖袭击事件、校园安全事件、民族宗教事件、涉外突发事件的导火索。

它们之间关系见图1—3。

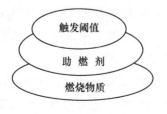

图1—3　社会燃烧条件

① 牛文元等：《社会物理学理论与应用》，科学出版社2009年版，第4—5页。

据此，社会燃烧理论可以表示为"特定的时间（t）、特定的空间（α）、特定的社会规模尺度（β）下，社会系统从常态到非常态、从有序到混乱、从组织到崩溃的动力学度量"[①]：

$$SCT\ (t,\ \alpha,\ \beta)\ = f_1\ (M)\ \cdot\ f_2\ (A)\ \cdot\ f_3\ (D)$$

公式中：f_1（M）表示社会燃烧物质，f_2（A）表示社会助燃剂，f_3（D）表示社会触发阈值。在不同的时间、空间、社会规模尺度下，社会燃烧的规模、速度和强度不同。

（二）社会燃烧理论对城市社会安全治理的启示

一是城市社会安全治理必须重视"源头治理"。从城市社会安全事件的演变发展机理上看，城市社会安全事件的发生，都有其存在的社会土壤，也就是社会燃烧理论所说的社会燃烧物质。因此城市社会安全治理不能"头痛医头，脚痛医脚"，必须重视从源头上铲除社会安全事件存在的社会基础，如将就业、医疗、教育等民生工作作为事关社会安全稳定的大事来抓，抓早抓小抓好，努力提高低收入者的收入、缩小贫富差距，大力惩治腐败并从制度上遏制腐败，大力加强民主法制建设，畅通利益诉求渠道等等，将社会燃烧物质控制在合理范围之内。否则，一方面会出现"按下葫芦浮起瓢""顾首不顾尾""此起彼伏"的窘状，给人民生命财产安全带来巨大威胁和损失；另一方面也会使相关机构和工作人员"应接不暇""殚精竭虑"，但又"顾此失彼""焦头烂额"，疲惫不堪，效果甚差。

二是城市社会安全治理必须实行"全员治理"。城市社会安全事件的诱致因素很多，社会燃烧的物质遍布于各个社会生活领域，从横向上看，经济发展、教育医疗、社会保障、反腐倡廉、民主法制建设、思想教育、民族宗教、外事合作等诸多领域，各级各类社会组织等诸多单位，都可能产生社会安全事件。所以说城市社会安全治理不是某一个或几个部门的职责，不是"冤有头债有主，前面右拐是政府"的问题。城市社会安全治理可以以一个或几个部门为主或牵头，但需要政府、政府各部门、

---

① 牛文元等：《社会物理学理论与应用》，科学出版社 2009 年版，第 4 页。

广大非政府组织和个人全员参与，齐抓共管、分工协作。"安全治理，匹夫有责"。否则城市社会安全治理则会出现"独木难支""捉襟见肘"的局面。

三是城市社会安全治理必须注重"细节治理"。细节决定成败，安全治理无小事，很多事件的产生归根于平时工作做得不够细致或疏忽，如对困难群众关心得不够、问题解决得不够彻底，导致其利益长期得不到保障，久而久之他就会产生"被剥夺感"，在极端的情况下：就会做出异常的举动，如砍杀无辜路人、学生，杀人抢劫犯下大案要案；或者参与一些看起来跟自己没有任何关系的事件，如打砸抢烧等，发泄自己对社会的不满等。因此城市社会安全治理要求相关单位和个人进行"细节治理"，把日常的工作做细、做好，就能在根本上缓解社会安全与稳定压力。

四是城市社会安全治理必须是"透明治理"。许多社会安全事件的发酵，是因为有部分"不明真相群众"受到了蒙蔽，进而直接或间接参与到事态中去。所以相关部门和个人，应及时向社会公布真实信息，"三缄其口""支支吾吾""漏报瞒报谎报"或没有任何证据支撑的"官话套话"，只会让谣言和小道消息满天飞，给别有用心的组织和个人蒙蔽群众的机会，最后导致事态和损失越来越大。为此，城市社会安全治理必须实行"透明治理"，建立健全危机信息发布制度，及时、真实、真诚地与社会沟通，使社会助燃剂无法"助燃"。

四　社会冲突理论

（一）社会冲突理论的主要内容

进入20世纪60年代以后，随着经济进入滞胀时期，西方社会的社会矛盾也开始尖锐起来，社会冲突不断。以美国为例，其第二次世界大战后国内黑人运动、妇女运动、民权运动、青年运动、反越战运动不断，国际上，拉丁美洲、亚洲、非洲的反殖民主义运动如火如荼进行。国际国内错综复杂的社会矛盾促使西方社会学家开始反思，并在借鉴马克思、西美尔、韦伯等前人社会冲突思想的基础之上产生了现代社会冲突理论，也造就了一批具有世界影响的社会冲突理论学家，如米尔斯、达伦多夫、科塞等。其中以刘易斯·科塞的《社会冲突的功能》（1956）最具影响力。科塞在大量吸收前人社会冲突思想的基础上，提出了自己的社会冲突理论：

一是社会冲突的根源。社会冲突的原因和根源是社会冲突理论首先需要回答的问题。科塞虽没系统阐述，但从其对社会冲突的定义可以得知答案。科塞认为，社会冲突可以"看作是有关价值、对稀有地位的要求、权力和资源的斗争。在这种斗争中，对立双方的目的是要破坏以致伤害对方"。① 据此可以看出，科塞认为社会冲突的根源有两类：一类是物质诱因，如资源、权力、地位分配不均等；一类是非物质诱因，如价值观的冲突或不一致。不过，科塞并没明确指出哪类是重要诱因，哪类是次要诱因。

二是社会冲突的类型。科塞将社会冲突归为四大类型：现实冲突与非现实冲突，紧密关系中的冲突，内群体冲突与外群体冲突，意识形态下的冲突。其中第一种冲突类型非常重要。科塞认为：现实冲突是指"某种要求得不到满足以及由于对其他参与者所得所做的估价而发生的冲突，或目的在于追求没有得到的目标的冲突"②，如工人为提高自己的工资参加罢工，罢工不是目的而是手段，一旦增加工资的目的达到，作为冲突手段的罢工也即结束，或者有其他方式实现目标，如谈判、消极怠工等，罢工这种激烈的方式则不会被采用；而非现实冲突是指为"释放紧张状态的需要"发生的冲突，如一个人仇恨社会，为泄愤而伤害无辜群众，这种冲突行为本身就是其目的，而非手段。

三是社会冲突的功能。科塞非常重视社会冲突功能研究，而且既重视冲突的正功能，也重视冲突的负功能。关于群体内冲突的功能，科塞认为：从冲突的性质上看，如果冲突双方不涉及基本的、核心的价值观念，冲突将会发生正功能，否则则会造成负功能。从群体结构看，如果群体允许冲突存在，冲突则能够消除紧张状态，起到积极作用，否则压制冲突，冲突一旦爆发则会使群体有解体可能。关于外群体冲突的功能，科塞认为：外群体冲突有利于群体内部团结和整合，有利于社会融合和

---

① ［美］L. 刘易斯·科塞：《社会冲突的功能》前言，孙立平等译，华夏出版社1989年版。

② 同上书，第35页。

扩展，但缺乏团结的群体在面临外部冲突时也可能瓦解；现实社会冲突对社会系统是有益的，因为它能消除冲突的原因，从根本上解决问题。如果一个社会允许现实性社会冲突并加以很好解决，这个社会将充满生命力。

四是安全阀制度。安全阀理论是科塞社会冲突理论的重要组成部分。科塞认为，敌对情绪不等于冲突，如果敌对情绪通过适当途径得到发泄，则不会导致冲突的产生。这种能够使敌对情绪，在不破坏现有社会秩序的情况下得以发泄的机制，就是安全阀制度。当然，科塞也意识到，安全阀制度并非理想制度，因为敌对情绪的发泄并没有从根本上解决安全隐患。

（二）社会冲突理论对城市社会安全治理的启示

一是城市社会安全治理应有正确的"安全观"。如何认识和看待城市社会安全事件，是城市社会安全治理能否科学、有效的前提。从科塞的社会冲突理论可以看出，社会冲突既有正功能也有负功能，如果一味地将社会冲突视为消极的、"反社会"的，"谈虎色变"，本能打压，则不仅会使社会治理体系失去对社会个体需求的敏感度，失去发现自身问题而及时修正的机会，更会使问题慢慢积累，为社会安全埋下巨大隐患。因此，一方面应根据社会冲突的性质等要素，对不同的社会冲突予以区别对待，允许社会冲突尤其是具有积极正功能社会冲突的存在；另一方面应充分利用社会冲突的正功能，如增进社会团结、加强社会整合、促进社会融合和发展等，而对社会冲突的负功能加以转化。

二是城市社会安全治理应该是"见微知著"的治理。一方面，社会冲突的发生，必然有其社会原因和根源，每一次社会冲突事件的发生，均应认真分析事件发生的原因，是信仰缺失、观念冲突，还是分配不公等，并在此基础上深刻反思，是工作做得不够细致，还是体制机制出现了问题，然后举一反三，有针对性地解决问题；另一方面，社会冲突的发生，必然有其社会需求或利益诉求，相关部门和单位应认真加以倾听，并通过需求或诉求分析产生原因，如是对弱势群体关注不够、群众关心的社会问题长期得不到改善，还是相关工作做得不够扎实等，一定要通过单个的事件敏锐发现"人们的愤怒和苦难"，分析自身工作的不足和问题，并及时采取有效措施迅速予以解决。

　　三是城市社会治理应注重安全阀制度建设。根据科塞的社会冲突理论，安全阀制度虽然不能从根本上解决安全隐患，但这种制度对敌对或不满情绪的发泄毕竟起着重要作用，进而对社会矛盾的缓解、社会秩序的稳定起到良好维持作用。如各级各类社会组织：可以建立"心理宣泄室"，职工对单位、个人或社会有不满情绪，可以进宣泄室通过吼叫、击打健身器材、哭泣等方式，使心中积累的不满情绪得以发泄，降低其做出不理智行为的可能性；也可以建立"聊吧"，当职工有想不通的问题、理解不了的现象、解决不了的问题时，均可以找专业人士"倾诉"，从而在正确的引导下树立正确的观念和态度。城市社会安全治理既要注重"治本"，但也不能忽视"治标"的重要意义，有时甚至可以先"治标"，使形势得以稳定，然后在此基础上再施行"治本"之策，最后做到"标本兼治"。

第 二 章

三峡流域城市社会
安全治理

作为区域性城市社会安全治理，三峡流域城市社会安全治理在城市社会安全治理共性的基础上也有其特殊性。针对这些特殊性，三峡流域各城市进行了不懈探索，逐步建立起适合区域实际和特色的社会安全治理机制。

第一节　三峡流域城市社会安全治理特色领域

一　"三峡流域"及其地域特征

（一）"三峡流域"概念界定

"三峡流域"的概念由三峡大学谭志松教授在多年研究基础上首创性提出，它是指"长江三峡段涉及的流域区域和汇入三峡流域段的三江（乌江、清江、沅江）所经流的流域区域共同连片构成的地域……涉及湖北、湖南、重庆、贵州等四个省市的 15 个地市州区及其 94 个县市区（其中重庆的 12 个县为副地级县），国土面积 21.2 万平方公里，总人口 4 607.8 万余人。"①

三峡流域区域位置示意图见图 2—1。

---

① 谭志松：《三峡流域城市社会治理研究丛书》总序，中国社会科学出版社 2015 年版。

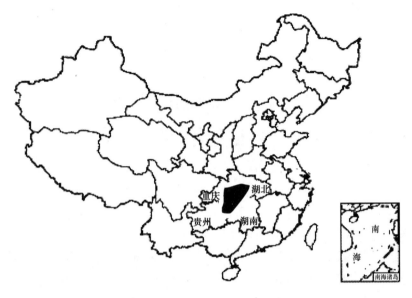

图2—1   三峡流域区域位置示意图

（二）"三峡流域"地域特征

三峡流域具有鲜明的地域特征，具体体现如下：

一是"流域"特色。三峡流域江河密布，长江、乌江、清江、沅江四大江穿流而过，水资源丰富。因水而生的水文化氛围浓厚，因水而生的水电工程众多，举世瞩目的三峡大坝水利水电枢纽工程和葛洲坝水利水电枢纽工程就位于此，此外还有：清江的隔河岩、高坝洲、水布垭水电站，乌江流域的洪家渡、索风营、乌江渡、构皮滩、思林、沙沱、普定、引子渡、彭水水电站，沅江上的五强溪、锦屏三板溪、锦屏挂治电站、天柱白市、洪江托口、中方铜湾、辰溪清水塘、桃源凌津滩、保靖碗米坡水电站等大大小小众多水电工程，水电特色鲜明。

二是山区特色。三峡流域所在区域覆盖了武陵山区的大部分地区。武陵山处于湖北、重庆、贵州、湖南四省市交界地带，面积约10万平方公里，属云贵高原云雾山的东延部分，是褶皱山，呈岩溶地貌发育，为中国第2与第3阶梯过渡带，平均海拔1 000米左右，主峰梵净山海拔2 494米，最高峰凤凰山海拔2 572米，山体呈"顶平，坡陡，谷深"的形态特征。三峡流域除东部地区外大部分地区地处武陵山区，山区特征明显。

三是旅游特色。三峡流域旅游资源丰富，各种人文和自然景观众多，有许许多多远近闻名的旅游城市。三峡大坝、葛洲坝等工程旅游景区，凤凰古城、洪江古商城等人文景观，长江三峡、张家界、梵净山、腾龙洞、大峡谷、大裂谷等自然景观，白帝城、长坂坡、荆州古城等三国文化景点等，都是遐迩闻名的观光景点。该区域被国家列为"中国旅游第一走廊区"，每年吸引着大量海内外游客前来观光旅游。

四是民族特色。三峡流域少数民族人口众多，生活着土家族、苗族、侗族、白族、瑶族等30多个少数民族，人口1 000多万人，占总人口的50%左右，是我国内陆跨省交界地区面积最大、人口最多的少数民族聚居地区。三峡流域少数民族有着悠久、灿烂、丰富的民族文化，各族人民在生产生活中创造了独特的民族语言、丰富的民间文学、奇特的民间艺术和灿烂的民俗文化，有着摆手舞、撒儿嗬、打镏子、毛古斯、傩戏、灯戏、鼓舞、南曲、织锦、挑花、扎染、蓝印花布、梯玛歌等60多项国家级非物质文化遗产。

五是"边陲"特色。三峡流域地处湖北、重庆、贵州、湖南四省市交界地带，远距各自省会。如：恩施州地处湖北省西南部，距离省会城市武汉540多公里；铜仁市地处贵州省东北部，距离省会贵阳近400公里；黔江区地处重庆东部，距离重庆市区330多公里；湘西州地处湖南西部，距离省会长沙400多公里。虽然近些年三峡流域大部分地区的交通条件有很大改善，但总体距离省会路程较远、行程耗时较长，"边陲"特色较为明显。

六是"欠发达"特色。三峡流域大部分地区地处武陵山区，武陵山区是连接中原与西南的重要纽带，是我国区域经济的分水岭和西部大开发的最前沿，也是国家重点扶贫连片区。2011年10月，《武陵山片区区域发展和扶贫攻坚规划》获得国务院批准。该规划确定的武陵山连片特困地区涵盖湖北、重庆、贵州、湖南四省市的11个地（市、州）的71个县（市、区），其中湖北11个、重庆7个、贵州16个、湖南37个，片区国土总面积17.18万平方公里，人口3 600余万人，集民族地区、革命老区、贫困地区于一体。

二　三峡流域城市社会安全治理特色领域

鲜明的地域特色，使三峡流域城市社会安全形势和城市社会安全治理也具有独特的区位特征和特色领域，客观分析三峡流程城市社会安全治理面临的形势，并探索出一条适合该地区区域特征的治理路径，对三峡流域城市社会乃至整个社会的安全稳定至关重要。推而广之，如果能从三峡流域这个个体的城市社会安全治理中，探索出适合其他区域乃至一般城市社会安全治理的新思路、新方法、新举措，则更是事关区域乃至整个社会安全治理的大事。

从城市发展规模来看，按照现行城市规模划分标准，三峡流域内的城市有一个大城市，即湖北省的宜昌市。宜昌市是全国综合实力百强城市，经济总量位居长江沿线 19 个地级城市第 4 位、中部 77 个地级城市第 3 位。除宜昌市外的其他城市，全是中小城市。按照在省级城市发展战略中的地位来看，三峡流域内的城市均处于具有省市发展战略的四个城市圈/群之外。这四个城市群/圈是：武汉城市群、长沙城市群、重庆城市群和贵阳城市群。

特有的"流域"特色、山区特色、旅游特色、民族特色、"边陲"特色以及"欠发达"特色等，使三峡流域城市社会安全治理在面对共性的压力时，也面临一些独具区域特色的个性问题。作为区域城市社会安全治理，准确把握这些差异并在治理过程中予以重点关注，对三峡流域城市社会安全治理至关重要。相比其他区域，三峡流域城市社会安全治理特色领域主要有：

（一）城市水电工程移民

由于"流域"特色突出，江河密布，水资源丰富，三峡流域水电工程众多。而大量水电工程的修建，必然涉及大量移民的搬迁问题。以三峡工程为例，由于三峡大坝的修建，三峡水库淹没区域涉及湖北、重庆两地的 20 多个区县，有 140 万移民必须搬迁安置。百万大移民，这是一个"世界级难题"，被称为"一次艰辛而动人的命运大迁徙，一场气壮山河的家园大重建，一部凤凰涅槃的创业改造史"。[1] 直到 2010 年，跨越两个世纪、持续 18 年的三峡工程百万大移民才终于宣告结束。但移民搬迁工作的结束，并非意味着移民工作的结束。事实上，搬迁只是移民工作的开始。百万移民在"搬得出"后，能否"稳得住、能致富"是后期移民工作的重中之重，移民问题已成为"后三峡时代"的重大问题和难点问题之一。

按照移民安置地属性划分，移民可分为农村移民和城镇移民。城镇移民尤其是从农村迁入城镇的移民，在"华丽转身为城里人"后，由于生产方式、生活环境、社交网络、民风民俗、文化和心理认同等，都发生了颠覆性变化，进入了"另一个世界"，而这需要一个长期的适应和融入过程。如果移民不能融入城市社会，历史遗留问题与改革发展中的新问题必将交织在一起，使城市进入社会矛盾和社会问题的多发期，给当地城市社会安全带来巨大挑战。因此，三峡流域各级政府及各类社会组织必须从思想稳定、就业促进、政治关怀、心理辅导等多方面，扎实推进城镇移民安置工作，确保城市社会安全稳定。

（二）库区城市居民就业

水电工程，尤其是大型水电工程的蓄水，必将形成大片的淹没区。如三峡工程的蓄水，直接和间接影响的区县达 25 个之多，其中直接淹没18 个区县，即：湖北秭归县、兴山县和巴东县，重庆的渝北区、长寿区、巴南区、江津区、万州区、涪陵区、巫山县、云阳县、奉节县、丰都县、巫溪县、石柱县、武隆县、开县和忠县，间接影响区县 7 个，即重庆的黔江区、彭水县、酉阳县、秀山县、城口县、垫江县和梁平县。三峡库区国土面积 7.3 万平方公里，其中，重庆片区 6.5 万平方公里，约占重庆市整个国土面积的 79%；湖北片区 0.8 万平方公里，约占湖北省整个国土面积的 4.3%。

大片的淹没区的形成，给库区城市经济发展和市民就业带来很大影响：一是部分城市居民"无业可就"。由于库区属生态环境敏感和脆弱区，产业发展受到限制，"先天贫血"，在搬迁过程中，企业又大量关闭、

---

① 《三峡百万移民完成安置库区迈向致富新征途》，新华网，http://news.xinhuanet.com/society/2010 - 09/17/。

破产或重组，再加上基础设施薄弱，库区产业发展空间相对狭小，甚至曾一度出现"空心化"，产业吸纳城镇居民就业的空间有限。二是部分城市居民"无法就业"。人力资本理论认为，人力资本（human capital）是指劳动者受到教育、培训、保健等方面投资而获得的凝结在身上的知识、技能、健康状况和水平的总和。人力资本存量高低是劳动者就业率和就业质量的重要决定因素。部分库区城市由于教育基础薄弱、技能培训不足、卫生条件有限，市民人力资本存量不高，致使其因难以胜任工作岗位要求而"无法就业或无法就好业"。三是部分城市居民"难以就业"。研究表明，部分库区城市职业介绍机构及从业人数、职业介绍水平、介绍成功绝对数和相对数，整体处于较低水平，部分市民对劳动力市场求职这种方式不适应或知之不多，获取就业信息主要靠亲朋好友介绍。人才市场的不发达，就业渠道的狭窄，致使不少市民"难以就业"。

就业问题，是许多库区城市较为突出的社会问题。研究表明，就业不充分，如失业人员的大量存在、就业弱势群体的大量存在、就业权益的缺失等，是影响社会稳定的重要因素。就业作为民生之本，是社会稳定之源。[①] 为此，库区城市政府应将就业工作放在社会安全稳定的战略高度，在大力发展库区经济的基础上，努力做就业岗位的创造者，使库区城市居民"有业就"，努力做就业观念的引导者，使库区城市居民"愿就业"，努力做人力资本的投资者，使库区城市居民"能就业"，努力做人才市场的完善者，使库区城市居民"好就业"，努力做就业促进绩效的评估者，为库区城市居民"保就业"。

（三）城市民族和旅游流动人口

人口流动，是经济社会发展到一定阶段的产物。从经济学角度看，人口作为生产要素，应该在不同地区、产业、行业、职业进行流动，以达到最佳配置，从而促进生产力的发展。人口流动是生产力发展的重要促进因素，也是生产力发展到一定阶段的产物和生产力发达程度的重要体现。

从流动方向看，人口流动可分为流入和流出；从目的地属性看，流

---

① 参见白书祥《就业不充分是影响社会稳定的重要因素》，《宁夏社会科学》2008 年第 3 期，第 55—56 页。

动人口可分为城市流动人口和农村流动人口；从流动目的看，人口流动目的主要有求学、工作、旅游、就医、走亲访友等。随着经济社会发展，三峡流域流动人口的规模、频率都在迅速扩大和增加，流动的目的、方向也日益多元化。

三峡流域城市流动人口有两大显著特色，即民族特色和旅游特色。从民族特色看，三峡流域是我国内陆跨省交界地区面积最大、人口最多的少数民族聚居区，生活着30多个少数民族，1 000多万人口，约占该区域总人口的50%，不少地市少数民族人口比例远超过50%，如：湘西自治州290万总人口中少数民族人口占比78%，张家界市111.2万常住人口中少数民族人口占比75.3%，铜仁市427万总人口中少数民族人口占比70.45%。许多民族人口从农村流入城市，从边疆流入三峡流域，使得三峡流域城市少数民族流动人口规模越来越大，民族构成越来越复杂。从旅游特色看，三峡流域旅游资源丰富，各种人文和自然景观众多，有许许多多遐迩闻名的观光景点，被国家列为"中国旅游第一走廊区"，每年海内外前来旅游的流动人口规模和增速均较大。如：宜昌市2015年共接待国内外游客4 732.15万人次，同比增长15.84%；张家界市2015年共接待国内外游客5 050万人次，同比增长31.9%；铜仁市2015年共接待游客3 100万人次，同比增长22%；湘西自治州2015年共接待游客3 362.41万人次，同比增长19.6%；涪陵区2015年共接待旅游人数883.69万人次，同比增长16.7%。①

人口流动，在合理配置生产要素、促进经济社会发展的同时，也给社会治理带来不小压力。流动人口在地域迁徙中，不可避免地会碰到各种困难和挑战，如地域文化认同和心理适应漫长、就业困难、教育医疗压力、宗教信仰差异、合法权益保障侵害等，如果这些问题不能很好解决，则会导致各种社会冲突。而相对于常住人口，流动人口具有停留时间短、移动速度快、信息变化快等特征，相关部门难以及时、准确掌握信息、了解需求，从而给社会治理尤其是城市社会安全治理带来难度。如何为城市少数民族流动人口提供人性化服务营造良好的民族氛围、如何化解矛盾纠纷维持良好民族关系、如何为城市旅游人口提供高质量服

---

① 数据来源：相关政府官网。

务提高游客满意度、如何化解旅游矛盾纠纷维持景区和城市社会秩序等，都是三峡流域城市社会治理和社会安全治理应该认真加以研究和解决的问题。

（四）行政边界地区城镇社会安全

根据《中华人民共和国行政区域边界争议处理条例》，行政边界地区主要是指"省、自治区、直辖市之间，自治州、县、自治县、市、市辖区之间，乡、民族乡、镇之间"①毗邻的行政区域。理论上讲，行政边界地区有国与国、省与省、县与县、乡镇与乡镇、村与村共五个层级的边界地区。由于研究需要，本书所指行政边界地区主要是指省、地市州、区县、乡镇之间毗邻的行政区域。

三峡流域地处湖北、重庆、贵州、湖南四省交界地带，省、地市州、区县、乡镇等各个层次的行政边界地区众多，如湖南、重庆片区均跟其他三省交界；恩施州跟宜昌、常德、张家界、湘西、铜仁、黔江、万州，以及酉阳、石柱、云阳、奉节、巫山交界；湘西州龙山县与同州的保靖县、永顺县，张家界市桑植县，与湖北恩施州宣恩县、来凤县，重庆市的酉阳、秀山交界。而且湖南龙山县城与湖北来凤县城相距仅有几公里，是我国最近县城之一。

同时与多省市、地区、县、乡镇毗邻，行政边界地区城镇之间可以互通有无，协作发展，但也同时面临着社会治理尤其是城市社会安全治理难题。由于分属各个不同县市、市州、省市，行政边界地区的矛盾纠纷化解起来往往比较困难，不法分子也往往选择"越界作案，得手便跑"方式进行违法活动，破案难度较大。如果矛盾纠纷不能及时化解、社会治安不能很好维持，往往会直接影响到行政边界地区城市居民交往和政府感情联络，加深隔阂，进而影响到行政边界地区城市社会安全稳定和经济社会发展。

因此，做好行政边界地区城市社会安全治理工作，对促进行政边界地区城市社会稳定和经济社会发展具有重要意义。行政边界地区政府和各级各类社会组织，必须努力探索出一条适合边界地区实际和特色的社

---

① 《行政区域边界争议处理条例》，国务院官网，http：//www.gov.cn/flfg/2005 - 08/06/content_ 20913. htm。

会安全治理路径，做到城市社会安全风险和事件"发现得早、化解得了、控制得住、处理得好"，为边界地区经济社会发展营造安全稳定的社会环境。

（五）城镇化与城市社会安全问题

城镇化是指一个国家或地区随着经济社会的发展，由以农业为主的传统乡村型社会，向以工业和服务业等非农产业为主的现代城市型社会转变的过程，表现为人口、土地、产业、社会、农村等的城镇化过程，即人口向城镇、土地向非农用地、产业向非农产业、乡村地区向城市地区、农业社会向非农业社会聚集或转型的过程。

据《2012 中国新型城市化报告》介绍，新中国成立后的城镇化大致经历了 6 个阶段：起步发展阶段，1949—1957 年；曲折发展阶段，1958—1965 年；停滞发展阶段，1966—1978 年；恢复发展阶段，1979—1984 年；稳步发展阶段，1985—1991 年；快速发展阶段，1992 年至今。国家统计局公布的数据显示，2011 年，我国城镇化率首度超过 50%，达到 51.27%。2015 年 1 月 20 日，国家统计局发布的 2014 年经济数据显示，2014 年我国城镇化率已经达到 54.77%。

合理的城镇化可以促进生产方式、生活方式、价值观念等的发展变化，创造大量就业机会，促进劳动力转移和产业结构调整，通过中心城市发展辐射带动区域经济发展，改善自然和人居环境，促进文化交流，缩小城乡发展差距，等等。但不科学的城镇化也会带来诸多问题，如环境污染、生态破坏、交通拥挤、资源紧缺、住房紧张、就业困难、劳资关系紧张、居民生活质量下降、社会秩序混乱等。在城市社会安全治理方面，则会产生"刑事案件居高不下、群体事件时有发生、校园安全事件令人揪心、民族宗教事件时见报端"等现象，进而导致城市居民人心不稳，社会安全感和政府满意度降低，社会秩序混乱，城市经济和社会发展严重受到影响。

随着经济社会发展和国家城镇化战略的推进，三峡流域的城镇化比例也越来越高，2015 年 1 月 20 日国家统计局发布的 2014 年经济数据显示，重庆、湖北、湖南、贵州的城镇化率，已分别达到 58.34%、54.51%、47.96%、37.83%。课题组调研的三峡流域九市（州、区）2014 年城镇化率分别为：宜昌市 55.65%，恩施州 38.38%，荆州市

49.5%，黔江区 45.1%，涪陵区 62.16%，铜仁市 41%，怀化市 41.3%，湘西州 39.9%，张家界市 43.3%，平均为 46.25%。①

与其他地区的城镇化相比，三峡流域城镇化道路有诸多自身特色，如：发展基础，尤其是经济基础较为薄弱；地方财力，尤其是公共财政实力相对有限；投资环境总体缺乏比较优势，还亟待改善；少数民族占比较高，旅游等流动人口越来越多，移民安置人口较多，人口构成比较复杂；省、市、县各级行政交界地区面积较大，沟通协调相对困难；等等。各城市政府和各级各类社会组织，必须充分认识到特殊的城镇化道路，对区域城市社会安全治理产生的特殊影响，妥善处理好城镇化过程中的城镇移民安置、行政边界地区城市治理、重点工程建设、土地征收拆迁、民族和旅游流动人口剧增、生态环境保护、大批企业改制、城镇居民就业、劳资关系改善等问题与社会安全稳定的关系，加强体制机制探索与创新，全力维护城市社会安全稳定，保障人民群众合法权益。

第二节　三峡流域城市社会安全治理举措

三峡流域的城市主要包括：湖北省的宜昌市、恩施州、荆州市、荆门市、神农架林区等 5 市、州、林区（以下简称湖北片区），重庆市的涪陵区、黔江区、万州区、巫溪县、巫山县、奉节县、云阳县、开县、忠县、石柱县、武隆县、彭水县、酉阳县、秀山县等 14 个区、县（以下简称重庆片区），贵州省的铜仁市（以下简称贵州片区），湖南省的怀化市、湘西自治州、张家界市、常德市等 4 市、州（以下简称湖南片区）。

2014 年 7 月至 2015 年 4 月，课题组对湖北片区的宜昌市、恩施州、荆州市，重庆片区的涪陵区、黔江区，贵州片区的铜仁市，湖南片区的怀化市、湘西自治州、张家界市等 9 个城市的社会安全治理，通过集体座谈、个别访问、实地走访等方式，进行了实地调研，收集了大量一手珍贵资料。调研当地的单位和部门主要有：党委或政府办公室、发改委、政法委（含综治办、维稳办）、公安局、司法局、民宗局、旅游局、人社

---

① 根据相应地区统计局发表的《国民经济和社会发展统计公报》或根据公布数据整理。

局、电子政务办、网格监管中心、典型县市区、街道办事处、典型社区、相关个人等。

整体来看，三峡流域各城市均高度重视城市社会安全治理工作，采取一系列措施确保城市社会安全稳定，有多个城市因连续多年被评为全国先进而获得象征社会治理最高荣誉的"长安杯"，如宜昌市、黔江区、张家界市等。这些措施的总体思路有二：一为"治本"，二为"治标"。从整个流域看，这些标本兼治的举措有许多共性之处，下面予以简单介绍。①

一　追本溯源，扎实推进城市社会安全"源头治理"

三峡流域城市在社会安全治理中，均在不同程度上面临社会安全风险和事件"点多、面广、线长"的问题。如果只"就事论事"，工作中难免会出现"按下葫芦浮起瓢""顾此失彼""疲于应付"现象。为缓解城市社会安全治理压力，尽可能减少"社会燃烧物质"，各城市都在不约而同地思考和探索如何从源头上加以治理的问题，逐渐形成了一套行之有效的方法。

（一）厘清"源头治理"思路

从某种程度上说，社会安全事件发生的根源在于利益，即获取非法利益或利益的抗争。如：重大刑事案件案犯之所以犯案，很大程度上是案犯想通过极端方式在短时间内获取非法利益，如抢劫、绑架等，或认为自身利益严重受损，而通过极端方式使他人"付出代价"以寻求利益平衡，如因仇恨社会而伤害无辜人群等；群体事件的参与者之所以以"集体行为"方式破坏社会秩序，很大程度上是其认为自身利益受到或即将受到损害，而通过静坐、堵路、围堵党政机关甚至"打砸抢烧"等方式，来实现自身利益，或使相关方"付出代价"以寻求心理平衡。

① 2014 年 7 月至 2015 年 4 月期间，湖北省人文社科重点基地三峡大学区域社会管理创新与发展研究中心开放基金重大项目"三峡流域城市社会治理研究"课题组一行 8 人，在中心主任、本《丛书》主编谭志松教授带领下，对湖北宜昌、恩施、荆州，重庆涪陵、黔江，贵州铜仁，湖南怀化、湘西、张家界，进行了为期 28 天的实地调研，行程 3 000 多公里。沿途各地党委政府、相关社会组织和个人给予课题组鼎力支持，使课题组对三峡流域城市社会安全治理有了比较全面、深入的了解，并提供了大量一手资料，在此深表感谢！

当然，这种利益的形式是多样的。可以是实物形式，如金钱、动产、不动产等；也可以是非实物形式，如心理、人格、自尊、荣誉等。可以是客观的，即事实上存在的；也可以是主观的，即主观上认为利益受损，而事实上并没有受损。如征地拆迁过程中，许多被拆迁户之所以联合起来抗争，可能是事实上补偿标准过低使其利益受损，也可能是补偿事实上并不低只是他们主观上认为补偿标准过低而已。

不管是实物形式还是非实物形式，是客观的还是主观的，绝大部分社会安全事件的发起者和参与者均在某种程度上产生了"被剥夺"感。因此，城市社会安全"源头治理"的思路就变得很清晰了，即实现和维护市民利益，消除市民的"被剥夺"感。从调研城市看，三峡流域各城市都高度重视社会安全"源头治理"工作，通过关注并加大民生投入、健全民主法治、维护社会公平正义、提供全方位服务、加强社会稳定风险评估、及时排查调解和化解矛盾纠纷等措施，最大程度维护市民利益，尽可能减少"社会燃烧物质"。

（二）提供多层次、全方位、全过程、个性化服务

为市民提供多层次、全方位、全过程、个性化服务，解决市民在生产生活过程中的各种难题，是有效维护市民尤其是城市弱势群体利益、缓解干群关系、提升政府形象的重要且有效途径之一，也是减少甚至消除弱势群体"被剥夺感"、降低社会风险的重要且有效方式之一。三峡流域各城市普遍重视为市民提供多层次、全方位、全过程服务，从源头上维护群众利益，缓解社会矛盾，维护社会安全稳定。如：

怀化市比较注重实施民生工程，提高低收入者社会分配体制中的利益。该市根据《湖南省社会管理创新项目规划（2012—2015）》，制定了一系列措施：通过职业技能培训、开发就业岗位、优化人力资源市场配置效率等措施，不断加强就业服务体系建设，促进城市就业发展，控制城镇失业人口数量和失业率；通过促进城镇低收入群体增收、建立健全职工工资正常增长机制、加大收入分配调节机制、缩小收入分配差距等措施，努力减少因收入分配差距产生的社会矛盾；推进社会保障体系建设以提高养老保险待遇水平，加强社会救助体系建设以维护困难群众利益，加强保障性安居工程建设和运营管理以改善低收入者住房条件，最大程度维护社会公平正义，减少不稳定因素；等等。

荆州市比较注重通过网格化信息系统，为市民提供各种服务。该市首批整合60多个部门的200多项职能下沉服务，居民可就近办理相关查询和审批类事项。网格员主动走进每个家庭为社区居民提供各类政策咨询、证件办理、生活帮扶、就业服务等各类代办服务，为居民带来了便捷实惠。该市网格化管理服务中心与各类媒体深度合作，量身打造《"格"外关注》《有求必应》《"格格"来了》《"新闻格格"在社区》《网格热线》《格格日志》等栏目，聚焦民生热点、回应群众诉求，拓展了服务群众途径。不断完善流动人口服务机制，健全完善弱势群体的救助关爱服务体系，逐步实现人口基本公共服务均等化。

铜仁市围绕城市特殊人群，实施了一系列"工程"，开展系统服务。该市：以专门学校为载体，实施"育新工程"，加强不良行为未成年人的教育，帮助其转变思想、矫正行为、健康成长；对流浪未成年人、留守儿童、闲散青少年、服刑在戒人员未成年子女等青少年群体，实施"雨露工程"救助保护，使其顺利回归家庭、获得关爱和帮助、走出心理阴影树立信心；对吸毒人群，实施"阳光工程"，建立"生理脱毒、身心康复、就业安置、融入社会"的阳光服务模式；对刑释解戒人员，实施"融入工程"，加大以教育、培训、救助为主要内容的安置帮教服务力度；对精神障碍患者，实施"安宁工程"，增强诊疗服务和救助能力，加强救治救助服务力度；对艾滋病患者，实施"红丝带工程"，扩大宣传教育、监测检测、预防传播、抗病治疗、关怀救助等服务。

在服务市民方面，宜昌市构建的"全方位、全过程服务体系"，颇具特色。该市在城市社会安全治理中，始终坚持以人为本、服务为先，充分利用网格化管理平台，开展以"前移"服务、"双代"服务、"错时"服务、"两个周期"服务、特殊人群个性化服务为主要内容的全方位、全过程、个性化服务，注重从源头上提高市民的幸福感和满意度。

一是建立"前移"服务、"双代"服务、"错时"服务机制。该市建立了"一对接两跟进"机制，即公安、司法、工商、民政、城管、计生、人社等部门对接社会管理综合信息系统，跟进服务、跟进管理，变被动应对为主动服务，前移服务窗口，扩大基层代办事项。如：公安部门开通"社区网上警务室"，将出入境首次预申请和港澳二次签注、企业危爆物品购买申请、流动人口居住证办理、出生和死亡受理全部前移到社区办理；计生、民政、工商等在社区建立服务窗口，直接办理工商执照、老年人优待证、生育服务证（含流动人口婚育证明）；社区积极探索"双代"服务，即为群众代办事宜，为职能部门代理事务，全面实行"错时服务"，即中午延时 2 小时、下午延时 1 小时、节假日预约服务，最大程度方便社区居民。服务的前移、代办事项的办理、错时服务的实施，大大提高了行政效率，解决了百姓办事难问题，提升了政府形象，拉近了政府与市民的距离。

二是建立常住人口和流动人口的"两个周期"服务体系。即常住人口生命周期服务体系，流动人口居住周期服务体系。对常住人口，该市建立了从出生到死亡的生命周期服务体系，新生儿童一出生，医院就将其出生日期、健康状况等初始信息发送到人口基础信息系统，一个新的社会成员信息体系随之开始形成，公安、计生、卫生、教育等部门随后及时跟进，终身服务由此开始；对流动人口，该市在其居住周期内，全面推行居住证"一证通"制度，使流动人口子女入学、社会保障、就业培训、计生服务、卫生防疫等九类公共服务实现市民化。流动人口的城市归属感和认同感，不断得以提升。

三是建立特殊人群分类服务体系。网格管理员定期核查、动态掌握重点人群的现实活动情况，主管部门在分类实时签收后，根据不同群体的特点和需求，推行个性化、人性化服务。如：司法部门通过网格管理员和法务工作者实时动态掌握社区矫正对象、刑释解教人员等重点人员情况后，及时提供帮教和救助服务，确保"不脱管、不漏管"，宜昌社区矫正人员在矫期间违法犯罪率控制在 1.2‰，刑释解教人员重新违法犯罪率控制在 5.3‰，均低于全国、全省平均水平；公安、民政、卫生等部门和共青团、妇联组织通过特殊人群信息系统，对易肇事肇祸精神病人、吸毒人员实行跟踪服务管理，实施留守儿童亲情关爱工程、空巢老人孝亲服务工程、精神病人救治康复工程、吸毒人员关爱工程等，为特困家庭、空巢老人、留守儿童提供个性化服务。

（三）建立健全社会稳定风险评估机制

社会稳定风险评估，能让决策者提前知道重大项目或决策对市民利益的影响、市民的态度等信息，从而做出"在项目建设和公共决策中，充分尊重和保护群众的诉求和利益，让群众得实惠"①，科学决策、民主决策，防止"决策一出台，矛盾跟着来"。社会稳定风险评估是"群众利益保险阀"，能从源头上预防群体事件等社会安全事件的发生。三峡流域各城市均注重重大决策、项目、事项的社会稳定风险评估机制的完善和实施。

宜昌市。将社会稳定风险评估工作，纳入地方党委、政府目标责任年度考核范畴，纳入社会管理综合治理年度考评，纳入干部选拔任用考核体系，纳入党的纪律检查重要内容；对事关全局的重大政策、重大项目、重大活动，凡是没有进行社会稳定风险评估的一律不上常委会研究，凡是没有进行风险评估而发生社会安全事件的一律追究领导责任；各级各部门在干部提拔使用、综合性评选表彰时，必须书面征求同级综治部门意见，凡综治责任落实不到位的一律一票否决。

怀化市。比较注重社会稳定风险评估体系建设，纵向上，在市、县、乡镇全面建立社会稳定风险评估机制；横向上，各级党委政府和各部门单位，均将社会稳定风险评估纳入重大事项决策的必经程序，纳入各级党政领导干部绩效考核体系。除此之外，该市还十分注重社会组织和个人的参与，通过调查走访、听证、公示、专家论证、建立发展专业评估队伍、引导成立专业中介机构等方式，不断加大社会参与度，确保社会稳定风险评估专业、科学、公正、有效，人民群众利益切实得以有效保护。

恩施州。把社会稳定风险评估作为"做决策、出政策、上项目"的"刚性门槛"，出台了《恩施州重大事项社会稳定风险评估实施细则》，组建了由70余名专家组成的社会风险稳定评估咨询专家库，在广泛听取意见基础上，将公众参与与专家论证、合法性审查和合理性评估、集体讨论和个人决策相结合，坚持依法决策、民主决策、科学决策，从源头上有效地减少和避免了严重损害群众利益事件的发生。如该州行政中心搬迁项目经州维稳办组织专家论证，认为社会稳定风险较低、可控后，指挥部才向省发改委呈报。

---

① 杨树洁：《打造和谐平安铜仁——铜仁市平安建设工作综述》，铜仁市政府官网，http：//special.tongren.gov.cn/。

荆州市。将社会稳定风险评估作为社会安全事件的源头预防措施来抓。截至 2014 年年底，该市制定了《关于贯彻落实〈湖北省重大决策社会稳定风险评估工作实施细则（试行）〉》等制度，开展了"荆州长江大桥禁止摩托车通行"、荆州关公文化园项目建设、"荆州端午龙舟赛"、万达广场建设项目、长江中下游荆州段河道整治工程等 32 项重大活动、重点工程的社会稳定风险评估工作。其中：对沙市区荷叶湖渔场整体改造、绿化村农改超项目等 2 项有较大稳定项目，做出了暂缓实施决定；对荆州市江腾铜业公司招收残疾人职工就业等 5 个存在一定风险的活动或项目，提出了落实维稳措施的建议。通过上述措施，较好地从源头上预防了重大社会安全事件的发生。

在三峡流域各城市中，社会稳定风险评估最具代表性的当数贵州铜仁市。该市自 2008 年以来，围绕"项目要推进、风险要防范、矛盾要化解、群众得实惠"的总体要求，坚持把社会稳定风险评估作为项目立项审批的前置条件和必经程序，相继制定《铜仁地区重大决策事项社会稳定风险评估工作办法》《中共铜仁地区行署重大决策专家咨询办法》等一系列规章制度，由该地区先行先创的"风险评估先行、防范化解联动、建设与调解并进、发展与稳定统筹"的"铜仁经验"，得到习近平、马凯、栗战书、赵克志等领导的批示和肯定。2011 年 8 月，时任国家副主席习近平在贵州调研时指出："铜仁地区在全省率先探索建立社会稳定风险评估制度，统筹推进重点工程建设和社会稳定，实现项目要推进、风险要防范、矛盾要解决、群众得实惠，从源头上预防和化解矛盾方面取得好的效果"。此外，时任中央政法委副书记王乐泉、国务院办公厅秘书长马凯、国家发改委主任张平等领导先后对贵州"铜仁经验"做批示，认为铜仁社会稳定风险评估"工作扎实、有效，值得介绍推广"，能够"切实维护好群众利益"，"值得各地学习，在全国推广"。

2010 年 8 月 20 日，中共中央政法委办公室专门发文（政法办〔2010〕372 号），要求各地认真学习借鉴《风险评估先行防范化解联动重点工程建设与社会稳定工作统筹推进——关于贵州铜仁开展重点工程建设社会稳定风险评估与矛盾纠纷调处联动工作的调查报告》（黔政法〔2010〕174 号）经验，结合各地区、各部门实际，深入扎实做好社会稳定风险评估工作，从源头上减少损害人民群众利益事件和预防社会矛盾的发生。关于铜仁社会稳定风险评估经验在本章第三节还会详细介绍。

（四）构建常态化的社会矛盾排查化解机制

当利益纠纷或社会矛盾即将或已经产生，则需要相应机制予以有效排查、调解和化解，防范"小矛盾小纠纷演变为大问题大动荡"。三峡流域各城市普遍重视社会矛盾的排查调解和化解工作，有效整合综治、信访、司法、社会组织等力量，建立起"大调解"工作格局，对社会矛盾"统一受理、一线处理、调解到底"，多渠道全方位排查化解社会矛盾。对排查出来的社会问题，根据问题性质和工作分工，采取"一个问题、一名领导、一个班子、一套方案、一抓到底"等办法，把调解处理责任落实到单位和个人。对关系群众切身利益，可能引发社会安全事件，影响社会安全稳定的倾向性、苗头性问题及时掌握，查找原因，制定预案，防止社会风险扩大。

荆州市为确保调解效果，在人民调解、行政调解、司法调解"三位一体"大调解格局下实施了一系列配套制度。如社会矛盾层级化解制度，社区每周、街道和单位每半个月、县市每月排查一次矛盾纠纷机制，矛盾调处"一案一奖"制度，边区联防联调制度等。在矛盾高发领域，如医患纠纷、交通事故、征地拆迁、环境污染、林权纠纷、劳资纠纷等，建立专业调解委员会，由政府出资设立办公场所，聘任调解员，实行绩效管理，多措并举把矛盾化解在初始阶段。开展了"大走访、大预防"活动，通过"大走访"察民情、解难点、强服务、提升满意度，通过"大预防"，严防"六大问题"（刑事大案件、治安大事件、安全大事故、集体大非访、队伍大丑恶、舆情大炒作），排查解决涉及群众切身利益的"六小工程"（小案件、小事故、小纠纷、小隐患、小麻烦、小需求），使社会矛盾得以有效排查和化解。

宜昌市在全国率先推行"行政调解、人民调解、司法调解、仲裁调解"四位一体的联动调解机制，自主开发社会矛盾联动化解信息管理技术平台，创新社会矛盾化解组织结构、工作流程和工作方法，使城区各级各类社会矛盾实现由过去多层次逐级化解，转变为现在的部门、街道、社区"扁平式"联动操作，环节逐步减少，流程不断优化。目前该市社会矛盾化解率能达到95％以上，其中城市社区化解率能达到98％，群众评价满意率达99.6％。

怀化市将"三调联动"与群众团体调解、行业协会调解、中介组织调解有机结合起来,建立联调联动的"大调解"工作机制。在社会矛盾纠纷调处中心,形成"一站式接待、一条龙办理、一揽子解决"工作体系。在完善行政调解基础上,巩固和发展医疗、交通事故、征地拆迁、劳动争议、环境卫生、土地流转、食药安全等专业性、行业性调解组织,加强专兼职人民调解员队伍建设,统筹化解矛盾纠纷,共同维护城市社会安全稳定。

涪陵区不断整合资源、聚集力量,形成了"以街道镇乡调委会为主导,社区(村)和企事业单位调委会为基础,区域性、行业性、专业性调委会为补充的多层次、宽领域、全覆盖"人民调解网络,使社会矛盾纠纷"发现得早、化解得了、处理得好"。截至 2014 年 6 月,该区建立各级各类人民调解委员会近 500 个,共有人民调解员 4 000 多人。该区清溪司法所探索的"四心"调解法,即"诚心听取、耐心解释、细心分析、用心调解",成功调解了一大批矛盾纠纷,有效地化解了社会矛盾,维护了社会稳定。2013 年,该区司法局被全国人民调解员协会评为"人民调解宣传工作先进单位",清溪司法所长张洁君被司法部授予"全国模范人民调解员"称号。

黔江区的特色是行政边界地区联防联调和"调解员超市"制度的建立和完善。该区注重行政边界地区社会矛盾排查化解和社会安全治理工作,建立和完善"接边地区调解委员会",努力解决行政边界地区"三不管"的难题;在社会矛盾纠纷调解时,该区注重充分尊重群众的选择权,打造"信得过谁,选谁调解"的"人民调解员超市",在有效提升人民调解调解率的同时,大大降低了"复调率",有效维护了社会公平正义。

信访作为群众表达利益诉求的重要方式和手段,在社会矛盾排查化解方面也发挥了重要作用。三峡流域各城市普遍比较重视信访工作,投入了较大的人力和物力,进行了许多制度创新。如:湘西州推行了州级领导包县工作制、县市和部门领导包案责任制、信访问题属地管理责任制、基层信访对象结对疏导制、首问首办责任制、信访工作责任追究制等制度,实行"一站式接待、一条龙办理、一揽子解决";吉首市推行重点信访案件的"三联单"制度,即"一联"信访局存底,"一联"责任单位承办,"一联"纪委督办,有效地促进了信访案件的办理力度。

二　努力探索，城市社会安全"治本同时不忘治标"

城市社会安全治理，源头治理是"治本"。但治本之策也有涉及领域众多、耗时较长、投入较大等一系列特征。而且，在某一社会阶段、领域和地区，再完善的源头治理措施也不可能百分之百有效、百分之百的人都消除"被剥夺感"、百分之百消除"社会助燃剂"。因此在扎实推进"源头治理"的同时，也必须在"治本的同时治标"。城市社会安全治理，只有标本兼治才能达到最佳效果。对此，三峡流域各城市深有体会，并采取了一系列措施加强社会安全稳定防控。

（一）健全严打整治机制

严打是在特殊时期的非常手段，不是长久、全局性治理措施，但它能使混乱的社会安全秩序在特定时期、特定区域、特定问题得到迅速扭转，为长久、全局性安全治理举措的实施，创造良好的社会环境并赢得时间。三峡流域各城市，均比较重视特定时期、特定区域、特定问题的严打整治。

宜昌市和恩施州比较注重探索严打整治的常态化、群众化机制，对各类违法犯罪活动保持高压态势，各级政法部门将打击重点放在严重危害社会安全稳定的黑恶势力犯罪、严重暴力刑事犯罪、团伙犯罪、影响人民群众安全感的多发性侵财犯罪，每年组织一系列专项行动和集中治理，滚动排查，对管理重点、治安难点、突出问题、混乱地区和群众反映强烈的问题，纳入项目管理，及时开展重点专项整治，逐个整治验收销账，确保了大局平稳。

张家界市则比较注重结合地方实际和特色，打击涉旅违法犯罪。通过一系列集中整治行动，严厉打击价格欺诈、假冒伪劣、强买强卖、两抢一盗、色情敲诈、吸毒贩毒、涉黑涉恶等违法违规活动。该市实行的"一次休克、二次死亡"制度颇具地方特色。以色情敲诈为例，该市休闲娱乐场所和酒店宾馆，如发生色情敲诈的要承担连带责任：发生一次要停业整顿，发生两次即吊销证照、取消星级资格、通知旅行社停止送客。通过严打整治，该市有效地净化了旅游环境，维护了游客的合法权益。

铜仁市推行"7＋X"整治机制。"7"是指开展贵州省规定的7个治安整治行动，即严打犯罪"雷霆行动"、治安防控"织网行动"、治安乱点"清除行动"、整肃毒害"扫毒行动"、平安校园"护校行动"、医院环境"整治行动"、网络整治"净网行动";"X"是指铜仁市及各区县在此7个行动基础上,结合群众需求开展的富有地方特色的"X"个专项行动,如市级层面的反邪防邪"飓风行动"、市场秩序"整顿行动"等,区县级层面的打击进硐盗矿"铁拳行动"等。专项整治活动使一批治安乱点和突出问题得到有效整治,有效维护了城市社会安全稳定。

荆州比较注重通过"大整治"推进严打整治。重拳打黑恶,坚持"打早打小、露头就打、黑恶必除、除恶务尽"的严打方针,突出打击侵扰工程建设领域、征地拆迁领域以及操纵黄赌毒的黑恶势力。落实"领衔侦办""多警联动""督办通报"和"专家会诊"等命案侦破机制,拓展刑侦、技侦、网侦、图侦"四侦合一"侦查模式,强力攻命案。推广普及以公安派出所为主体,刑侦部门为指导,多警种联动的打击多发性犯罪工作机制,充分运用信息资源和技术战,整合资源,强化措施,快破小案,多破大案,深挖积案,合力打击侵财案件,落实"大整治"举措,提升侦查破案实效。

(二)建立健全群防群治工作机制

"警力有限,民力无穷。"三峡流域各城市均充分认识到发挥社会力量参与城市社会安全治理的重要性,采取各项措施不断加强群防群治工作力度。如,宜昌市在加强政法等专业力量建设同时,采取各种方式,广泛动员社区居民、社会团体、企业员工等,积极参与治安防控,先后涌现出:"老公安巡逻队""老妈妈防火团"等一大批优秀"平安志愿者"集体,全国"最美警察"王劲松、全国十大见义勇为英雄司机群体朱东安、陈发科等先进个人。

张家界市注重通过党的群众路线,推进群众自我管理,打牢社会治理基础。该市围绕提高群众参与度、安全感、幸福感,统筹景区和城区,引导群众自治,建立起"党委政府与社会力量互联、互补、互动"的社会安全治理网络,形成社会治理人人参与、和谐社会人人共享的工作模式,有效地维护了社会和谐稳定。具体做法为:通过组织引导旅游从业人员、建立"四级防范"安全网络、实行精细化服务管理(详见本章第三节)等方式,充分发挥旅游从业人员主体作用,让"景区人"管好"景区事";通过建立群众决策组织和服务平台、建立居民小区自治机制、推行便民服务措施等方式，充分发挥城市居民主体作用，让"社区人"管好"社区事"。

恩施州比较注重通过庭院联防、边区联防、产业联防、警民联防等制度，以及街面巡防、门店联防、保安值守、邻里联防、扩大和稳定专职与义务巡逻队伍、构建"五分钟巡逻控制圈"、全面推行发挥"社会稳定器""大作用"的"小保险"——社会治安险等多种形式，最大程度发挥社会组织和个人在城市社会安全治理中的作用。

铜仁市思南县通过"三圈五体系"建立的安全防控体系也颇具特色。"三圈"是指：由老党员、老干部、老教师、老战士、老模范等组建的"五老工作圈"，由公安、工商、教育、文旅、电信等部门与社会志愿者组建的"社会志愿网络工作圈"，由共青团员和少先队员组建的"团队工作圈"；"五体系"是指：以家庭为基础的"监护体系"，以学校为主阵地的"素质教育提升体系"，以社区为支点的"社会帮扶体系"，以矫正为重点的"司法挽救体系"，以预警为抓手的"环境净化体系"。"三圈五体系"的建立，有效整合了各级各类群众力量，形成了城市社会安全治理的合力。

荆州市则通过"大宣传""大发动"提升公众知晓率和参与率。通过召开座谈会、推进会、交督办会、发布会、培训会，成立国家、省、市新闻媒体荆州通联总站、网格化新闻中心、荆州长安法治网，联合荆州电视台制作宣传片，与荆州日报合作头版发布宣传广告或长篇报道，制作大量巨型公益宣传墙、永久性标语牌、悬挂横幅、学习资料，发动装有电子显示屏的机关、企事业单位、商铺、娱乐场所和城区出租车循环播放宣传广告，组织召开各种形式的动员宣讲大会和专题调研讨论会等方式，大力提高城市社会安全治理的知晓率和参与率。通过警力下沉、屯警街面，广建警务室，深入推进"六网一圈"（街面防控网、社区防控网、单位内部防控网、视频监控网、区域警务协作网、虚拟社会防控网；环荆治安封堵查控圈）建设，构建起立体化社会治安防控体系，有力保障了城市治安平稳。

代表重庆市首度问鼎"长安杯"的黔江区，在"1＋X"大院联防网、社区"网格"自治网、街面"立体化"治安防控网、防邪"护城河"工程守护网、综治服务信息网、普法宣传网等"六网"基础上，探索实施的"力量大整合、资源大统筹、综治大联动、矛盾大联解、平安大联创"的"一体化"大综治工作模式,某种程度上说是群防群治的突出代表,在实践中产生了良好的社会效应。本章第三节对该模式做了详细介绍。

(三)不断加大"技防"投入力度

大量技术设备的使用,可以大幅降低人力成本,提升城市社会安全治理效率。三峡流域各城市均比较重视加大社会安全治理的"科技含量"。如恩施州推进了视频监控系统建设。采取"财政投资、公安自建"和"电信运营商承建、政府租用、公安管理使用"等建设模式,实现重要场所、要害部位、重点路段视频监控全覆盖,建制镇、国省道、AAA以上景区350兆无线通信全覆盖,公安部门组建视频侦查队伍开展实时视频监控,实现了公安机关破案信息化,达到了事前预警、事中联动、事后倒查的视频监控应用目的,提高了破案率,提升了预防和打击犯罪的能力,有效维护了城市社会安全稳定。

铜仁市和荆州市均实施了"天网工程",不断织密视频监控网。两市不断加强技术设备的采购使用力度,投入巨资建设"天网工程"视频监控系统,建立视频监控平台、监控点、报警点,实现公安机关视频监控互联互通,不断提升技术设备在治安防范、案件破获等方面的作用,提升城市社会安全治理的效能和效率。

宜昌市在某种程度上说是三峡流域"技防"的"集大成者"。该市采取"政府引导、市场运作"的方式,不断加大技防建设投入,构建立体化治安防控体系。该市专门出台《加强城市报警与监控系统建设工作的实施意见》,投资建立视频监控点和附属技防设施,实现全市主要街道、治安复杂场所、重点单位、商业区等的视频监控全覆盖。而且,该市还构建视频监控智能抓拍传输系统,可对人群聚集密度、肢体摆动幅度等进行智能识别,并向指挥中心提出群体性事件、打架斗殴等建议指令。为发案率的降低、破案率的提高提供了坚实保障,提高了城市对社会安全局势的防控能力,和对人民群众的安全服务保障能力。

(四)建立健全社会心理疏导机制

社会心理是社会安全事件的"助燃剂"。拜金、仇官、仇富、大闹大解决、思想极端等不良社会心理,往往是很多事态迅速发酵、蔓延,以至于不可控的重要原因。良好的社会心理对维护城市社会安全稳定起着至关重要的作用。因此应注重社会心理疏导机制的建设，安装社会"安全阀"，形成良好的社会心态。三峡流域部分城市已经在这方面进行了探索。

怀化市卫生局、教育局、妇联、团委等部门，通过政府主导建立心理咨询机构和政府购买服务等方式，规范和发展社会心理咨询机构和鼓励心理从业人员的发展，建立起心理危机干预机制。该市注重加强对心理、精神上有隐患人群的排查，组织开展心理风险评估，推进分级分类管理，适时进行心理干预，对重点人群及时进行心理调适，收到了良好效果。

宜昌市：专门成立由15部门及单位组成的协调小组，整合全市心理咨询师组织和队伍，为各界群众提供社会心理疏导志愿服务。该市妇联积极推动成立宜昌市心理咨询师志愿者协会，将"知心姐姐"打造成宜昌乃至全国均具有较高知名度的社会心理疏导品牌；电视台、广播台也开设相应专题栏目和心理辅导热线，组织相关专家对群众进行心理辅导；还广泛建立起"心理减压室"，开设具有专业心理疏导互动功能的"情绪宣泄室、音乐舒缓室、励志感悟室"等。这些机制的建立，为在最大程度上疏导人民群众的困惑，引导人民群众培养积极向上的心态，维护社会安全稳定，起到了重要"减压阀"作用。

（五）逐步重视虚拟社会安全治理

随着网络和计算机技术的发展和普及，三峡流域内的网民尤其是城市居民上网的频率、时长等均不断刷新历史纪录。为确保虚拟社会安全，三峡流域各城市均逐步加大了城市虚拟社会安全治理力度。如恩施州，以利川为代表的县市，不断建立健全网上舆情监测研判机制、重大网络舆情快速反应机制、网上舆论引导机制，努力提高突发公共事件的网上舆情研判和引导能力。

怀化市比较注重网上网下"综合"防控体系的建设。通过网上动态管理机制、网络新闻发言人制度、舆论引导应急响应机制、网上舆情研判机制、重大事件快速反应机制等，建立公开透明、及时有效的政府信息发布制度等，不断净化网络环境，依法打击利用互联网进行的违法犯罪活动，不断提高网上网下发现处置、侦查打击、防范控制能力，防止引起社会恐慌和动荡。

荆州市也高度重视虚拟社会安全治理，不断织密虚拟社会防控网，积极落实舆情属地管理责任制，不断加大对涉访、涉稳、涉警、涉疆、涉恐等舆情巡查导控力度，健全网络舆情应对机制，突发舆情事件应对引导平稳有序，虚拟社会秩序安全稳定。

第三节　三峡流域城市社会安全治理亮点

三峡流域城市社会安全治理，在表现出许多共同特征的同时，各地也注重结合自身实际，采取了许多独具地方特色的举措，使城市社会安全治理呈现出不同的省域亮点和特色。

一　湖北片区城市社会安全治理亮点：网格化管理

相比于三峡流域其他片区，湖北片区城市社会安全治理最大的亮点或特色之处，在于其推动实施的网格化管理。而网格化管理，又以宜昌市为典型代表。

（一）网格化管理背景

1. 社会安全稳定国家层面的重视

随着经济社会发展，我国逐步迈入中等收入国家行列，社会转型急剧加速，面对"五化发展（工业化、城镇化、市场化、信息化和国际化）、四流加速（人流、物流、资金流、信息流）、三性增强（动态性、开放性、流动性）"的新形势，社会管理体制与方式出现了的严重不适应甚至是盲区和真空地带，各种社会矛盾越来越多。为有效化解社会矛盾，维护社会安全稳定，中央和国家层面历来高度重视社会安全稳定工作：

2004 年 9 月，中共十六届四中全会提出："要坚持最广泛最充分地调动一切积极因素，不断提高构建社会主义和谐社会的能力，不断增强全社会的创造活力，妥善协调各方面的利益关系，推进社会管理体制创新，加强和改进新形势下的群众工作，维护社会稳定。"

2007 年 10 月，中共十七大报告全文专门用一段话阐释社会管理问题，指出："社会稳定是人民群众的共同心愿，是改革发展的重要前提"，要"健全党委领导、政府负责、社会协同、公众参与的社会管理格局，健全基层社会管理体制。最大限度激发社会创造活力，最大限度增加和谐因素，最大限度减少不和谐因素，妥善处理人民内部矛盾，完善信访制度，健全党和政府主导的维护群众权益机制。重视社会组织建设和管理。加强流动人口服务和管理。"

2010年10月，中央政法委、中央综治委在全国90多个候选城市中，筛选确定首批35个（后增至38个）市和县（市、区）作为全国社会治理创新综合试点，以在全国率先建立起与社会主义市场经济体制相适应的社会治理体系，对全国起到示范引领作用。

2011年3月，第十一届全国人民代表大会第四次会议审查批准《中华人民共和国国民经济和社会发展第十二个五年规划纲要》（以下简称《纲要》），《纲要》单独用一篇（第九篇）五个章节，从"创新社会管理体制、强化城乡社区自治和服务功能、加强社会组织建设、完善维护群众权益机制、加强公共安全体系建设"等五个方面，论述了如何"标本兼治，加强和创新社会管理"问题。

2011年5月，中共中央政治局召开会议，研究加强和创新社会管理问题。《中共中央、国务院关于加强社会创新管理的意见》指出，"加强和创新社会管理，事关巩固党的执政地位，事关国家长治久安，事关人民安居乐业，对继续抓住和用好我国发展重要战略机遇期、推动党和国家事业发展、实现全面建设小康社会宏伟目标具有重大战略意义。"进一步明确了加强和创新社会管理的指导思想、基本原则、目标任务和主要措施。

2012年，中共十八大报告全文中"社会管理"一词共出现16次，并专门用一段阐述社会管理问题，报告指出："提高社会管理科学化水平，必须加强社会管理法律、体制机制、能力、人才队伍和信息化建设。改进政府提供公共服务方式，加强基层社会管理和服务体系建设，增强城乡社区服务功能，强化企事业单位、人民团体在社会管理和服务中的职责，引导社会组织健康有序发展，充分发挥群众参与社会管理的基础作用。完善和创新流动人口和特殊人群管理服务。正确处理人民内部矛盾，建立健全党和政府主导的维护群众权益机制，完善信访制度，完善人民调解、行政调解、司法调解联动的工作体系，畅通和规范群众诉求表达、利益协调、权益保障渠道。建立健全重大决策社会稳定风险评估机制"。

2013 年 11 月，中共十八届三中全会《关于全面深化改革若干重大问题的决定》从改进社会治理方式、激发社会组织活力、创新有效预防和化解社会矛盾体制、健全公共安全体系等方面，系统阐释了如何"创新社会治理体制"的问题，并指明了"网格化管理、社会化服务"的方向，要求健全基层综合服务管理平台，及时反映和协调人民群众各方面各层次利益诉求。

2014 年 10 月，中共十八届四中全会指出，要"推进多层次多领域依法治理，坚持系统治理、依法治理、综合治理、源头治理，深化基层组织和部门、行业依法治理，支持各类社会主体自我约束、自我管理，发挥市民公约、乡规民约、行业规章、团体章程等社会规范在社会治理中的积极作用"。

2015 年 1 月，中共中共中央召开政治局会议，审议通过《国家安全战略纲要》。会议认为："当前，国际形势风云变幻，我国经济社会发生深刻变化，改革进入攻坚期和深水区，社会矛盾多发叠加，各种可以预见和难以预见的安全风险挑战前所未有，必须始终增强忧患意识，做到居安思危。"

2. 全国社会治理创新综合试点地区确立

中央政法委、中央综治委筛选确定的 38 个市和县（市、区）是①：北京东城区、北京朝阳区、天津滨海新区、河北石家庄市、河北肃宁县、山西太原市、内蒙古鄂尔多斯市、辽宁沈阳市、吉林延吉市、黑龙江大兴安岭地区、上海长宁区、江苏南通市、浙江宁波市、浙江诸暨市、安徽合肥市、福建晋江市、江西丰城市、山东泰安市、山东诸城市、河南新郑市、河南三门峡市、湖北宜昌市、湖南长沙市、广东深圳市、广西凭祥市、海南琼海市、重庆大渡口区、四川德阳市、贵州贵阳市、云南楚雄市、西藏拉萨市、西藏林芝地区、陕西西安市、甘肃嘉峪关市、青海格尔木市、宁夏灵武市、新疆乌鲁木齐天山区、新疆兵团农六师共青团农场。其空间分布如图 2—2 所示。

---

① 参见周斌、卢杰《三十八个全国社会管理创新综合试点地区创造经验亮点纷呈》，《法制日报》2012 年 7 月 19 日第 2 版。

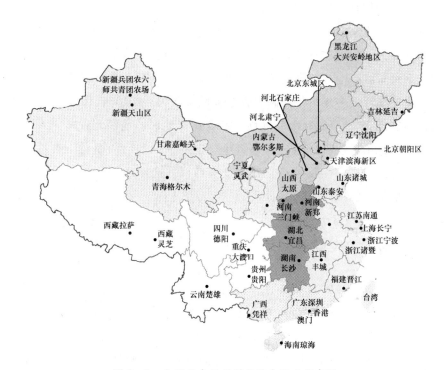

图2—2　全国社会治理创新综合试点分布图

注：本图由梁贤艳和余菲菲绘制

（二）宜昌市网格化管理探索

在全国加强社会治理创新的大背景下，湖北也在不断加强社会治理创新探索，并逐渐形成了自己的特色。尤其是宜昌市的网格化管理模式，在实践中产生了良好效果，受到中央和国家的高度肯定。

宜昌市是举世瞩目的三峡工程所在地，是湖北省省域副中心城市，是湖北省"一主两副"（武汉，宜昌、襄阳）格局中的重要一极。宜昌市下辖5区、3市、5县和1个高新技术开发区共14个县级行政区域，国土面积2.1万平方公里，总人口415万人。综合实力位居全国百强城市行列，经济总量位居长江沿线19个地级城市第4位、中部77个地级城市第3位。宜昌是湖北首个全国文明城市、国家环保模范城市和国家卫生城市，同时也是中国优秀旅游城市、国家园林城市、国家投资环境百佳城市和全国十佳宜居城市。①

宜昌市连续多届被评为"全国社会治安综合治理优秀地市",连续十几年被评为"湖北省社会治安综合治理优胜单位",在湖北省率先获得全国社会治安综合治理最高奖项——"长安杯",人民群众的社会安全感和社会治安满意度多年来位居湖北省地级城市前列。2010 年 10 月,该市被确定为首批 38 个全国社会管理创新综合试点地区,是湖北省唯一入选城市,也是整个三峡流域唯一入选城市。中共中央政治局委员、中共政法委书记孟建柱在宜昌视察时,曾评价宜昌市社会治理"很不简单,很不容易,值得总结推广!"。

1. 网格化探索历程

宜昌市社会治理,尤其是网格化管理模式,经历了艰苦探索和发展过程:②

宜昌市早在 2001 年 5 月,就开始了全面加强社会治安综合治理工作研究,出台了《关于进一步做好维护社会稳定工作的意见》。2002 年 4 月,该市为有效开展社会安全治理工作,成立维护稳定领导小组,建立不稳定因素定期排查、信息报告、调处督办、奖励和责任追究制等工作机制,使该市社会安全治理工作进入到一个新的阶段。2002 年 7 月,为进一步健全工作机制,该市印发《宜昌市社会治安综合治理一票否决权制实施细则(试行)》,同时为更好开展社会安全治理工作,该市于当年 8 月,将各级综治机构的行政级别提升,其中市级社会治安综合治理委员会办公室升格为正县级。2003年 9 月,为有效应对群体性事件,该市出台《关于处置群体性治安事件和突发事件的工作预案》。

2006 年 3 月,宜昌市根据实践经验探索,出台《关于进一步加强全市矛盾纠纷排查调处"三级中心五级网络"建设的意见》。由于效果显著,该做法在 2007 年 6 月召开的湖北省社会治安综合治理工作会议上得以重点推介,中央政法委机关报《法制日报》做了宣传报道。

---

① 数据来源:宜昌市政府官网,http://www.yichang.gov.cn/col/col3/index.html。
② 参见邓发贵、李家字、宋露露《宜昌市争创全国社会管理综合治理"长安杯"大事记》,中国宜昌网,http://www.yichang.gov.cn/art/2013/7/22/art_164_434687.html。

2009 年 10 月，为进一步处理好经济社会发展与社会安全稳定的关系，该市研究出台《宜昌市重大事项社会稳定风险评估实施办法》。同时，为有效促进社会矛盾纠纷排查、调解和化解工作，该市于 2010 年 5 月研究出台《关于建立人民调解、行政调解、司法调解三位一体大调解工作体系的意见》。

由于前期一系列社会安全治理探索工作，成效显著、影响较大，2010 年 10 月，该市被列入全国首批 38 个社会管理创新综合试点城市之一。该市社会治理经验也引起党和国家领导人的高度重视，中央政法委多位领导人均到该市考察调研相关工作，给予高度肯定，并决定在该市召开 2011 年全国加强和创新社会管理工作座谈会（片会），组织全国相关单位现场考察学习。中共中央政治局委员、国务院副总理、中央社会管理综合治理委员会副主任回良玉，全国政协副主席兼秘书长、中央社会管理综合治理委员会副主任钱运录等领导出席会议。人民日报社、新华社等 10 余家中、省新闻媒体，也对该市社会治理经验进行了集中采访报道。其中，中央电视台《焦点访谈》栏目曾播发专题新闻《宜昌的"格格"们》。2013 年 5 月 31 日，深化平安中国建设工作会议在江苏省苏州市召开，该市因为社会治理成效显著，被授予象征社会治理最高荣誉的"长安杯"。

宜昌市通过社会治理创新，实现了社区网格化、服务扁平化、管理信息化、部门联动化，做到了"社情全掌握、矛盾全化解、服务全方位"，实践效果良好，逐步形成独具特色的社会治理"宜昌经验"。中共十八届三中全会报告指明的"网格化管理、社会化服务"方向、健全基层综合服务管理平台等内容，某种程度上是宜昌等地社会治理经验的反映。

2. 网格化管理具体做法

宜昌市按照"街巷定界、规模适度、无缝覆盖、动态调整"的原则，将城镇社区划分为 1 700 多个网格，每个网格配备一名网格管理员（民众亲切称其为"格格"），综合履行信息采集、综合治理、劳动保障、民政服务、计划生育、城市管理、食品安全等七个方面的职责。在街道组建便民服务中心、综治信访维稳中心、网格管理中心，在社区对应成立便民服务站、综治信访维稳站、网格管理站，组建社区专职干部队伍、网格管理员队伍、社区志愿者队伍，形成"三个三"基层服务管理组织体系（见图2—3）。

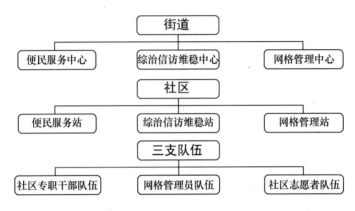

图2—3　宜昌市城市社会安全治理

　　按照"一街一队、一区一警、一格一员"的要求，宜昌市大力推进警力下沉社区，全市共设立社区警务室320余个，动员各类志愿者10万余名，派遣1 700余名民警入驻网格，司法部门组织人民调解员、法制宣传员、法律服务专业员、法律援助协办员、特殊人群关照员等法务工作队伍近4万人，"零距离"服务人民群众。以网格为基础的服务管理队伍，"在一线了解群众诉求、在一线及时发现矛盾、在一线推动问题解决、在一线为居民服务"，有效地维护了城市社会的安全稳定。

　　宜昌市的网格化管理，非常注重信息化手段的使用，充分发挥信息系统的支撑作用。该市以电子政务信息平台为基础，建立人口、法人、房屋、城市部件四类基础信息库，推动政府各部门与信息系统对接，建立"网格员与志愿者相结合、网格与部门相结合"的信息动态采集机制和"一方采集、多方响应"的信息关联比对机制（见图2—4），综合集成各类基础信息，打破信息壁垒，实现信息共享、互联互通，推动城市社会安全治理的信息化。

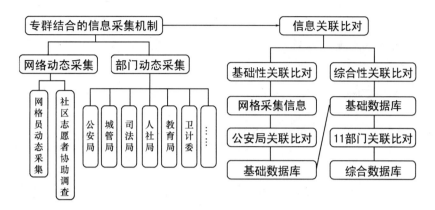

图 2—4 宜昌市城市信息动态采集及管理比对机制

该信息系统的搭建，为进一步加强政法综治部门对平安建设的统一指挥和协调提供了技术支撑，同时也有利于利用信息系统进行社会矛盾排查化解、特殊人群管理、流动人口管理、群防群治、视频监控、重点整治、平安创建等工作的开展，实现了对社会安全治理所需各类信息的准确掌握、动态管理、直观展示。如：公安部门将警务平台与信息系统对接后，通过"网格管理员采录、社区民警审核、警务平台与综合信息平台实时交换比对"机制，可以发现流动人口中的违法犯罪前科人员、在逃人员等。该系统运用后，该市社会矛盾化解率较高，能够达到95％以上，其中城市社区化解率能达到98％，群众评价满意率能达到99.6％；消防部门与系统对接后，可利用基础信息平台，建立新的消防指挥系统，实现快速精准定位事发地点、快速拟制救援最佳线路、全面掌握事故地周边环境情况、全面掌握建筑物相关人员的情况，提高救援效能。

简单地说，网格化管理的原理为三大步：一是"社情全摸清"。即通过网格员和各部门（主要是网格员）"综合、动态、实时更新"信息采集新机制，采集、比对、确认信息，如人口信息、城市部件信息、法人信息等，解决长期困扰基层社区多头采集、重复采集的问题，实现"社情全摸清"。二是"服务全方位"。即网格员上门为市民提供教育、就业、养老、医疗、婚姻、住房、流动等"代办"服务，了解市民需求，解决各种问题，不断提高市民生活满意度。三是"矛盾全掌握"。网格员在日常巡查、上门服务的过程中，可以了解各类社会矛盾，发现各种问题，现场能解决或化解的现场解决，不能解决或化解的联动各部门化解解决，做到"矛盾全掌握""及时化解""联动化解"（社会矛盾联动化解流程如图2—5所示）。

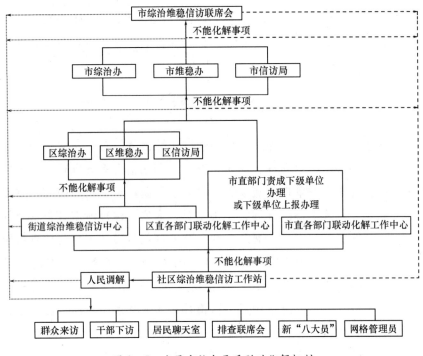

图2—5　宜昌市社会矛盾联动化解机制

总体而言，网格化管理：解决了过去"上下推，部门拖"的问题，增强了政府各部门的责任意识，实现了干部作风的转变，提升了政府形象和公信力；解决了过去居民"到处跑，门难找"的问题，方便了群众，密切了干群关系，促进了社会和谐稳定；解决了过去"基层躲，化解难"的问题，实现了"小事不出社区，大事不出街道，矛盾不上交"；解决了过去"层层转，效率低"的问题，节约了时间，降低了成本，实现了矛盾化解提速增效，有效地维护了城市社会安全稳定。

（三）湖北片区网格化管理推动情况

2011 年 11 月 24 日至 25 日，全国加强和创新社会管理工作座谈会在宜昌市召开，社会治理的"宜昌经验"受到党中央、国务院领导充分肯定和与会代表一致好评。会后，湖北省委、省政府随即召开全省加强和创新社会管理工作会议，会议要求在全省迅速推广"宜昌经验"。强调"抓社会管理就是抓发展，投入社会管理就是投入发展……政府要像重视经济发展一样重视社会管理，社会管理搞不好，经济发展快不了。全省推广"宜昌经验"要"力争半年见行动，一年见实效"。为确保"宜昌经验"加速推广，湖北省委政法委派出 10 多个督查组，赴全省各市、州督促落实，确保实效。①

在此背景下，三峡流域湖北片区的荆州市、荆门市、恩施州、神农架林区等地，加紧推进网格化管理步伐。在划分网格、配备网格员、搭建信息化平台的基础上，为城市市民提供全程化、全方位服务，排查化解各类社会矛盾，有效地维护了城市社会安全稳定。下面以恩施州和荆州市为例，简要介绍湖北片区城市网格化管理推动情况。

1. 恩施州网格管理推动情况

恩施土家族苗族自治州（简称恩施州）位于湖北省西南部，国土面积 2.4 万平方公里，人口 403 万人，下辖两市、六县共 8 个县级行政区域。恩施州建州于 1983 年 8 月，是我国最年轻的民族自治州，也是湖北省唯一的少数民族自治州，该州境内生活着土家族、苗族、侗族、汉族、回族、蒙古族、彝族、纳西族、壮族等 29 个民族，少数民族人口占总人口的 54%。该州境内绝大部分是山地，海拔在 66.8 米至 3 032 米之间，平均海拔 1 000 米，海拔 1 200 米以上的地区占总面积的 29.4%，海拔 800 米至 1 200 米的地区占总面积的 43.6%，海拔 800 米以下的地区占总面积的 27%。②

恩施州近些年采取一系列举措，不断加大城市社会安全治理力度，并取得了显著成效。全州城市没有发生重大不稳定事件，该州社情民意

---

① 参见《湖北全省加速推广力争半年见行动一年见成效》，法制网，http：//www. legal-daily. com。

② 数据来源：恩施州政府官网，http：//www. enshi. gov. cn/zzf/zq/。

调查中心的测评结果显示，该州每年的群众安全感、社会治安满意度分别在94%和93%以上，居湖北省同级城市前列，城市发展环境总体安宁、稳定，为建设武陵山试验区和"开放、文明、绿色、繁荣"的全国先进自治州营造了和谐稳定的社会环境。全州政法综治工作典型做法曾被新华社内参、《中国青年报》《湖北日报》等媒体报道，中央政法委和湖北省委政法委等领导同志先后批示肯定。

在城区，恩施州八县（市）同步推进"建社区、建平台、定网格、定人员、定职责"的"两建三定"网格化服务管理模式。"建社区"是指在全州建立71个城市社区，并按照每个30万元的标准，支持城市社区公共服务站规范化建设；"建平台"是指组建网格监管指挥中心，核定编制配备人员，搭建社会管理综合信息平台。如利川市在城区社区探索形成了城区"三三"工作模式，即搭建便民服务站、综治信访维稳站、网格管理站"三站"，和党员活动室、群众说事室、社区警务室"三室"，建立义务巡防队、志愿者服务队、文娱宣传队"三队"，为社区居民提供"一站式"、全方位服务。"定网格"是指按照"街巷定界、规模适度、无缝覆盖、动态调整"原则，按照300户左右或1 000人以下的规模划分网格，全州城区共划分为838个网格。"定人员"是指按照"一格一员"的要求，公开招录网格员。利川市城区共招录社区工作者188名，作为政府公益性岗位，纳入全市规范管理，统一标识标牌，规范工作流程，细化工作任务，明确责任主体。"定职责"是指明确网格员工作职责，网格员职责具体包括统筹采集综治、计生、社保、公安、城管、民政、工商等部门的基础服务管理信息，综合履行收集反馈民情民意、代理代办辖区居民事项、处置报告突发事件、完成上级交办事项等，努力在此基础上做到"信息全采集、动态全掌控、隐患全化解、服务全方位"。

2. 荆州市网格化管理推动情况

荆州地处长江中游、湖北省中南部、江汉平原腹地，全市国土面积1.41万平方公里，以平原地区为主体，海拔20—50米，水域面积大，有大小河流近百条，河流交错，有千亩以上湖泊30多个，湖泊密布；全市辖8个县（市、区）和国家级经济技术开发区，总人口658万人，以汉族为主，31个少数民族分散杂居，人口3.34万人，约占全市总人口的0.35%，其中中心城区少数民族人口1.12万人，占全市少数民族人口的

32.01%。荆州是国家历史文化名城、中国优秀旅游城市、国家园林城市、全国双拥模范城市，是全国优质农副产品生产基地和精细化工基地、国家级承接转移示范区、全国老工业基地调整改造规划区、全国大遗址保护示范区、国家重要的公路交通枢纽和长江重要港口城市。①

荆州市长期以来高度重视城市社会安全治理工作，多措并举加大城市社会安全治理力度，取得了良好效果。近几年来严重刑事案件逐年下降，公众安全感和治安满意度逐年上升，该市在2014年湖北省公众安全感和治安满意度测评中，均排名第5位，相比2013年分别上升3名、2名，政治经济社会和谐稳定。

荆州市从2012年开始，根据湖北省委、省政府的统一部署，开始推进网格化管理工作。

一是搭建信息平台。该市投入人力、物力、财力，建立人口、房屋、法人信息、空间地理等基础数据库，自主研发人口、法人、城市房屋、城市部件等基层信息系统，截至2014年年底该市已集成8个部门17类基础数据，搭建起网格化综合信息平台，市直部门与平台实现数据的实时交换共享，中心城区67万人、32万套房屋，全部完成人进户、户进房、房进格。同时，还集成工商、消防、医疗卫生机构、教育机构等专业图层信息，为一体化模式的运行打下坚实基础。

二是完善制度设计。制定《荆州市网格员管理细则》《荆州市中心城区社区网格员管理考核办法》《网格员工作日志》等规定，对网格员工作职责、工作流程、行为规范、运行机制等进行制度化要求，形成"中心平台宏观指导，县（市、区）、街道具体负责，社区管理日常工作"的网格员分级、分层、分类管理模式，强化对网格员和网格巡查工作的监督考核，确保每一名网格员每天深入街头巷尾，收集社情民意、排查矛盾纠纷、服务居民群众。

三是诉求渠道高度集成。该市依托网格化信息平台，搭建公众诉求系统，充分整合市长热线、市长信箱、行风热线、党报热线、企业热线、E线民生、社管通、社区频道、社区网站、人民网"地方领导留言板"等10大诉求渠道，建立起公众诉求"多渠道受理、同口径答复、全过程

---

① 数据来源：荆州市政府官网，http://www.jingzhou.gov.cn/about/。

监督、严标准考核"的公众诉求应对模式,大大提高办事效率和办结案率,有效提升政府形象和公信力。该市建立的公众诉求应对模式,曾获"全国政务服务类优秀应用案例"奖。

二 重庆片区城市社会安全治理亮点:一体化大综治

相比于三峡流域其他片区,重庆片区城市社会安全治理最大的亮点是由黔江区首创并推广实施的一体化大综治模式。

黔江地处重庆东南部,集少数民族聚居区、革命老区、边远山区、国家扶贫开发重点区于一体,国土面积2 402平方公里,下辖30个街道、镇、乡,其中街道6个,册山河、城北河在城西沙坝交汇注入黔江河。黔江区地处武陵山腹地,山区特色明显,山地占全区面积的90%,其中海拔1 400米以上的地区占全区面积的4.04%,1 001—1 400米的地区占17.18%,700—1 000米的地区占59.9%,700米以下的地区占19.49%。黔江区总人口54.9万人,是少数民族聚居区,以土家族和苗族为主的少数民族人口占总人口的73.3%,除此之外还散居着回族、蒙古族、藏族、满族、维吾尔族、彝族、壮族、布依族、朝鲜族、侗族、瑶族、白族、哈尼族、哈萨克族、东乡族、黎族、佤族、撒拉族、高山族、塔吉克族、鄂温克族、普米族、水族、畲族等24个少数民族。①

近年来,黔江区高度重视社会治理工作,始终将社会治理作为党政"一把手"工程来抓,不断加大人力物力财力投入,理顺体制机制,实现了"服务管理联动、矛盾纠纷联调、突出问题联治、应急工作联勤、社会治安联防、基层平安联创"②,努力实现了城市社会安全稳定,经济社会平稳发展,人民生活安居乐业。

黔江区社会治理工作自2001年起连续12年被重庆市委、市政府评为先进,连续3届(每届4年)被中央综治委表彰为"全国平安建设先进区",并于2013年与万州区一起在重庆市率先荣获社会管理综合治理工作最高荣誉奖——"长安杯"。

---

① 数据来源:黔江区政府官网,http://www.qianjiang.gov.cn/。
② 刘光权:《黔江孜孜不倦十二载喜捧综治"长安杯"》,2013年6月21日,人民网重庆视窗。

（一）黔江一体化大综治模式探索历程

一体化大综治模式的产生、发展和成熟，经历了一个不断艰辛探索的过程。[①]

1. 第一阶段：被动分散防御，形成"四大板块"防控体系

黔江区成立于 2000 年。成立之初的黔江，集"老、少、边、山、穷"于一身，交通落后、信息闭塞、经济社会不发达。重庆民间曾经流传的"养儿不用教，酉秀黔彭走一遭"，形容的就是黔江等地的落后和治安混乱面貌。再加上行政区划刚刚调整，机构和人员变动较大，人心不稳，黔江曾是社会治安难点。由于地处重庆、湖北、湖南三省交界地区，城市滋扰生事之徒聚合成众，"法轮功""门徒会"死灰复燃，社会治安出现"滑坡，一种大的滑坡"。

面对严峻的社会治安形势，新成立的黔江区政府痛下决心，决定探索出一条符合黔江特殊区情的社会治理模式，以营造稳定的社会秩序，增强人民群众的安全感，促进经济持续健康发展。而作为当时的当务之急，就是采取"严打"，在短时间内稳定社会秩序是首要的一步，只有在社会秩序稳定的前提下才能谈体制机制创新，谈符合区情治理模式的探索。

2002 年，黔江区委、区政府颁布实施的《关于进一步加强社会治安综合治理全力维护社会稳定的意见》，第一项就是"深入开展'严打'整治斗争……重点打击有组织犯罪和黑社会性质的团伙犯罪、流氓恶势力犯罪及爆炸、杀人、抢劫、绑架等严重暴力犯罪，严厉打击盗窃、尤其是入室盗窃等多发性犯罪"。"严打"对社会治安状况的改善，效果是立竿见影的。在"严打"期间，该区共打掉带黑恶势力性质的犯罪团伙 30 个，使社会治安反弹的被动局面在很大程度上得以迅速扭转。

在社会治安得以好转的前提下，黔江区委、区政府开始思考社会治理的指导思想，和人、财、物的保障问题。考虑到重庆直辖行政区划调整后，黔江不再分管石柱、彭水、酉阳、秀山其他渝东南四县，从管理幅度和管理层次的关系看，社会治理的工作重心可以下移。自此，工作

---

① 参见《黔江区争创全国综治"长安杯"纪实》，《武陵都市报》，2013 年 7 月 25 日，http://wldsb.com/zcar/content_28229.html。

重心放在"基层"和"细胞"上，就成为黔江区社会治理的指导思想。

在指导思想明确后，黔江接下来开始着手解决机构、人、财、物的保障问题。该区在全区范围内，横向（各党政机关和企事业单位）建立综治工作领导小组，纵向建立社会治安综合治理委员会，由党政"一把手"担任正副主任/组长，下设相应办事机构——综治安全科，配备3—5名专职综治干部，做到机构的"纵向到底、横向到边"。除将专职综治干部纳入正式编制外，该区还优先将政法系统经费纳入财政预算，给予财政资金保障。

在指导思想明确、人财物有保障的前提下，2005年，黔江区开始创新社会治理工作思路。首先在农村探索推行"1＋X"大院治安联防。"1"是指一个农村中心自然院落，"X"是指院落周围看得见、招得拢的若干农户，"1＋X"就是1个中心院落和周围若干个农户组成一个联防大院，每个大院由群众民主推选"院长"，院长负责组织群众开展"传牌值日、联户联防、安全防范、法制教育、纠纷调解"等活动，实施"自我防范、自我管理、自我教育、自我调解、自我提高"。

在联防大院基础上，黔江按照"集小安为大安、以点促面"的工作思路，把相邻的3—5个联防大院划分为一个治安小区，由小区内的村组干部担任小区负责人，进一步实行"小区治安联防"。在乡村要道口的小商店或农户设置警民联系点，联系点集"报警、求助、法律咨询"于一体，实现驻片民警与治安小区的警民联防。逐步构建起"以户为细胞，院落为依托，警民联系点为纽带，小区为中心平台"的群防群治体系。

在"小区联防"的基础上，黔江逐步实现了"分片而治，守土有责"的"板块式"管理模式。以"农村大院防控、城镇社区管控、机关单位守控、边际部位联控"为主要内容的"四大板块"防控体系逐渐形成。群防群治体系的建立，产生了积极的社会效果。2001—2004年黔江区连续4年实现"无影响国家安全和政治稳定的重大事件，无重大后果和政治影响的群体性闹事事件，无引发社会恐慌的重特大恶性案件和治安安全事故，无'法轮功'人员聚集和上市进京滋事"，群众安全感满意度分别为93.43%、96.3%、98.1%、98.8%，逐年上升，且高于重庆市平均水平，并于2005年被中央综治委表彰为"全国综治先进区"。

2. 主动联合服务，创新体制机制

虽然探索出"分片而治，守土有责"的"板块式"管理模式，也形成了"农村大院防控、城镇社区管控、机关单位守控、边际部位联控"的"四大板块"防控体系，但整体仍呈现出"被动、分散、防御"的特征，重打轻防、重事后补救轻事前防范和事中控制、各自为政等特征。为此，黔江区开始逐步向打防结合、预防为主、群众参与、主动防范转变，向左右互动、上下联动、整体作战、优势互补转变，向重事前防范、事中控制、事后处理、规范管理转变，并注重从全局高度谋划，进行体制机制创新。这主要体现在以下几个方面：

一是加强横向纵向力量整合，密织社会治理的"一张网"。

横向上，加强专门领导小组网络建设，统筹整合各类力量。在街道镇乡，以综治办为平台，协调综治、公安、司法、信访、安监、人武力量，实行"六位一体"。每月召开一次社会治安综合治理委员会成员单位工作例会，每季度召开一次"五部委"联席会议，"通报工作、齐抓共管、各司其职、协调配合、整体推进"。在社区建立综治工作站，配备综治专干，整合综治、警务、治保、调解、信访、安监、民兵力量，实行"七位一体"。将"四大板块"防控体系联网，形成"战线长、触点多、组织密、管理严、服务优"的治安管理与服务网络。

纵向上，把网络向基层密织。警务防控网络建设方面，着力"三基"工程，推进镇乡派出所建设，在全区设置集"报警、求助、咨询、服务、便民"于一体的报警点1 200余个，公开驻段民警，公开报警电话，把警务防范网络延伸到村、组、院、巷。单位内部防控网络建设按照"单位用人、保安培训、公安管理"的模式，统一培训、统一着装、统一管理，强化机关、企事业单位"人、技、防"三防建设。动态治安防控网络建设方面，在城区组建了专门治安夜巡队伍，与巡警巡逻、派出所民警巡逻有机整合，纵横交错、立体交叉、蹲点守控、巡逻防控，强化"点、线、面"控制。

二是变被动为主动，主动消化矛盾，避免引发重大社会安全事件。

在街道镇乡设置矛盾纠纷调处中心、在社区建立矛盾纠纷调处工作站，整合基层力量，畅通民意诉求渠道，把调解服务的网络进一步延伸，注重"调早、调小、调苗头"，对重点、难点问题实行领导介入、挂牌督办制，做到"矛盾纠纷有人调，疑难疙瘩有人解"，把各类矛盾纠纷化解在最前沿，使矛盾纠纷逐年下降。成立"信访联动中心"和"群众诉求服务中心"，设置涉法涉诉与政策咨询类、国土城建城管类、农业农村类、人力社保与社会救济类 4 个接访窗口，实行固定排班、轮流坐班、窗口服务、联合接访，集中调处各类矛盾纠纷。该区在 2005 年还提出了预见和反思式的"三个不要实施"的社会治理理念，即"不能使绝大多数群众受益或者得不到绝大多数人民群众理解和支持的，不要实施；违反社会主义市场经济客观规律，劳民伤财和保护部门或少数人利益，与民争利的，不要实施；前期工作不充分，可能引发社会振动的配套设施未跟上、可能引发新问题的，不要实施"并在实践中一以贯之。

三是从全局高度，谋划体制机制创新。

随着社会治理工作经验的积累，群防群治工作的日渐成熟，黔江区开始着手从战略高度思考和建立长效机制的问题，通过认真调研、总结、凝练，率先提出"一体化大综治"工作思路。针对"基层综治维稳力量薄弱、领导分工不明晰、职责难明确、部门难统筹、指挥难协调、工作难推进"等问题，黔江区着手从深层次构建"1＋N＋X"大综治工作格局。"1＋N＋X"即：以 1 名政法委书记牵头抓总，"N"名副职协调配合，整合基层"X"部门力量为一体，形成整体"一盘棋"，合力推动基层社会治理工作。

为彻底解决"以前在乡镇分管综治安全稳定的领导很杂，既有党政副职、人大主席，也有人武部长、派出所所长、宣传委员、组织委员等，容易形成工作职能职责不明确、无人牵头抓、遇事相互推诿"的局面，黔江区在全区 30 个街道镇乡设置政法委。为提高机构效率，该区不增加领导职数，在现有党（工）委委员中明确 1 人担任专职政法委书记，牵头总抓、专抓社会安全治理工作，改变了基层社会治理过去"综而不合、合而不力"的状态。随着体制机制的日渐成熟，黔江区探索创新出的"一体化"大综治社会治理模式和成功经验，多次受到上级领导的充分肯定和认可，并在 2010 年全国综治工作（成都）会议上作经验介绍，中央和重庆市级主流媒体、《中央综治简报》、《重庆政法》等内刊多次刊载推广"黔江经验"。

（二）一体化大综治模式主要做法

具体而言，"一体化大综治"模式的具体做法[①]如下：

1. 建"网"

黔江为打造"一体化大综治"格局，构筑了六张防控网：

一是"1+X大院联防"网。黔江建成3 000多个联防大院，集"服务、教育、管理、防范、调处、创建"等功能为一体。该网的实质就是居民在院长组织下开展化解邻里纠纷、防火防盗、防事故等群防群治工作的社会治理单元，该网的建立有效遏制了农村各类案件的发生，维护着黔江农村社会安全稳定。据统计，该区无刑案、治安案件的联防大院达85%以上。

二是社区"网格"自治网。在城镇社区：推行街道、社区、小组、大院、楼道"五级五长"治安责任制；组建"以基层党支部为核心，以综治专干、社区民警、治安积极分子等为骨干"的"红袖章"巡逻队；建立"综治维稳协作会"，选举"小巷总理""热心大妈"，划区包干、责任到人、设置岗亭、服务到户。

三是"立体化"治安防控网。在城镇街面，黔江组织起共计25支、1.6万余人的武警专职巡逻队、公安流动巡逻队、社区联防队，采取步巡、车巡相结合的方式加强治安巡逻。同时发动政府、企业等单位，多渠道投入、多层次和多角度安装视频监控系统，加强重点区域、主干道、街面等部位的防范守控，逐步形成人防、物防、技防"三防"联动的"立体化"防控体系，"交巡"合一、点面结合的昼夜巡防、专群联动"治安巡逻网"，使街面犯罪率大幅下降，可防性案件明显减少。

四是防邪"护城河"守护网。为有效防邪教、防破坏、防渗透，黔江实施了平安"护城河"工程，组建起一支1.5万余人的防邪信息员、综治信息员、国安信息员队伍，同时依托综治站及联防大院，构筑起庞大的防邪信息网络，有效地净化了社会风气，维护了社会安全与政治稳定。

五是综治服务信息网。为及时、准确、全面收集各类有效信息，黔

① 参见彭光灿、李安楠、赵伟平《黔江"长安"背后的力量——构建"一体化"大综治格局代表重庆首度问鼎"长安杯"》，《重庆日报》2013年7月19日第7版。

江通过建立民情档案、制作发放集"咨询、求助、报警"于一体的"警民联系卡""综治维稳卡""治安动态卡"等措施,推进政法综治全覆盖,勤联、勤访、勤报、勤查等便民服务,构筑起强大的综治服务信息网。

六是普法宣传网。为提高居民法律意识、能力和水平,黔江通过设置法制宣传窗,打造法制文化广场,利用民间腰鼓队,编写发放《公民普法读本》《综治平安基础知识》《平安校园》《平安铁路》等宣传手册等形式,广泛、深入开展法制宣传活动,确保法制进校园、进大院、进家庭,最终"进大脑、成行动"。

2. 联 "网"

六张网络的构建只是一体化大综治模式的第一步,如果不进行关键的一步——"联网",原有体制机制下的"统筹指挥难、部门协作难、事情找人难、无钱办事难、单位配合难"等难题,仍将无法破解。

为此,黔江区率先进行了四项突破:一是在每个街道镇乡设一名政法委书记,专职统筹协调社会安全治理事宜,破解过去统筹指挥难的难题;二是在每个街道镇乡建立一个矛盾纠纷调处中心,整合基层各种力量,统一议事、集中办公,破解过去各自为政、协作困难的难题;三是在每个社区建立一个综治站,配备专职干部一名,由财政保障工作经费,破解过去无人管事、无钱办事的难题;四是在每个社区成立一个综治维稳协作会,将各单位、企业吸纳为成员单位,分区包片抓好社区防控,使单位人、企业人成为社区人,构建楼道"联动守护网"和社区"义务巡逻网",破解社会单位协作配合难的难题。

总之,"联网"的实质,就是通过体制机制创新,"整合资源,汇集力量,强化基层组织建设,变'巴掌'为'拳头',构建一体化综治工作运行机制,统一化解矛盾纠纷,合力治理治安突出问题。"① "六网"在创新后的体制机制之下,使黔江社会安全治理逐渐形成了以政法书记和综治专干为统领、以联席会和政法委会议为纽带的"1+X"、"资源大统筹、力量大整合、综治大联动、矛盾大联解、平安大联创"的"一体化"

---

① 徐伟等:《一体化变基层,"千颗针"为"一针穿"》,《法制日报》2010年7月8日第1版。

大综治模式。

"一体化"大综治模式的探索和实施，使黔江社会安全治理工作实现跨越式发展，持续实现"无重大恶性案件、无暴力恐怖事件、无政治重大事件、无重大群体性事件、无重大以上安全事故"的"五个零"目标，矛盾纠纷调处成功率达98%以上，群众社会安全感达到95%以上，群众对政法队伍满意度持续保持在90%以上，社会持续保持安全稳定局面。目前，该模式正在整个重庆市推广实施，成为独具地方特色的城市社会安全稳定"助推器"。

三　贵州片区城市社会安全治理亮点：社会稳定风险评估

相比于三峡流域其他片区，铜仁市城市社会安全治理最大的亮点当数其建立的社会稳定风险评估机制。铜仁是"社会稳定风险评估发源地"①，其探索的社会稳定风险评估"铜仁经验"目前正在全国推广。

（一）社会稳定风险评估"铜仁经验"的探索历程

铜仁市地处贵州、湖南、重庆三省市结合部，有"黔东门户"之称。铜仁市地处武陵山区腹地，武陵山主峰和标志——梵净山即位于该市境内，全市最高海拔2 572米，最低海拔205米。铜仁市辖2区、8县、2个开发区，国土面积1.8万平方公里。境内聚居着土家、汉、苗、侗、仡佬族等29个民族，总人口427万人，其中少数民族300.82万人，占总人口的70.45%。城区面积40平方公里，常住人口35万人。铜仁市旅游资源丰富，有国家级自然保护区2个、国家级风景名胜区3个、省级风景名胜区9个、国家矿山公园1个。②

近年来，铜仁市城市社会安全治理实施积极预防战略，大力开展"矛盾纠纷源头疏导、社会治安源头治理、涉法涉诉源头防范、管理措施源头创新"四大源头治理工程，使社会秩序持续稳定，社会治安持续向好，群众安全感持续提升。据贵州省统计局测评数据显示，该市2014年群众安全感为95.88%，群众满意度为92.61%，同比分别上升0.5个和1.19个百分点。尤其是该市探索实施的社会稳定风险评估制度，产生了

---

① 铜仁市政府官网：http://www.trs.gov.cn/zjtr/index.html。
② 数据来源：铜仁市政府官网，http://www.trs.gov.cn/news/2014414/n22.html。

良好社会效果，受到多位党和国家领导人好评，并在全国得以推广实施。

2008 年 11 月，铜仁市出台《关于开展社会稳定风险评估工作的意见》。但由于少数领导同志认识不到位、重视不够、执行有偏差，2009 年 2 月 8 日在该地区德江县群众对政府改变传统舞龙线路意见大、干部思想不统一、风险苗头已现的情况下，没有进行社会稳定风险评估，草率决策，以致矛盾激化，导致群众聚集冲击县政府的群体事件发生。后在铜仁市领导深入调查、改变错误决策后，得到当地群众拥护，事态及时平息，社会恢复稳定。

"舞龙事件"催生社会稳定风险评估新制度。2009 年 3 月 30 日，当时的铜仁市（铜仁地区行署所在地）出台《关于开展社会稳定风险评估工作的意见》，吸取了"舞龙事件"教训，在全市开展了专题学习讨论，提高了党政干部对社会稳定风险评估工作重要性的认识、能力和水平。经认真研究，该市明确要求各级党委、政府在实施重大项目或做重大决策前，必须把开展社会稳定风险评估，全面、系统、深入地评估、论证决策或项目可能带来的社会稳定风险，并将评估结果作为决策的重要依据，依据评估结果做出不实施、暂缓实施、分步实施、实施等决定。

是年，铜仁市开建大兴高新技术产业开发区、川硐教育园区，根据规划，"两区"建设需要完成 2 365 户家庭的征地拆迁工作。为确保社会安全稳定，铜仁市决定以教育园区拆迁为"试验田"，先后组织 8 个工作组实施社会稳定风险评估，排查出"农民失地生计无着、项目资金链断裂、干部能力不足、拆迁安置不顺、干部能力不足、诱发性风险较多"等 6 大风险点，形成评估报告，并采取切实措施防范化解，如补偿从优、从高、从快执行，把拆迁安置与园区建设统筹解决让被拆迁户进园务工等，结果仅用 1 个月，园区征地拆迁即平稳完成，实现零纠纷、零上访。

"两区"建设社会稳定风险评估实践表明，风险评估制度能在经济发展与社会稳定之间找到平衡点：重大项目既应充分考虑项目效益，同时也应充分考虑社会稳定风险，既不能因风险简单否定重大项目，又不能草率决策导致安全风险。此后，铜仁市决定以"两区"建设为模板，在全市范围内推行社会稳定风险评估工作。对没有进行社会稳定风险评估的重大项目，坚决不予申报；对没有将社会稳定风险评估结论纳入项目申报的，坚决不予立项；对没有超前考虑群众切身利益、落实防范化解措施的,坚决不予实施。

自此,"风险评估先行、防范化解联动、建设与调解并进、发展与稳定统筹"的"铜仁经验"逐步成熟。目前,该市社会稳定风险评估制度已广泛应用于移民安置、征地拆迁、企业改制、城市管理、民俗活动、城镇建设、安全生产、出租车经营拍卖、环境保护、党风廉政等工作领域,并逐步在全国推广施行。中央维稳办、国务院法制办在出台《关于建立健全重大决策社会稳定风险评估机制的指导意见》前,曾派有关人员专程到铜仁市调研并征求意见。2012年1月12日,中共中央办公厅、国务院办公厅颁发《关于建立健全重大决策社会稳定风险评估机制的指导意见(试行)》(中办发〔2012〕2号),社会稳定风险评估正式在全国推行。

(二)铜仁市社会稳定风险评估的主要做法

下面从评估范围、评估内容、评估主体、评估程序、风险等级管理、责任追究、分类管理等七个方面,对铜仁市社会稳定风险评估的主要做法①,做一简要介绍。

1. 划定评估范围

铜仁市将涉及一定范围人民群众切身利益的重大决策均纳入评估范围,这些重大决策具体包括:有关政策、规章制度的制定和修改,水土、草场、山林、矿产等资源开发、处置,征地拆迁、移民安置等事项,国有、集体企业改制,重点建设项目,城市发展和社会管理,环境保护、社会保障、公益事业和民风民俗,以及法律法规规定和各级党委、政府或其他专门评审机构认为应当进行评估的事项。

2. 确定评估内容

铜仁市社会稳定风险评估的内容主要包括合法性、合理性、可行性和可控性四大方面。合法性是指决策机关是否拥有相应决策权,决策权是否在权限范围内,决策内容和决策程序是否符合政策和法律规定,政策是否具有连续性和统一性等;合理性是指决策事项是否符合人民群众

---

① 参见铜仁市委办、市政府办《关于铜仁市重大决策社会稳定风险评估实施办法》(铜党办发〔2012〕108号)、《关于进一步深化重大决策社会稳定风险评估工作的通知》(铜党办发〔2012〕158号)、《铜仁地区重大事项社会稳定风险评估工作方案》(2008)、《铜仁地区关于开展社会稳定风险评估工作的意见》(铜党办发〔2008〕146号)等文件。

的根本利益，是否兼顾长远利益和现实利益等；可行性是指决策事项是否与经济社会发展相适应，时机与条件是否成熟，是否经过严密科学论证，是否得到大多数群众支持；可控性是指决策事项是否存在安全隐患，是否会引发负面舆论、社会安全风险和事件等，社会安全风险是否可控和有效降低。

3. 明确评估主体

铜仁市社会稳定风险评估工作由相应主体组织实施，这些主体包括：党委政府决策的事项，由党委政府指定的部门组织实施；部门决策的事项，由决策部门组织实施，多部门联合决策的事项，由牵头部门协调各部门抽调专人组成评估工作机构组织实施；多级党委政府决策的事项，由初次决策机关组织实施，不重复开展评估；此外，如工作需要，政法、综治、维稳、信访等部门和相关社会组织、专业机构、专家学者以及群众代表可参与评估。

4. 规范评估程序

铜仁市社会稳定风险评估工作程序被称为"七步工作法"：一是制定评估方案。包括评估事项、评估重点、组织形式、时间安排、工作方法、具体措施、相关要求等。二是广泛征求意见。通过公告、公示、问卷调查、意见征求箱、电话号码和电子邮箱、意见征求表、走访座谈、论证会、听证会等方式，征求包括直接利益关系群众在内的各方意见。三是全面分析论证。分类梳理各方意见和建议，围绕风险点进行科学论证，制定风险防范和消除方案。四是确定风险等级。根据决策实施可能对社会稳定造成的影响程度，确定风险等级。五是编制评估报告。包括决策事项、评估过程、评估依据和是否实施建议。六是提交评估报告。将风险评估报告和防范预案交决策机关审查，并报统计维稳部门备案。七是运用评估结论。决策机关做出实施、不实施、暂缓实施、分步实施等决定。

5. 评定风险等级

铜仁市社会稳定风险评估主体，从合法性、合理性、可行性和可控性四个维度，参考决策是否存在分歧、资金缺口大小、是否存在诱发性风险等要素，将决策事项对社会稳定影响程度分为高风险、较高风险、一般风险和低风险四个等级。决策机构综合权衡各方面的因素，分别做出不决策、暂缓决策、分步决策、同意实施等决定。

6. 严格责任追究

铜仁市：对未经评估即做出决策、决策时不依据评估结论、实施中引发重大社会安全事件而未暂停或及时调整决策，给党、国家、人民利益以及公共财产造成较大损失和引发社会安全问题的决策机关，严格追究相关责任；对评估工作流于形式，不深入调查和分析论证导致决策失误，评估工作中隐瞒真实情况、弄虚作假或优亲厚友导致决策失误，对给党、国家、人民利益以及公共财产造成较大损失和引发社会安全问题的评估主体，严格追究相关责任。

7. 实施分类管理

铜仁市按照各级各部门工作职能职责所涉的重大决策社会稳定风险程度（矛盾相对集中程度），将全市12个区和市级各部门和单位划分为三类，一、二、三类部门在评估方面的要求，如人员队伍、专项经费、办公场所、职能职责所涉社会风险点排查监测和研判频率等，呈三个不同的梯次。一类部门主要为12个区和发改委、国土局、移民局、城管局、公安局、人社局、教育局、安监局、信访局等35个职能部门（含二级机构及所属企事业单位，下同），二类部门为民宗局、审计局、统计局、气象局、国税局、组织部、宣传部、政法委等28个部门，三类部门为未列入一、二类的其他市直部门（见图2—6）。

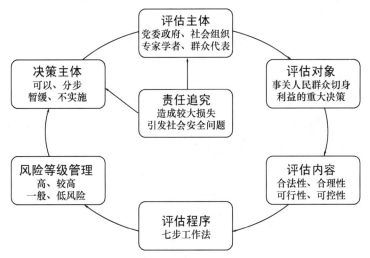

图2—6　社会稳定风险评估"铜仁经验"示意图

社会稳定风险评估机制的建立，产生了积极的社会效益。它使广大干部尤其是决策者树立了正确的政绩观、决策观和稳定观，务实关注民生，切实把维护群众根本利益放在第一位，"发展是第一要务，稳定是第一责任"的意识得以增强，预防社会安全风险和化解社会矛盾的能力得以增强；它使干部作风得以转变，党群关系、警民关系、政民关系得以有效改善，政府公信力和满意度进一步提高；它使人民群众的根本得到维护，在经济社会发展中得到实惠；它使社会和谐稳定的根基更加牢固，社会安全风险系数大大降低。

四 湖南片区城市社会安全治理亮点：城市流动人口服务管理体系

相比于三峡流域其他片区，湖南片区城市社会安全治理最大的亮点或特色之处，在于其构建的城市流动人口服务管理体系。突出表现在：以怀化市为代表的城市少数民族流动人口服务管理体系，和以张家界市为代表的旅游流动人口服务管理体系。

（一）城市少数民族流动人口服务管理体系

1. 城市少数民族流动人口服务管理体系建设背景

随着经济社会的发展，城市化进程的推进，人口流动已成为一种常态和发展趋势，越来越多的少数民族群众开始从边疆进入内地，从农村进入城市学习、工作和生活，民族交往的深度和广度在不断拓展，"少数民族不断向城市迁移和流动，以及民族地区城市化进程加快，已成为不可阻拦的发展趋势"。[1]

与其他流动人口一样，少数民族流动人口在城市中同样遇到了就业、上学、就医、维权等诸多方面的困难。但相比于非少数民族流动人口，少数民族流动人口在遇到共性难题的同时，还会遇到一些特殊的困难，如语言、地域文化、宗教信仰、风俗习惯等方面的差异，与内地居民间缺少法律法规、风土人情等方面的相互了解和认知等。

如果这些困难不能有效得以解决，则会使少数民族流动人口难以适

---

① 《在城市，实现梦想——少数民族流动人口服务管理体系建设试点工作简介》，国家民委网站，http：//zcfgs. seac. gov. cn/art/2013/11/15/art_ 7255_ 194977. html.

应并融入城市生活，进而产生摩擦甚至是社会冲突，出现影响民族关系和社会安全稳定的事件。为此，必须准确研究和把握城市少数民族流动人口的特点和需求，在此基础上进行少数民族流动人口服务管理体系创新。2010 年 3 月 5 日，时任国务院总理温家宝在十一届全国人大三次会议上做政府工作报告时强调，要"切实做好少数民族流动人口公共服务、就业和管理工作，保障他们的合法权益"。2010 年 12 月 24 日，时任国务院副总理回良玉在全国城市民族工作座谈会上明确指出："要把做好少数民族流动人口的服务管理作为城市民族工作的重要任务，把热情服务与依法管理有机结合起来。"

从 2011 年 7 月开始，国家民委在全国分四批选取 28 个城市（区）作为试点，深入开展少数民族流动人口服务管理体系建设试点工作。2012 年 3 月，三峡流域的宜昌市、黔江区、怀化市、吉首市，正式被确定为第三批试点区市。其中，怀化市鹤城区探索实施的"上下联动、条块结合、以块为主、规范稳定"的少数民族流动人口服务管理模式，引起广泛关注，《中国民族报》、中国民族宗教网等权威媒体，做过专题报道推介。

2. 怀化市鹤城区少数民族流动人口服务管理体系

怀化市鹤城区地处湘、鄂、渝、黔、桂五省交界中心地带，自古有"全楚咽喉""滇黔门户"之称。鹤城区也是怀化市政府所在地，是怀化市政治、经济、文化、交通、信息中心。全区总面积 722.8 平方公里，辖 7 个街道办事处、7 个乡镇和 1 个旅游度假区。全区总人口 55 万人，少数民族 48 个、11 万人，其中常住少数民族人口约 8.7 万人，流动少数民族人口约 2.3 万人，人口较多的有侗族、苗族、土家族、回族等，是典型的少数民族聚居区。①

为贯彻党和国家制定的民族政策，鹤城区从自身区情出发，大胆探索，勇于创新，逐步形成了"上下联动、条块结合、以块为主、规范稳定"的少数民族流动人口服务管理模式，逐步实现了少数民族流动人口

---

① 参见陈乃荣、杨桂华、向松长《"四化"助力民族团结事业迈上新台阶——怀化市鹤城区创建城市少数民族流动人口服务管理体系试点工作纪实》，《中国民族报》2013 年 6 月 25 日第 2 版。

服务管理的"精细化、规范化、一体化、长效化"。具体而言，该区少数民族流动人口服务管理体系建设的具体做法如下：

一是大力推进少数民族流动人口服务精细化。

少数民族流动人口服务管理，服务是出发点和落脚点。为将服务工作落到实处，该区秉承精细化思路，将服务细化到各个部门的日常工作中，明确了各职能部门，尤其是事关少数民族群众就医、上学、维权等"柴米油盐""小事"的部门，在少数民族流动人口服务工作中的职责和任务。

人社局负责准确把握少数民族流动人口就业动态，出台少数民族流动人口就业管理制度、技能培训制度、社会保障制度、权益保障制度等，做到"就业岗位优先提供、优惠政策优先享受，具体困难优先解决，各类业务优先办理"，提供就业创业等方面的资金支持，确保少数民族流动人口工资福利、人身权益不受侵犯。

教育局负责为少数民族流动人口子女接受义务教育提供协调服务，坚持少数民族群众子女优先入学、先插班后办理转学手续，让经济条件差的少数民族群众子女上好学，除落实国家优惠政策外，还给特困生减免课本费、送校服。为少数民族群众子女安排专门老师服务，提升教学质量，搞好学生成绩及养成良好生活习惯。组织家长培训班，提高家长教育水平。

民政局负责做好少数民族流动人口中生活无着落人员救助工作。通过加强救助管理机构设施建设、设立少数民族文字标识及服务指南、指导社区开展少数民族流动人口服务工作进社区、加强对少数民族流动人口中特殊困难人员救助帮扶工作等措施，切实加强对少数民族流动人口的服务工作。

司法局负责对少数民族流动人口开展法制宣传教育工作，引导他们学法、用法、增强法律意识，设立少数民族法律咨询服务机构，为少数民族流动人口提供有效的法律服务和法律援助，实施一个社区一名律师工作机制，充分发挥司法员、人民调解员优势，在少数民族流动人口集中区域，定期开展矛盾纠纷排查。

住建局负责城区内建筑工地少数民族流动人口的服务工作，在建筑工地设立专门少数民族人员食堂，确保少数民族流动人口在饮食、住宿等方面提供优先照顾，及时调处与开发商的矛盾纠纷，免费提供职业培训和就业信息服务，对建筑工地的少数民族流动人员上岗培训给予优惠照顾，切实保障少数民族流动人口的合法权益。

此外，还有：卫计委负责指导医疗卫生机构为少数民族流动人口提供医疗保健服务，对少数民族流动人口在就医时视同常住人口，提供最优质医疗卫生服务；工商局负责支持少数民族进城务工人员实施创业或就业；城管局负责依法维护外来少数民族经商务工人员的合法权益，及时解决少数民族群众在经营过程中遇到的困难和问题；文化局负责推进少数民族文化事业的发展，开展丰富多彩的民族文化艺术活动，支持开展民族传统节日活动，尊重少数民族风俗习惯；城市办负责组织各街道、社区开展城市少数民族流动人口服务管理体系建设工作，协同相关职能部门完成各项工作任务；等等。

二是大力推进少数民族流动人口管理规范化。

精细化服务和规范化管理，是做好少数民族流动人口服务管理工作的两大前提。在细化各职能部门服务职责、做好少数民族流动人口服务工作的同时，鹤城区还十分注重管理的规范化，明确了各职能部门的管理职能。

组织部负责少数民族流动党员的管理、教育、指导和服务，加强对少数民族流动党员"工作站"的建设管理，切实发挥少数民族流动党员的作用；宣传部负责组织宣传报道，引导广大少数民族群众广泛参与、社会各界大力支持少数民族流动人口服务管理工作，营造民族团结的良好氛围；教育局负责对少数民族流动人口子女接受义务教育的督导；政法委和公安局负责依法对少数民族流动人口做好基本信息登记及相关证件的办理和治安管理等工作，预防和打击侵害少数民族权益的违法犯罪活动，确保少数民族流动人口人身财产安全，防范和处置各类矛盾纠纷及突发性事件，对个别少数民族流动人口的违法犯罪行为依法予以打击等。

此外，还有：党委、政府督查室负责少数民族流动人口服务管理工作的督促检查，确保各项工作措施落实到位；民族宗教局负责做好少数民族流动人口服务管理工作考核工作。根据《来鹤少数民族人员服务管理工作综治考评细则》，鹤城区对各街道镇乡的考核内容有：工作组织机构健全程度，工作经费落实程度，信息报送工作情况，民族矛盾纠纷排查处理情况，涉及少数民族矛盾纠纷重大案（事）件情况等。

三是大力推进少数民族流动人口服务管理工作一体化。

分工明确、发挥合力，是做好少数民族流动人口服务管理工作的重要保障。为充分发挥各职能部门的整体合力，该区在领导层面，成立了区委书记任组长、区长任常务副组长、相关区委常委或副职任副组长、相关职能部门负责人为成员的领导小组，统筹领导少数民族流动人口服务管理工作。领导小组下设办公室，负责加强督促检查工作，确保各项工作落到实处。

在部门协作层面，该区指定：党委统战部负责组织、协调各部门开展少数民族流动人口服务管理工作，广泛联系少数民族代表、热心民族工作的积极分子参与少数民族流动人口服务管理工作；旅游外事侨务民族宗教局负责对少数民族流动人口服务管理工作中具体事项的业务指导和综合协调，协同有关部门建设服务精细、管理规范的少数民族流动人口体系，保障少数民族流动人口的合法权益。

在地区协作层面，该区指定旅游外事侨务民族宗教局，与四川、甘肃、新疆三省（区），协商建立流动人口迁出地和迁入地沟通协作机制、双向共管协作机制，推动少数民族流动人口服务管理的地区间无缝对接，经济发展、民族团结和社会稳定等工作领域的无缝对接，使少数民族流动人口更快、更好地融入城市生活，促进流入地和流出地经济社会和谐发展。

在纵向协作层面，该区建立区、街道、社区"纵向到底"三级网络，区级层面成立了领导小组、街道层面建立了民族工作办事机构、社区层面成立了民族工作协调小组，社区网格员兼任少数民族流动人口服务管理联络员，逐步形成了上下联动机制。在该机制下，各级部门各司其职，信息互通，协作有序。

在与少数民族流动人口协作沟通方面，该区区政府和大部分街道、社区都建立了少数民族联谊会，通过定期组织少数民族流动人口参加联欢会、恳谈会、座谈会等，积极吸纳有文化特长的外来少数民族参加社区文艺团队等方式，架起各民族友好交流沟通的桥梁，共同为社会和谐稳定发展贡献力量。

在协作纽带方面，该区积极整合卫计委、教育局、人社局、政法委、城管局、公安局等部门现有信息数据库，在区社会管理信息指挥中心信息平台，建立城市少数民族流动人口综合动态信息服务管理模块，区委区政府相关部门、街道、社区分别设立了信息管理岗位，配备相应工作人员，定期收集少数民族流动人口信息，为各级各类部门和单位合作开展服务管理提供了纽带。

总之，鹤城区通过在明确服务和管理职责的基础上，通过：横向上建立领导机构，加强部门和地区协作；纵向上强化各级部门以及各级部门和少数民族流动人口间的沟通等方式，逐步建立起"以块为主、条块结合、上下联动、规范稳定"的少数民族流动人口服务管理模式。为城市少数民族流动人口服务管理提供了一条极具参考价值的建设性思路。

（二）城市旅游流动人口服务管理体系

三峡流域旅游资源丰富，流域内分布着众多国内外知名的旅游胜地。随着旅游业的迅速发展，以游客为显著特征的流动人口日益增多，这给城市社会安全治理带来不小压力。如何根据旅游人口这一群体的特征，有效开展城市社会安全治理，是国内许多城市正在努力探讨和回答的问题。三峡流域的许多城市已经在这方面进行了一些有益探索，湖南片区的张家界市遵循"深化服务加强源头治理、严密防控加强过程管理、快速化解矛盾定分止争"思路，探索实施的"人性服务＋四级防范＋速裁法庭"模式，为旅游城市社会安全治理提供了新思路。

1. 张家界市城市社会安全治理概况

张家界市地处武陵山腹地、湖南省西北部，原名大庸市，1994 年 4 月更名。全市国土面积 9 516 平方公里，辖两区两县，常住人口为约 147.7 万人。常住人口中：汉族人口约 36.5 万人，占 24.72%；少数民族 33 个、人口 111.2 万人，占 75.29%。其中，土家族人口 98.1 万人、占 66.42%，白族人口 9.5 万人、占 6.43%（第六次全国人口普查数据）。

张家界市因旅游建市。建市以来，该市打开山门、敞开胸怀，大力加快发展旅游业，已基本实现江泽民同志题词要求的"把张家界建设成为国内外知名的旅游胜地"的目标，正朝着"建设世界旅游精品"的战略目标迈进。核心景区"武陵源风景名胜区拥有世界罕见的石英砂岩峰林峡谷地貌，由中国第一个国家森林公园——张家界国家森林公园和天子山自然保护区、索溪峪自然保护区、杨家界四大景区组成,风景游览区面积264.6平方公里,是中国首批入选的世界自然遗产、世界首批地质公园、国家首批AAAAA级旅游景区……全市已建成国家等级旅游区点12处,其中AAAAA级1处、AAAA级5处,旅游交通和旅游接待服务设施日趋完善,旅游日接待能力可达3.62万人。"①

张家界市国内游客主要来自湖南、广东、上海、北京、浙江、江苏、河南、陕西、重庆、湖北等地,境外游客主要来自韩国、台湾、香港、泰国、马来西亚等50多个国家和地区,2014年张家界"全年共接待国内外游客3 884万人次、旅游总收入达246亿元,同比分别增长12%、16%"②。

面对庞大旅游群体,张家界市因地制宜,不断创新体制机制,大力推进城市社会安全治理,不断提升游客安全满意度。2008年以来,社会管理(治安)综合治理民意测评连续5年居湖南省前三名,政法干警和其他党政干部形象得分多次居湖南省第一,曾在中南海国务院第二会议室作为全国四个单位之一作典型发言,连续4届被评为全国社会管理(治安)综合治理优秀市,两次获得象征社会治理最高荣誉的"长安杯"。

2. 张家界市旅游流动人口服务管理主要做法

一是推行人性化服务,精细化管理,加强源头治理。

张家界市推崇"游客至上",实行人性化服务、精细化管理,不断提升旅游景区品位,营造安全、舒适的旅游环境,满足游客需要,提升美誉度和满意度,从源头上维护景区和整个社会安全稳定。

在人性化服务方面,张家界市坚持游客利益无小事,"把游客呼声作为第一信号,把游客满意作为第一标准,把游客的需求作为第一选择",及时为游客提供贴心服务和帮助,不断提升游客满意度和品牌美誉度。具体措施包括:每年召开游客座谈会,了解游客需求;制定《游客满意度评价体系》,作为评价相关部门单位工作绩效重要依据;规范旅游咨询、旅游救助、消费指南、受理报警等十项旅游服务,设立民警义务咨

---

① 数据来源:《张家界市情介绍》,张家界市政府官网,http://www.zjj.gov.cn。
② 数据来源:《2015年张家界市政府工作报告》,2014年12月28日张家界市六届人大四次会议。

询台、医疗救护站、党团员服务示范岗等服务窗口；推行登门道歉处理投诉制度，凡有效投诉，有关单位和个人登门道歉；推行旅游服务咨询台服务制度，为游客提供全天候、全方位服务和帮助；推行15分钟处置救助制度，接到游客救助电话后15分钟内保证赶到现场处置，做到"有警必接，有难必帮，有险必救，有求必应"；实行游客投诉快速处理制度，游客投诉一般当场处理，特殊情况不超过24小时，来信投诉2天内调查处理并回复；实行"关山门"制度，每天17点后进入景区的游客进行登记，19点组织工作人员巡山护送直至游客安全返回，防止游客生命财产受到损害；向游客发放服务联系卡，公布综治办和治安巡逻员、服务队员等景区重点从业岗位人员联系电话，方便游客随时联系；落实"宽待外来游客"制度，游客购物后如果不满意，即使下山后仍可返回退货；推行"一城通"旅游结算管理系统，方便游客；等等。

在精细化、人性化管理方面，张家界市采取的主要措施包括：规范管理景区从业人员，外来从业人员不论老板、摊贩、服务员，一律统一选聘、考核审查、登记造册，统一进行文明服务知识技能培训，按照《景区摊点摊位管理办法》的要求统一摊棚样式、统一服装、统一工号牌，统一物价、统一讲普通话，与公职人员一同实施奖惩；善待从业人员，对被评为"优秀旅游服务人员"的给予现金奖励，成立外来从业人员临时党支部让外来从业党员不离组织，组织多种形式的培训竞赛活动丰富淡季留守人员生活，平时经常登门拜访、逢年过节组织慰问留守从业人员，营造温馨和谐的大家庭氛围；推行景区卫生全日、全员、全面保洁制度，景区从业人员人人按照"您丢我捡，注意提醒，不罚分文，以德服人"的理念，实现景区环境卫生精细化管理；建立健全行业自律制度，指导导游、轿夫、摊点商贩等从业人员建立多种协会组织，倡导文明诚信经营，加强旅游从业人员引导；大力整治旅游经营秩序，严厉查处景区景点、宾馆酒店、购物场所、交通站点、旅行社、导游等单位和个人的强买强卖、价格欺诈、假冒伪劣等违法违规经营行为，维护游客合法权益；建立诚信等级评定制度，对景区景点、宾馆酒店、购物场所、交通站点、旅行社、导游等单位和个人，全面建立诚信档案，对"价格诚信单位"和"质量诚信单位"，予以重点宣传推介；规范旅游服务管理标准，制定20多项服务管理标准，有效遏制价格欺诈、强卖强买、零负低团费等违法违规经营行为，并为涉游矛盾纠纷调解提供依据和尺度。

二是大力推行"三级管理、四级防范"。

安全是游客最根本利益所在。张家界市始终把维护游客安全摆在首要位置来抓，就如何创建具有旅游地区特色的社会安全治理机制，进行了不懈的探索和努力，在严厉打击涉游违法犯罪行为、加强景区人防技防建设的基础上，大力推行"三级管理、四级防范"制度，保持了核心景区十多年无涉游刑事案件、无群死群伤重大安全事故和重大纠纷投诉。

"三级管理"是指按照"属地管理"和"谁主管，谁负责"的原则，强化和规范"市、区县、街道镇乡"三级党委、政府、综治委社会安全治理职能，进一步明确一、二、三责任人责任。在街道镇乡组建党委书记兼任主任，公安、司法、法庭、经管办、国土、计生等部门为主体的综治维稳中心，使社会安全治理工作重心下移，强化街道镇乡社会安全治理职能。

"四级防范"是指以社区、核心景区、村为基础，构建"四级防范"体系。以社区和景区为例，该市在城区镇及街道办事处全面落实"社区、小区、小巷院落、楼栋"四级防范体系，在居民群居的小巷院落、楼栋，配备巷长、院长、楼长、栋长"四长"，专门负责小巷院落、楼栋的巡视巡查、法制宣传等工作。每个社区建立警务室，组建专业巡逻队、流动人口与出租房屋服务管理室、治调小组、帮教小组等，配备巡逻、调解、信息、帮教、法制宣传"五员"，防范、阻止违法犯罪行为发生。

在景区，该市全面构筑"景区、景片、景线、景点"四级防范体系：景区防范的具体做法是，在核心景区建立景区管委会综治办、公安派出所、旅游巡逻队、应急服务队、森林防火队等专职群防队伍，加大技防投入，组建两个监控指挥中心，充分利用 GPS 卫星定位和电视监控系统等科技手段，对重点要害部位实行全天候监控；景片防范的具体做法是，在各风景相对集中成片的地方，设立警务室、涉游纠纷调解室、治安巡逻队、应急服务队、义务消防队、医疗救护中心等安全防范组织，负责景片安全防范和旅游服务管理等工作；景线防范的具体做法是，在各旅游风景线上，设置专职治安巡逻队，组建由热心安全防范等公益事业的导游、挑夫、轿夫、摊点商贩等景区从业人员组成的旅游服务应急服务队、老年人服务队、农民宣传队等防范组织，负责维护旅游线路秩序；景点防范的具体做法是，在每个观光景点，设置安全信息员，在景点醒目位置设立旅游服务联系信息牌，公布片区民警、安全信息员、医疗救护中心等的联系电话，在狭窄危险观光点设立温馨警示牌并安排安全信息员定点守护。"四级防范"机制的实施，有效消除了景区安全盲点和安全死角，从源头上预防和减少了案件、事故的发生。

三是建立旅游速裁法庭。

如何解决旅游纠纷案件诉讼成本高、周期长、效率低、往来不便、影响游客行程和旅游质量等问题，张家界市进行了不懈探索。该市武陵源区人民法院在认真调研基础上，按照"效率上快、程序上简、收费上免、方式上调"的工作思路，探索出独具特色的旅游速裁法庭，为游客就近、从速定纷止争开辟了新路径，实现了旅游纠纷调处"法律效果、服务效果、社会效果的统一"，得到了全国政协原主席贾庆林、最高人民法院原副院长黄尔梅等领导的高度评价。

张家界市旅游速裁法庭的具体做法是：其一，在景区建立旅游速裁法庭。2007年武陵源区法院成立了全国首个旅游速裁法庭，在游客集中的景点建立了旅游速裁法庭审判联络室，安排法官24小时全天候法庭轮流值班，对咨询、起诉、立案、调处、执行实行一站式服务。其二，规范速裁流程。根据游客逗留时间短、诉讼标的额小等特点，该市依据相关法律法规制定出台《旅游纠纷案件速裁处理流程》，明确受案范围，减化立案要求，为速裁法庭高效办案提供制度保障。其三，简约快速办案。把调解作为主要办案方式，推行"当天立案、当天调解、当天结案、当天执行兑现"和诉讼费全免的审理模式，将一般诉讼案件3—6个月的诉讼审理时间减少到3—5小时，尽量不耽误游客行程，并开发出《旅游速裁法庭流程处理程序》软件，建立"电话立案、软件速裁、手机三方通话主持调解、银行POS机转账兑现、委托导游代理和协调"的简约调解便携式办案平台，实现全程信息化处理，快办快结。其四，整合力量快办快结。为有效协调其他部门联调联动，形成合力，武陵源区成立了政法委书记牵头，旅游、法院、公安、工商、物价、卫生等12家部门为成员的旅游纠纷联动联调领导小组，旅游速裁法庭根据矛盾纠纷性质、种类、特点等实际情况，随时调动相关部门联合调处游客投诉，快办快结。

其五，打造速裁品牌，提高游客知晓率。武陵源区积极在各景区、景点、宾馆、酒店醒目位置设立速裁法庭公示牌，公布受案范围、立案渠道和法官联系方式，开展流动办案，走近游客身边就近立案、调解、提供司法服务，方便游客知晓。通过送法进企业、上门送培训等活动，向旅游企业介绍旅游速裁法庭，让旅游从业人员和企业充分知晓速裁法庭工作职能及流程。

第三章

三峡流域城市社会安全治理实证分析

本章以三峡流域中各大中小城市为研究对象，三峡流域城市社会安全形势和城市社会安全治理有其独特的区位特征和特色领域，客观分析三峡流程城市社会安全治理面临的形势，并探索出一条适合本地区区域特征的治理路径，对三峡流域城市社会乃至整个社会的安全稳定至关重要。

第一节 库区移民群体性事件案例审视

三峡工程竣工后形成的库区是一个特殊的经济地理区域。穿越历史的时空，三峡库区已经进入了后移民期。从区域经济发展的角度，后移民时期特指三峡工程完工后三峡库区应对经济、社会发展中出现的新问题和为解决历史遗留问题的时期，就时间而言，大致可定为从 2010 年到 2026 年左右。① 划分这一时期的现实意义在于可为在工程建设期间没得到妥善安置或安置不好的移民提供缓冲期，或者说为能够以"补课"形式给过去移民工作和移民政策实施过程中的若干失误提供改正机会。进入后移民期，三峡库区社会发展站在新的起点上，面临着新的使命。"搬迁结束并不等于移民工作结束了，要真正实现移民安稳致富的目标可能需要两个 17 年才能完成。移民现在还面临搬迁安置遗留问题、现实生活问

---

① 参见孙元明《三峡库区"后移民时期"的概念、定义及其意义》,《重庆行政》2010 年第 1 期。

题、长远生计保障问题这三个困难"。① 三峡库区移民工作重点从"搬得出"转移到"稳得住""逐步能致富"仍将是一个长期的而极其艰巨的过程。②

由于种种原因，在三峡库区社会发展过程中出现了一些不稳定事件，如移民集体上访、冲击地方政府、冲击施工现场等。其中，2004 年 10 月 18 日发生在该流域 W 区的"10·18 事件"，无论是在参与的人数、持续的时间、冲突剧烈的程度、造成的影响，都被视为近年来我国群体性事件的"标本性事件"。本节试图通过对这一典型事件的研究，以小见大，由个别到一般，从中挖掘总结出在三峡库区社会安全治理中的启示与借鉴。

一　事件经过

(一) 事件起因：偶然碰撞引发"棒棒"被打

引发这次事件的焦点人物——50 岁出头的余某，是山城 W 区常见的"棒棒"（搬运工）。2004 年 10 月 18 日下午 1 点左右，他扛着一根扁担，走在该区某路中段，希望能遇到让他搬货的雇主。而此时，事件的另外两个主角——50 岁的丈夫胡某和 39 岁的妻子曾某，紧跟他后面。该路中段位于 W 区的商业集中区，人流量很大，距离区政府高逾 20 层的办公大楼仅 300 米左右。这为后来事件的扩大提供了地理条件。仅有两个车道的马路加上两行人行道，一共只有 10 米宽。余某肩上的扁担，一不小心撞上了曾某。被曾某骂了的余某回答："我走在前面，你走在后面，是你自己撞到我扁担上的。"争吵之中，气急的曾某上前打了余某一耳光。胡某立即冲上前，夺下余某的扁担，打他的腿。曾氏夫妇打人的举动，迅速被围观的民众阻止。这时，曾某夫妇或许自知理亏，竟说出了一句激怒数万民众、集体前往政府大楼抗议的话。据目击者称，胡某称自己是国家公务员，出了什么事情花钱就可以摆平，甚至他可以出 20 万元要余某的命。曾某也不甘示弱地表示，自己家里很有

---

① 汤耀国，黄豁：《回望三峡移民》，《新闻周刊》2010 年第 38 期。
② 孙元明：《三峡库区"后移民时期"若干重大社会问题分析——区域性社会问题凸显的原因及对策建议》，《中国软科学》2011 年第 6 期。

钱，只要围观的民众来帮助打余某的耳光，一记耳光她可以给 20 元。曾氏夫妇的话，不但点燃了数百名围观民众的怒火，也点燃了之后流血事件的导火索。

（二）事件发展：警方介入调查行动受阻

当日 13 时零 6 分，W 区公安局接到报警电话，称闹市商业区发生了伤人治安案件，造成交通堵塞。值班民警带人赶到事发现场时，围观的民众已义愤填膺。当警车欲将三人带回派出所调查处理时，有人说："天下公务员是一家，棒棒被打不会得到公正处理！"围观民众闻言，拒绝让警车启动。在这个狭窄的交通要道上，每拖延一分钟，聚集的人群就会增加数倍。警民对峙几小时后，围观人群已累积至数千，周围几条交通要道也严重阻塞。滞留在外围的公众，已无从知道事件本身，仅仅是在传递一种情绪了。传到后来，故事有了新版本：胡某的身份竟然成了"国土局的副局长"，他因一个小的碰撞，竟然用棒棒打断了搬运工余某的腿，前来解决问题的警察还和他握手。"当警察公然包庇有钱有势的副局长时，被路见不平拔刀相助的群众拦阻了，群众要求公正解决此事。"

鉴于事态扩大，几百米之外的区政府启动了突发事件处置预案。政府派常务副区长等官员前往现场向围观民众表明，政府将依法严肃处置此事，不会包庇任何人，并劝说围观群众离开。下午 5 点左右，三个当事人最终被警察带离了现场。在这段时间里，警方不断从各地调来警力维持秩序，并严守了不得与民众发生冲突的指示，警民双方一时相安无事。然而，当事人被带离现场后，曾氏夫妇的谎言和民间的传言在继续扩大，最终让民众情绪突破了火山口，喷涌而出。

（三）事件升级：警车被烧、政府大楼被砸

下午 6 点，W 区公安局经侦支队的一辆警车在新城路被砸烂烧毁，标志事件转向民众骚乱。开始表现出暴力倾向的民众，逐渐向区政府所在地集结，而政府大楼门前的广场能容纳几万民众。据目击者称，晚上 8 点左右，到市政府门前围观的民众越来越多，声势越来越大，喊声也越来越响亮。有人喊出"交出凶手""严惩凶手"等口号。起初，政府派出数十名官员，站在政府大楼门前的平台上维持秩序，用喇叭向民众喊话，呼吁民众保持冷静，劝说大家离去，并保证政府会公正处理打人事件。

但愤怒的围观民众不但没有退去，还向平台上的官员投掷石块、花盆等物品。被砸伤的警察和官员只得退进大楼，局面开始变得失控。晚上9时左右，政府大楼门外的多辆警车、城管车被放火焚烧，人群开始冲上原来官员停留的平台。据目击者称，政府大楼里的防暴警察几度从政府大楼里冲出来，欲将民众从平台上清退。刚开始警察保持了克制，只是要求民众离开平台。但一些失去理性的民众投掷石块将警察砸伤后，警民对立情绪开始加大，冲突开始扩大。在警方的几次清退行动失败后，民众开始用石块砸毁政府大楼的玻璃大门，冲进政府大楼底层、后院，并开始纵火焚烧建筑、车辆、毁坏办公设备。晚上11点左右，警方开始使用催泪瓦斯，控制失控的骚乱。冲入大楼的人群，被警方强行从政府大楼里面驱赶出来。至此，双方的对峙仍没有结束。19日凌晨，在常务副区长代表区委、区政府发表广播电视讲话，再度表明政府一定会查明真相、依法严惩肇事者之后，围观民众才开始逐渐离开现场。凌晨3时左右，警方开始清理现场，暴力参与骚乱的人被带离现场，事件得以初步平息。

（四）事件平息：还原真相

10月19日凌晨4时许，W区区委、区政府召开了各部门、单位负责人紧急会议，通报18日群体性事件的有关情况及政府的处置措施，要求全区各地各部门、单位的干部职工，务必把思想统一到区委、区政府的决策部署上来，巩固好已经得到控制的局面。紧急会议上，W区长要求各地迅速召开干部职工大会，务必确保事件的真相家喻户晓。各地各单位要实行"一把手"责任制，首先是管好自己的人，确保本单位干部职工不围观、不传谣、不信谣，更不能参与其中，再通过职工做好家属和亲朋好友的工作。曾氏夫妇的谎言开始得到澄清。据警方调查：自称家里很有钱的曾某，只是一个无职业的家庭妇女；其夫胡某，是一名水果批发市场的临时工。而被传被胡某用棒棒打断腿的余某也称，自己腿部受了伤，并没有断，只是走路较为吃力。政府让几名当事人在当地电视节目中说明了真相。电视上，曾氏夫妇表明，自己当时所说的是假话，只是威胁余某，同时也给自己壮胆。19日一早，虽然再度有大量民众聚集到区政府广场围观，但随着谣言的澄清，围观者渐渐恢复理性，暴力骚乱没有卷土重来。19日下午，围观民众逐渐离去。经历了这场突如其来的骚乱后，该区终于重归平静。[①]

二　特征分析

通过对"10·18事件"演变过程的简要梳理，可以发现其主要特征如下：

（一）突发性

从发生过程来看，呈现出明显的突发性，细微摩擦在当天便迅速发展成为暴力事件。事件发端于常见的街头摩擦，当事方因简单的碰撞（人与扁担的碰撞）发生争执，话不投机而发生肢体冲突。这种日常纠纷在现实生活中可谓司空见惯，但在当天便发展成为成千上万人围观、多人参与的打砸抢烧活动，均由偶发纠纷迅速演变成为群体性事件。但在打砸抢烧活动中都没有发现整个暴力事件的组织者和策划者，暴力活动的实施者来自社会多个行业，属于临时起意而形成的松散性群体，行为带有很强的自发性。散乱参与群体的行为具有很强的突发性、自发性和攻击性。

（二）无组织性

从方式策略来看，基本无组织性，群体行为的暴力性和违法性突出，伴随着打砸抢烧活动。由于没有具体的利益诉求，来自不同阶层、处于不同地位，由不特定多数人临时组合的群体难以采取一致的行动步骤，因此行动过程一般表现为来去匆匆，这种群龙无首的特性使参与者的行为容易失控而演变成为暴力事件。在W区"10·18事件"中，民众堵塞交通、砸毁车辆、毒打他人、抢夺财物、冲击政府，一起简单的打人纠纷酿成上万人参与的群体性事件。

（三）无明确利益诉求

从实施主体来看，由不特定多数人实施，参与者无明确利益诉求。与有特定主体和明确利益诉求的维权活动不同，在W区"10·18事件"中，发生摩擦的当事人并没有参与打砸抢烧活动，更谈不上成为组织者或策划者。参与者在最终酿成事端的普通纠纷中利益并未受损，与当事人甚至素不相识，围观者则为社会各界群众。在暴力实施过程中，参与

---

① 文玉伯：《W区突发万人骚动事件》，《凤凰周刊》2004年第31期。

者也无利益诉求，而是在释放不满情绪。此类群体性事件的主体与事件的直接诱因或导火索并无关联，甚至与当事人素不相识，属于无利益相关方、参与其中并不能得到任何好处。参与者实施群体性事件，从表面上看是出于对处于弱势地位当事人的同情、对政府或警方处置方式的不满，但从深层次分析却源自对当地施政偏差所造成的问题和矛盾，以及对分配不公、官员腐败、环境污染等现象的不满，而这三方面的情感倾向最后都集中在党政机关身上。社会不满这种宽泛的情感指向决定了其主体成分的多样性和复杂性，此类群体性事件的实施主体常来自社会各个层面，尤其是处于相对弱势地位的群体。

（四）诉求对象较宽泛

从攻击对象来看，目标具有较强的确定性，主要为党政机关和现场维持秩序人员。无论起源于何种具体而细微的偶发事件或日常纠纷，在此类群体性事件中，非特定群体的不满和怨恨常最终集中在党政机关身上，其诉求对象一般是作为国家权力象征的各类党政机关及其工作人员。由于公安干警和武警常被基层政府推上一线维持秩序，因此在局势失控时"官民矛盾"首先直接表现为"警民冲突"。还有些表现为对公共基础设施的破坏上，如对公路、铁路等的围堵，甚至夹杂着对超市、商店等私人财物的打砸抢烧，借以发泄不满。显然，这类群体性事件的攻击目标有扩大化甚至波及无辜的倾向。

（五）化解矛盾较困难

从群体心理来看，"仇官""仇富"特征明显，从根本上予以化解比较困难。对基于不满宣泄的群体性事件来说，由于局限在一定地域范围内，尽管围观者众多，但只有少数人参与打砸抢烧，因此政府动用警力平息暴力活动比较容易。但是，要从根本上铲除群体不满的社会心理基础却很费时日，有些则需通过政治、经济、社会等方面的体制改革才能予以缓解。比如，民众对贫富差距、贪污腐化等方面的不满，绝不会随着单个群体性事件的平息而消除，如果又有导火索出现，在政府管治乏力的情况下则还有可能酿成大的事端。①

① 参见王赐江《群体性事件现实考察与学理分析——从三起具有"标本意义"的群体性事件谈起》，中国社会公共安全研究报告（第2辑），第132—133页。

三　结论与启示

(一) 结论

这起让人意想不到、颇有特点的群体性事件引起了地方政府及有关部门的反思。有关领导表示"产业空心化导致人民生活水平降低，引起了人民的不满情绪是这次事件的深层次原因"。而导致产业空心化的重要原因是：1999 年国家对三峡库区实行"两个调整"政策以来，关闭了大量的工业企业，导致本来基础就落后的三峡库区工业基础更加薄弱。根据重庆市的规划，库区 1 397 户工矿企业，保留发展的只有 389 户，不到企业总数的三成；破产关闭 802 户，占 57%；资产重组减少 206 户，占 15%。"仅仅在万州 1999 年以后就关闭了 74% 的企业，下岗人员达到 4.7 万人。""原来国家扶持库区产业发展的资金投到地方政府，但是库区的当地政府大多却将钱用到了其他地方；一些即使用到企业发展上的资金，也被一些企业做了形象工程，把资金套走了，库区产业一直没有得到发展。"比如，Q 市库区在安置农村移民规划中，原来二、三产业安置比例太大，一些农村移民被安置到工厂上班后不久，企业就处于困境甚至关停状态，致使移民生活生计出现困难。2000 年 5 月，B 县被安置到一个丝织地毯厂的 43 名移民多次返回 B 县集体上访，反映企业效益差、工资低，要求"非转农"重新安置。有关统计资料显示，三峡库区人均 GDP 本来就比 Q 市平均水平低 50%、人均财政收入少 60%，人均存款少 70%。库区产业空心化，进一步影响了当地人民的生活水平，两极分化的状况更加严重。显然，三峡库区城市移民生活生产秩序的稳定能否实现，关键在于库区社会经济的发展状况。移民的生产生活与社会发展结合得愈好，社会稳定就愈能实现。如果社会发展出现问题导致生活差距、收入差距加大，不仅社会稳定实现不了，经济社会发展的最终目标更无法实现。

三峡库区在建设期间存在的若干困难，可以简略概括如下：产业发展相对滞后，就业空间不足；环境保护与生态建设压力大；信访稳定形势严峻，干群矛盾突出；移民群众规模上访增多，与基层干部对立情绪增强；移民心理失衡，过激行为增多。三峡库区"城镇空壳化、产业空虚化、财政拮据化、移民贫困化"；城镇居民"移而不活"，农转非移民"移而不富",单纯的淹户移民"移而不稳",让地农民"让而不甘"。这些现象和问题在一定程度上影响和制约着库区经济社会的可持续发展。W区"10·18事件"的爆发可以说正是这些矛盾冲突日益尖锐化的集中表现。这些问题如果不能得到很好的解决,会直接影响到库区的长治久安。

(二)启示

与其他地区相比,三峡库区社会矛盾表现出它的特殊性:其一,社会矛盾集中程度及其严重性大大超过全国其他许多地区;其二,社会冲突多以西部贫困地区利益群体面目出现,具有多方博弈性质;其三,若干矛盾叠加,多种因素交织,具有多样性、复杂性和突发性。由此可见,三峡库区潜在的若干重大社会矛盾在"后移民期"将逐步随矛盾的演变而凸显,主要表现如下:

1. 移民"返流"

"返流"指外迁移民中的一些人,由于种种原因无法适应迁移地全新的生活环境,选择回到接近故乡的现象。它是指水库移民从迁入地又返回到库区周边生活的一种继发性迁移,其迁移方向与水库移民的原发性迁移方向刚好相反。水库移民返迁是移民安置不尽如人意或非有效安置的体现。大量存在的"返流"现象说明移民不能适应安置地的社会环境。"返流"现象相对集中的部分地区,则提示"返流"可能和迁移地条件和政策较差有关。返流移民有以下几种:一是缺乏一技之长的打工型的移民;二是以做小生意为生的移民;三是安置"走过赶",在搬迁初期即返回库区移民;四是"假移民"。

目前三峡库区移民返流和迁移的数据不多,但大体情况我们可以在相关调查中"管中窥豹"。重庆市对"返流"移民的一项调查发现:"受访户中有50户搬迁到重庆市外地区,有40户搬迁到重庆市内的其他区县。搬迁后不到一年返乡的64户,搬迁后1—3年返乡的12户,搬迁后3—5年的共10户,5年以上返乡5户。在91户中,全家返乡的为82户。

在年龄上：20—35 岁占 25.6%；30—50 岁占 61.1%；50—65 岁占
13.3%。"① 导致库区移民返流的原因有五个：一是经济原因，部分移居
地条件较差，生产方式发生变化，与原有生产生活条件反差太大；二是
政策原因，外迁移民在承包土地质量和数量、享受迁入地待遇等方面发
现"当初的承诺，没有兑现"；三是心理原因，外迁移民在移居地缺乏社
会归属感，这可能与"故土难离""安土重建"和"乡土观念"等中国
农民的特质有关；四是管理原因，如部分移居地政府的管理方式不完善
等；五是社会原因，如因语言、文化、风俗习惯的差异不适应迁移地
生活。

移民"返流"不同于返迁，指移民从外迁地又回到了故乡，然而户
口却留在了外迁地。"返流"移民的身份处于一个尴尬地位。"返流"移
民由于原有的条件发生巨大变化，他们没有合法的宅基地和没有被纳入
当地政府管理，进而引发了许多新的社会矛盾，譬如户口问题，及与此
关联的子女教育、养老保险等。"返流"移民谋生十分困难，这增加了库
区社会矛盾的复杂性。

2. 库区移民"群体性规模集访"

库区移民信访现象是三峡库区社会矛盾的缩影。群访是移民表达不
满和愤怒和以求集体自救的一种手段，同时也是移民采取合法方式，在
体制性内表达自己利益诉求的现实选择。从某种意义上讲，集体上访通
常是他们采用移民这一合法的话语权，将分散的个体利益进行有组织化
表达的一种重要政治参与方式。这种持续不断的移民群访和缠访现象被
称之为"群体性规模集访"。近年来，三峡重庆库区移民多采取这种形式
表达自己的诉求，如要求享受农村移民后期扶持的集访，要求对无审批
手续的 1992 年后新增房屋进行补偿的集访，要求同等享受政府集中组织
外迁移民待遇的集访，等等。

国内学者对三峡库区移民信访特点分析如下："一是集体访、异常访
频率高、规模大、覆盖面广；二是重复上访、纠缠上访多，有一种不达

① "返流"移民生产生活现状课题组：《"返流"移民生产生活现状调查报告——基于巫
山、云阳、万州地区探究》，第十二届"挑战杯"全国大学生课外学术科技作品竞赛重庆区参赛
作品，重庆三峡学院，2011 年。

目的不罢休之势；三是信访形式多样化；四是有组织、有分工、目的明确的集体上访显著增强，移民结成上访利益共同体，显示群体的力量"。① 当前移民信访显著特点"一是信'访'不信'法'；二是信'上'不信'下'；三是信'闹'不信'理'"。② 从信访内容来看，最普遍问题还是利益问题，虽然其中不乏含有以示抗议和反对的色彩，但并非具有政治意义的冲突。

"据统计分析，移民来信上访主要反映有四种类型：对移民工作提出建议，询问政策，检举揭发和要求解决在移民中的各种问题。内容一般涉及移民用地规模、补偿标准、搬迁去向、企业结构调整后职工生产生活安置等与移民密切相关的一些焦点、难点、热点问题"。③ 对此，库区党委和政府做了大量工作，如，三峡重庆库区的"千名干部大走访""化解信访积案百日行动""限时挂牌督办移民信访办""对问题实行定人、定时、定责的'三定'责任制""天天县长接待日"等专项活动。但移民仍然信访且始终未断，久而不决的缠访是引发冲突的重大隐患。

3. "产业空虚化综合征"

"产业空虚化综合征"是我们从三峡库区"产业空心化"这一特殊现象中概括出来的一种更为严重的趋势，强调的是经济对社会政治方面的综合影响。我们把因经济问题和就业困难等根本生计问题直接影响到库区群众的就业、生活水平、生活质量并同其他因素交织在一起，影响甚至改变移民对整个社会的基本看法和总体评价，严重影响和制约库区和谐社会构建的现象称之为"产业空虚化综合症"。④ "产业空虚化综合征"是对由于库区经济结构失衡，缺乏对财政起支撑作用和创造大量就业岗位的骨干产业等经济问题和社会问题深度交织，产生持续深远影响和后果的一种描绘。三峡库区社会矛盾是否会发生激变取决于多种因素，但

---

① 李威威：《三峡库区移民信访工作》，《中国三峡建设年鉴》，http：//www. ctg-pc. com. cn/annual/view＿ inlol. php？ mNewsId = 14528.

② 梁福庆：《三峡工程移民信访工作研究》，《重庆三峡学院学报》2010 年第 4 期。

③ 黄鹤：《三峡库区移民的不稳定因素分析——以秭归县为例》，《商业环境》2009 年第 2 期。

④ 参见孙元明《库区移民社会心态与思想政治工作机制探析》，《重庆三峡学院学报》2007 年第 1 期。

是经济的发展具有重大制约作用。防止"产业空虚化综合征"并发是后移民期工作的一个重中之重。

4. "社会心态环境"脆弱

一般来说，社会矛盾源于社会结构和形态的异常，而这种异常往往会通过社会心态折射出来，然后才逐渐演变为社会问题。借鉴"生态环境"概念，我们提出"社会心态环境"概念，即"社会心态环境指在特定时段内所构成的库区群众（移民）社会情绪的基调、或者说构成某些社会共识的约束条件，以及形成共同社会行为的基础"。①"有时，只是某些模糊、隐略，若即若离的感受，有时是一种连当事人也感到莫名奇妙，也说不清楚的内心冲动，但它表现出某些社会成员共同的心理感受和情绪状态"。② 它像一抹淡淡的色彩，轻轻地弥漫在这一时空，产生广泛持久的影响，构成了库区移民心理活动和行为的特殊背景。

调查显示，库区部分移民对未来生活缺乏信心，负性心理特征明显，尤其是在移民中普遍存在的内隐性冲突。显而易见，如同库区的生态环境一样，库区的心态环境相当脆弱。还有一种对改变不确定性的无意义感等多种复合性成分。身处这种心理氛围中失望、委屈、不满、抱怨、愤慨等情绪，极易给人的心灵罩上一层阴霾。库区"社会心态环境"脆弱与迁移有关，移民在相当程度上是从自身利益的得失来评价和看待三峡工程及其移民迁建政策的。库区移民在利益受损后流露出的悲情心态，如同弥散在整个社会群体中的一种特殊心理氛围，构成移民社会行为的外部条件。这是我们理解移民共谋行为和某些异常行为的重要因素。

5. 移民利益群体形成及"共谋行为"

利益群体是指社会体系中具有相同的利益地位，有着相同的利害与诉求、共同的境遇与命运的群体。通俗地说，就是由具有相同利益的人群集合而成的群体。在前期研究中我们曾审慎地提出"移民利益群体初步形成"观点。不过，为了慎重起见，还加了一个尾巴，如强调"当然

---

① 孙元明：《三峡库区"后移民时期"重大社会问题初探》，《重庆三峡学院学报》2010年第4期。

② 孙元明：《试论社会心理承受能力与社会心理的关系》，《重庆社会科学》2003年第4期。

这只是一种初步判断，尚待证实"。① 但是进一步的研究发现可能用"移民利益群体'共谋行为'"，更能准确地揭示三峡库区移民群体某些共同行为的心理动机。

在多次库区调研中，我们注意到库区基层政府和当地民众之间的"共谋行为"，较突出的表现是库区干部群众在行为和公共话语中保持的高度一致性。移民作为直接受到某类社会问题伤害的对象，他们对某种社会问题感受最深，受害也最深。当移民发现搬迁造成生活水平和质量下降并感到不公平时，就会团结起来作为共同体与冲突方进行博弈，他们或向政府反映，或向社会呼吁。他们如此强烈的反响，给我们"似在暗示某种利益共同体正在形成"的印象。人们对移民利益群体最大的质疑就是怀疑其会不会将共谋行为演变为极端的行为，如聚众闹事等，更担心其会不会演绎成为整个安置区移民的整体行为。其实，通过合理的引导，可能性并不一定必然会成为现实，社会风险也是可以规避的。

进一步的分析认为，随着中国市场经济成熟，地方政府和当地民众因三峡工程成为相对独立的利益主体和行为主体，这是造成"移民利益群体初步形成"的客观基础。移民"共谋行为"是区域经济发展中的不公平导致的区域性群体性行为，有一定内在的合法性。因此，我们不应讳言可能会出现企图影响国家经济政策的特殊利益群体。其实，在中国社会转型期，利益集团的形成并不是库区独有的现象。一些生活在北京、上海等大城市的市民，实际上分享着比其他中小城市和农村居民多得多的公共福利和服务设施，构成一种事实上的"城市利益集团"。移民利益群体并没有什么社会资源，其"共谋行为"不过是他们以这一特定形式，用对自身有利的变化来应付生活环境的变化，在为自己失去的利益呼吁，争取多一点的经济补偿而已。我们认为，在市场经济背景下，充分表达自己的利益需求和实际愿望并以此来维护自己群体的权益是移民的权利。关注弱者，尊重这些为了国家的利益和发展失去美好家园的人们，承认其有限要求和行为的合理性是我们解决库区社会问题的前提。②

---

① 孙元明：《三峡库区陷入后移民期困境》，《改革内参（决策版）》2008 年第 13 期。

② 参见孙元明《三峡库区"后移民时期"若干重大社会问题分析——区域性社会问题凸显的原因及对策建议》，《中国软科学》2011 年第 6 期。

当前，我国既处于"发展黄金期"，又处于"矛盾凸显期"。近年来，全国群体性事件发生的数量不断上升。据中国法制网舆情监督中心《2012 年群体性事件研究报告》统计，1994 年发生群体性事件 1 万起，2003 年 6 万起，2009 年突破 10 万起，2010 年 18 万起，2011 年 18.3 万起，2012 年已达 25 万起。① 中国社会科学院"中国社会形势分析与预测"课题组的研究结果表明，未来 5 年到 10 年中国有可能出现"整体性社会危机"。② 群体性事件在我国社会转型期的不断发生，不是一个偶然现象，而是社会政治、经济、文化、历史等诸多因素相互交织的综合反映，是社会各类层次矛盾达到临界状态突然爆发的必然结果。

总之，以 W 区"10·18 事件"为代表的一系列社会群体性事件，进一步暴露了我国一些地方治理群体性事件中存在的问题和不足。因此，正确认识、有效防范、切实减少并妥善处置好群体性事件，是当前我国转型期三峡流域城市政府的核心工作，是建设社会主义和谐社会的必然要求。

第二节　城市化进程中涉民案例反思

随着三峡流域城市化建设与城镇化进程的不断推进，城市中少数民族人口急剧增多，各民族成员间往来频繁，各民族在政治、经济、文化接触的频率和范围大幅增加，由此产生矛盾的概率也不断增加，各民族由于经济纠纷、宗教信仰、生活习惯以及敌对势力唆使等原因引起的群体性事件时有发生。近年来，由于民族关系引发的群体性突发事件在全国范围内频繁发生，并呈现出迅速上升的趋势，如宁夏西吉事件（1993）、山东阳信事件（2000）、河南中牟事件（2004）、拉萨"3·14"事件（2008）、甘肃陇南事件（2008）、云南孟连事件（2008）、贵州瓮安事件（2008）、"6·26"韶关事件（2009）、乌鲁木齐"7·5"事件（2009）等。

---

① 数据来自中国法制网。

② 参见中国社会形势分析与预测课题组《中国社会形势分析与预测》，社会科学文献出版社 2008 年版，第 120 页。

在城市社会安全治理的众多问题中，少数民族流动人口问题处于非常敏感的位置，且影响巨大。近几年来，由少数民族流动人口问题产生影响城市民族关系的事件日益增多。少数民族人员大量进入城市，在适应城市生活的过程中，必然产生一系列的问题，给城市管理带来压力，同时也带来了新的研究课题。本节以三峡流域武陵山区为研究对象，通过对区域内涉及少数民族关系的矛盾与冲突为例，对其特点与原因进行初步分析，对少数民族群众和谐流动，促进城市健康发展提出一些思考与建议。

三峡流域范围内的武陵山区是一个以武陵山脉为主线，由湘、鄂、渝、黔接壤地区构成的地域范围。地形地貌较为复杂，山地、峡谷、丘陵、山间盆地及河谷平川相互交错，在行政区划上包括湖北、湖南、重庆、贵州四省市交界地区的 71 个县（市、区），其中，湖北 11 个县市、湖南 37 个县市区、重庆市 7 个县区、贵州 16 个县市。这一区域国土面积近 13 万平方公里，据 2000 年第五次全国人口普查结果，该地区总人口 2 300 万人，其中包含土家族、苗族、侗族、瑶族、布依族、白族等 30 多个少数民族，共 1 100 多万人，约占总人口的 48%。是我国内陆跨省交界地区面积最大，少数民族人口居住最密集的地区之一。

一　城市化进程中涉民案例分析

从实地调查资料来看，在武陵山区城市化进程中发生的民族矛盾与冲突，主要涉及维权行为、社会纠纷、社会泄愤事件、有组织犯罪等。主要表现为：

（一）追求经济利益而引起的当地少数民族群众维权行动

原 L 市某乡人民政府因在该乡兴隆村开办煤矿而征用被告卢甲、卢乙等村民的部分土地，并约定煤矿停办后将所征土地（除公路外）返还村民。随后兴隆煤矿在所征土地上建成了风井、主井等，并投入使用。后兴隆煤矿更名为兴隆煤业公司，并因经营需要将主井和风井陆续迁出兴隆村，但在原矿区范围内保留了配电房等少量设施并修建了炸药库。被告卢甲见其被征土地闲置，便恢复耕种。2014 年 4 月，卢甲、卢乙二人以煤矿已停办、土地应返还为由，在炸药库门前安插了几十根木棒，并用石头堵住炸药库门口。后双方长期协商无果，只得闹上法庭。

2010 年 5 月，L 市某乡的吴某在广东省河源市承包了一座陶瓷矿矿山的开采工程。同年 10 月，吴某与老乡杨某签订合作承包协议，约定两人合作承包该工程，其中杨某投资 50 万元，按照实际利润的 30% 提成。随后，杨某向吴某缴纳了投资款 50 万元，但他因其他原因被限制人身自由而未参与该矿山开采的实际管理。2011 年 7 月，该矿山开采工程因亏损严重而停止，吴某单独与发包方进行了结算。2012 年 3 月后，杨某多次找到吴某要求解决合伙事宜，吴某口头同意将杨某的 50 万元投资款全额退还。吴某在给付杨某 11 万元之后，剩下 39 万元久拖不付，受邀与老乡合伙开矿的杨某，本想赚个盆满钵满，谁料一年多后不仅分文未赚，反而投资的几十万元老本眼看也难以收回，情急之下，杨某将合伙人吴某告上法庭。

同时，因土地征收而带来的社会问题也十分突出。如 E 市因铁路、高速公路、大型水利设施建设征收土地 3 318.55 公顷，涉及村民 12 902 户、43 376 人。在大力推进城市化过程中，全市主城区近三年共征收土地 1 184.07 公顷，涉及村民 16 159 户、52 726 人。[①] 由于重点工程建设征地补偿标准远远低于市场价格，这使被征地农民难以接受；由于仅有货币安置手段，部分农民失去土地这个重要的生产资料后靠征地补偿费用不足以维持正常生活，而又缺乏其他谋生手段，导致村民集体上访。

（二）山林、土地、水源等自然资源争夺引发的冲突

武陵山区在自然地理方面多属于山地，随着改革开放、经济发展的不断深化，自然资源权属纠纷问题越来越突出。课题组走访过的几个地方都出现过轻重不同的因为自然资源纠纷而引发的冲突事件。该地区均为少数民族与汉族混杂居住的地区，因此自然资源的争夺往往体现民族关系的好坏。当然，这些问题也与历史遗留问题有关，许多村由于林业"三定"时期遗留的界线模糊、界定不合理、无明显标志、地址填写不明、程序不规范，导致纠纷不断，村民经常为争"祖宗山"而发生纠纷甚至上升为群体性械斗。近年来，恩施州内一大批重点工程相继开工建设，涉及大型水电工程、高速公路、铁路等领域。而因重点工程建设而引发的建设单位、施工单位与当地村民之间的矛盾纠纷也呈高发态势。

---

① 数据来自于调研资料。

恩（施）来（凤）、恩（施）黔（江）、宜（昌）巴（东）高速公路沿线被征地农户，因安置补偿、炮震房损、水源破坏、环境污染等问题，频繁与施工方发生纠纷，甚至上升为群体性械斗。2012 年 5 月 6 日，因恩来高速公路施工方在施工中使用过量炸药，导致 X 县某乡某村 136 户村民房屋受损，施工方与村民因赔偿问题协商不一致，酿成较大规模的群体性事件。

除了本地群众之间为争夺自然资源而发生的群体械斗外，在武陵山地区还出现过属于不同行政区域的群众之间发生争夺山林、土地、水源等资源的纠纷。这些矛盾主要集中在：咸丰与黔江，来凤与龙山、秀山、酉阳，鹤峰与桑植，建始与巫山交接的边界。近两年咸黔边界共发生 21 起边界纠纷；来凤与湖南龙山、重庆酉阳交接的边界地区，也曾因山林、土地的所有权和使用权发生过矛盾。这些边界地区的纠纷涉及双边地区、多边地区的汉族、土家族、苗族等，对边界地区的民族团结造成了负面影响，在一定程度上影响了边界地区民族关系的正常发展。而对分属于不同省属行政区域的基层地方政府来说，矛盾的排查、化解以及群体性事件的现场处置工作均有相当大的难度。

（三）黑恶势力介入导致的有组织犯罪行为

武陵山区多为少数民族小聚居区域，宗族势力、传统民族习惯法依然存在，当地群众解决纠纷多采用传统的暴力和非理性方式，基层政权和社会组织威信、权威都在降低，因此出现了不同民众群体之间，群众与基层政府的严重冲突，黑恶势力乘虚而入，扰乱社会秩序。特别是在集贸市场、交通运输、建筑工地、餐饮娱乐等行业、领域的黑恶势力十分猖獗。如某地区：刘某等 7 人组成的黑势力团伙寻衅滋事、赌博、非法持有枪支；李某等团伙 11 人聚众斗殴、故意伤害、敲诈勒索；胡某等团伙 23 人抢劫、盗窃、寻衅滋事等时有发生。这些黑恶势力不仅破坏了正常的生产生活秩序，还恶化了当地的民族关系。

（四）流动少数民族引发的冲突事件

处于武陵山区的 Z 市，近年来随着旅游事业的加快发展，流动人口大量增加，其中包括很多来自西北民族地区的回族在此地谋生。如该市在城市改造过程中，要求回收曾经出租给某回民开办的拉面馆，但被拉面馆拒绝。在开发商上门与拉面馆争议时，双方发生肢体冲突。H 某为向当地政府施加压力，从老家请来一些回族群众到市政府上访交涉闹事，试图通过群体性事件的方式迫使政府赔偿。该类事件不仅在武陵山区出现，而且在全国多个城市均有出现，成为城市民族工作中的一个难点问题。

在上述的案例中：既有参与人员共同利益受损，群体一起动员，采取群体行动，目标指向共同利益；也有只是为了单个人（或家庭）的利益，而不是为了共同的（大家的）利益，行动也不是为了寻求某种政策和制度的变更，仅就事行事而已；有的甚至演变为群体性事件。这四种民族因素矛盾与冲突事件虽然在调研组调研过程中以个案形式表现出来，不能穷尽所有的类型，但是它们具有一定的代表性意义，基本能够反映现阶段武陵山区民族因素矛盾与冲突事件的现状和发展态势。

二　特点与原因分析

总的来说，这些案例大体上可以反映出发生在武陵山区的民族因素矛盾与冲突事件的概貌及主要特征。这些行为均围绕特定事件而发生，是事件性，而非连续的、习惯性行为。同时，这些社会问题从全国来看在一定时期内具有普遍性，但具体到少数民族群众，由于民族等方面因素的存在，往往使同一性质的社会问题具有了有别于其他地区的特殊性。

（一）城市快速发展过程中的矛盾与冲突

随着城镇化步伐的加快，城市人口迅速增加，但是由于城市社会管理机制和公共服务体系功能尚未健全，致使城市民族工作中遇到的新情况、新问题难以及时解决。

1. 城市发展过程中存在的问题

（1）少数民族流动人口尚未真正纳入城市民族工作范畴中。大多数县市政府对辖区内少数民族流动人口的数量只是大致的估计，没有全面的调查。民族工作部门对少数民族流动人口的工作，还只能停留在事后调节和管理上，而无力进行真正的整体管理。

（2）少数民族流动人口的管理和服务机制普遍不够健全，一些地方对少数民族流动人口的管理还处于无序状态。在这些地区提供的具有民族特色的教育、文化、医疗和饮食等服务设施普遍比较陈旧，行业管理水平不高，这些因素严重影响部分少数民族群众的正常生活。

（3）民族法制建设相对滞后。城市社会变迁迅速，相关的民族法律、法规和政策制定相对滞后，难以适应城市民族工作的发展速度。

此外，还表现为执行公务过程中有关部门和工作人员在城市改造、拆迁和工商管理等执法环节中，也存在着方法简单、生硬的问题，如不尊重少数民族成员的风俗习惯和宗教信仰，忽视少数民族群众的切身利益，往往过于机械地执行公务，其结果往往演化为群众上访、抗争等群体事件，甚至酿成刑事案件。

2. 少数民族自身适应性存在的问题

（1）少数民族群众不适应城市的生活，在新的环境中往往会有茫然、孤独、无助，容易有防范心理，遇上事情就会抱团，再加上在语言文化、宗教信仰、民族心理、生活习惯等方面与城市文化的差异，一时很难融入城市社会之中。他们往往承袭原居住地家乡的生活习惯，不是十分主动地去适应新的工作和生活环境，而是希望新的环境去迁就他们各自的传统习惯。在日常交往中，他们与当地居民群体之间、个体之间，难免产生一些摩擦和碰撞，进而引发各类纠纷，给城市环境、工商管理、社会治安等工作带来新的问题，成为当前影响中国民族关系的新的重要因素。

（2）不适应还体现为对城市的管理规章、法律制度的不熟悉。如案例中所反映的，部分从事小商小贩经营的少数民族群众，不服从城市管理部门的管理，在城市的繁华地段占道经营。一部分从事餐饮业的人员，不服从工商部门的管理。其他如道路交通管理、人口管理、环境卫生管理等方面，个别少数民族群众也都存在不适应的方面。

（二）经济利益矛盾引发的纠纷与冲突

在城市发展过程中，随着经济结构的不断调整，传统的利益分配制度和用人机制受到强烈冲击，使少数民族群众的"弱势"地位更加明显。调研中发现：不少地区存在少数民族成员的就业机会减少、工资偏低的问题。相对于当地的汉族成员，反差比较大，使少数民族群众产生失落感；一些企业在民族地区开发、建设时，不能很好地处理企业与地方相互促进的关系，在利税返还、招工、环保等方面，考虑地方利益不够，引起少数民族和民族地区不满；地区之间、民族之间，因土地、森林、牧场、水源、矿产资源等的归属问题而导致的纠纷时有发生；在城市拆迁、改造的过程中，没有充分照顾少数民族群众的风俗习惯、心理特点和文化传统，以及对少数民族群众的经济补偿不到位，造成少数民族群众与政府对立；不同民族成员间因经济利益产生的纠纷，有些虽是个体成员间的孤立事件，但因涉及少数民族，如果处理不及时或不当，容易引起少数民族不满，甚至在一些人的煽动下，使矛盾激化，事件性质发生转变，引起上访、串联、聚集等情况的发生，影响民族关系。

（三）民族认同感弱化积累的矛盾与纠纷

在新的发展环境、陌生的文化和强大的竞争压力下，少数民族群众往往会把来源地、种族、语言和宗教等因素作为感受亲情、凝聚群体的常用手段。进入城市的少数民族人员，因其人口或社会地位上的弱势而容易被主流社会忽视或排斥，而这部分人在对抗外界压迫方面最直接的方式就是利用族性的"团聚"，使民族认同感得到加强，他们之间即使原来素不相识，只要是同一民族就会倍感亲切，关系自然就会融洽，同一民族之间的连带感和民族自我意识得到加强。当面临就业、资源、环境等方面的压力和文化冲突时，容易引起具有相同利害关系的群众的共鸣，他们往往将发生在本民族个体成员身上的矛盾和纠纷，简单等同于"本民族的事情"。如果引导不当，这种民族意识就有可能成为引发矛盾甚至引发群体性事件的常见诱因。[1]

三 结论与建议

（一）结论

随着三峡流域经济社会的快速发展，越来越多的少数民族人口流动来到各地城镇就业、经商和务工，这种人员流动，对活跃市场、繁荣经济、丰富文化、增强了解以及加快少数民族和民族地区的发展具有积极的促进作用，但同时也会带来一系列社会问题，对民族关系产生一定的消极影响。当前，在少数民族流动过程中产生的矛盾和冲突事件经常发生，并呈增多趋势。这类事件不仅对当地的民族关系造成了严重影响，还通过现代交通、通信等渠道迅速波及民族地区甚至全国，已经成为影

---

[1] 参见吴亮《中国少数民族群体性事件及治理机制研究》，博士学位论文，中央民族大学，2011年，第40—46页。

响民族关系的新的重要因素。导致这方面问题的因素主要体现在两方面：一是由于少数民族在语言文化、宗教信仰、民族心理、生活习惯等方面与汉民族有着较大的差异，在日常交往过程中，容易与当地居民产生一些摩擦和碰撞，引发各类纠纷。二是因为部分少数民族群众法制观念淡薄，缺乏对城市有关规章制度的了解，在生产生活中容易出现违反法律和有关规章制度，不服从当地有关部门管理的情况，而一些地方和部门由于缺乏对少数民族流动人员进行管理和服务的经验及有效做法，不善于运用政策和法律手段解决问题，有些是工作方法过于简单、粗暴，致使与少数民族群众关系紧张，矛盾激化，甚至引发群体性事件。与之相反，有些则是采取"花钱买平安"息事宁人的做法，从表面上看起来问题得到了解决，但实际上却误导了群众，更滋长、纵容了一些不法分子借民族之名进行敲诈勒索等犯罪活动，给民族关系的正常发展留下了很大的隐患。

在城市社会治理工作中，民族问题涉及方方面面，必须建立较合理、完善的体制和机制，真正缓解民族纠纷和矛盾，维护社会稳定。我国正处于深刻而广泛的社会转型时期，随着"单位制"解体，越来越多的"单位人"向"社会人"转变，社区已逐渐成为城市的"细胞"，网格化管理与社会管理创新工作将民族工作的触角延伸到了最基层。实践证明，须将民族工作的重心下移到社区，在少数民族居住相对集中的社区，推进社区民族工作。

（二）建议

越来越多的少数民族人口向城市流动，他们在城市生活中扮演着十分重要的角色，对于武陵山区的城市化建设既提供了好的机遇，也提出了新的挑战。所以，必须有清晰的思路和完善的配套措施加快武陵山区少数民族人口的健康流动。

1. 和谐推进人口城市化

武陵山区的少数民族流动人口大量进入城市，使城市民族关系进一步复杂化，少数民族流动人口在融入城市的进程存在着一些问题。比如一些少数民族流动人口在城市并没有得到有效的管理，相关的权益保障严重缺失，管理体制整体上不够完善，加上组织程度低、文化素质不高、法制观念薄弱以及流动性大等，也往往会引发一系列的矛盾和问题。再比如一些少数民族流动人口进入城市之后，由于文化上的不适应，与城市的社区和民众相对疏离，使少数民族流动人口中的小部分行为失控，影响城市的社会治安。因此，必须采取一系列的经济、文化和社会配套措施，努力消除武陵山区少数民族人口城市化进程中的不和谐因素，引导城市民族关系健康发展。

2. 大中小城市及小城镇共同发展

武陵山区少数民族人口大部分集中于农村和落后地区，他们流入城市的过程呈现出分段连锁的特点：先进入距离家乡比较近的小城镇或小城市谋取生存空间，经过一段时间适应以后，再向附近的中等城市或者大城市流动，再经过一段时间以后，又向东部更大的城市流动，比如广州、深圳、上海等。从武陵山区少数民族的实际情况，以及人口流动的规律出发，在城市化道路的选择上应实行大中小城市及小城镇共同发展的城市化道路。很多少数民族人口并不愿意背井离乡，如果能在周边的小城市和小城镇很好地发展，一方面会使他们流动的成本和幅度在他们所能承受的范围之内，另一方面也可以加快少数民族落后地区的经济和社会发展。当然，加强小城市和小城镇的建设并不等于排斥大中城市建设，待时机和各方面条件成熟以后，也可以推动大中城市的建设和发展。

3. 加大就业培训和素质教育的力度

随着城市经济体制改革的不断深入和产业结构的优化升级，城市自身也面临着严峻的失业现象。这意味着少数民族流动人口进入城市就业的难度将越来越大，就业空间将越来越小。武陵山区的少数民族人口，教育文化水平相对落后，掌握专业技术的人才相对较少。过去那种依靠单纯体力的劳动型就业模式已经无法适应当今城市经济发展和产业优化的需求。所以，为了更好地帮助少数民族流动人口融入城市经济生活，该地区必须加大少数民族人口的就业培训和素质教育力度。为此，地方政府必须要高度重视，加强对于少数民族人口的专业技术培训。同时，对于武陵山区的少数民族而言，也必须改变过去的传统观念，加强学习。毕竟只有掌握过硬的本领，才能在城市中找到自己的发展空间。[1]

---

[1]　参见孙忠良《武陵山区少数民族人口流动与城市化问题》，《重庆文理学院学报（社会科学版）》2011年第7期。

第三节　城市基层社会矛盾纠纷的调查分析

我国正处于社会转型时期，也是社会结构剧烈变化，社会矛盾凸显时期。由于经济发展相对滞后、社会保障体系不完善、民主法治制度不健全等，近几年在三峡流域整个区域范围内社会矛盾和冲突频繁发生，且具有群体性和激烈性的发展趋势，成为影响整个社会和谐发展的突出问题。本节基于三峡流域地区社会治理调查的实地考察资料，以 S 州为例，通过对 S 州和该州 C 市社会综合治理调研资料的分析与思考，对基层社会矛盾纠纷的类型与特点进行梳理，并对现有的矛盾纠纷解决机制进行反思，试图探寻一种适合三峡流域城市基层实际情况的社会矛盾纠纷解决机制，以疏导矛盾、化解社会冲突，促进整个三峡流域社会和谐稳定发展。

因数据收集与分析手段所限，本节仅就人民调解化解的社会矛盾纠纷为对象进行分析。

一　城市基层社会矛盾纠纷的基本状况

（一）城市基层社会矛盾纠纷的基本状况

据调查统计，2011 年至 2013 年 S 州共排查调处各类矛盾纠纷 64 411 件，涉及当事人 149 300 人，调解协议涉及金额 206 294 万元，调解成功 60 738 件，成功率为 94.3%，调解疑难复杂案件 9 249 件。矛盾纠纷分类调处情况如表 3 - 1 所示。

表 3 - 1　　　　　2011—2013 年 S 州人民调解案件情况统计表

序号	矛盾纠纷类型	2011 年（件）	2012 年（件）	2013 年（件）	总数（件）	占调解案件总数比（%）
1	婚姻家庭	4 499	3 924	3 801	12 224	19
2	邻里关系	4 084	3 503	3 937	11 524	17.9
3	房屋宅基地	1 368	1 164	1 353	3 885	6
4	合同纠纷	773	943	738	2 454	3.8
5	生产经营	701	644	568	1 913	2.96

续表

序号	矛盾纠纷类型	2011 年（件）	2012 年（件）	2013 年（件）	总数（件）	占调解案件总数比（％）
6	损害赔偿	1 863	1 869	1 748	5 480	8.5
7	劳动争议	341	381	544	1 266	1.96
8	村务管理	49	84	100	233	0.36
9	山林土地	4 176	4 137	3 929	12 242	19
10	征地拆迁	579	1 025	1 135	2 739	4.25
11	计划生育	101	27	17	145	0.23
12	环境保护	65	58	72	195	0.3
13	道路交通事故	1 271	1 039	1 082	3 392	5.3
14	物业纠纷	4	1	5	10	0.016
15	医疗事故	335	306	178	819	1.27
16	其他	1 949	2 085	1 856	5 890	9.14

数据资料：来自 S 州 2011—2013 年度人民调解工作情况的调研报告

（二）城市基层社会矛盾纠纷的调解主体

截至 2013 年年底，S 州共有各类调解组织 2 787 个，其中，村（居）调委会 2 654 个，乡镇（街道）调委会 91 个，企事业单位调委会 34 个，社会团体和其他调解组织 8 个（具体情况如图 3 - 1 所示）；全州共有人民调解员 9 322 人。

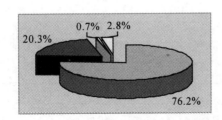

图 3 - 1　城市基层社会矛盾调解主体比例图
数据资料：来自 S 州 2011—2013 年度人民调解工作情况的调研报告

（三）人民调解的影响力增大

随着近年来人民调解宣传力度的加大，人民调解工作得到各级各部门的肯定以及人民群众的信任，群众遇到矛盾纠纷主动寻求调委会解决。从案件来源情况看，当事人主动申请调解成为矛盾纠纷调解案件的主要来源。2011—2013年，依申请调解的矛盾纠纷数48 087件，占调解案件总数的74.66%（具体情况如图3-2所示）。

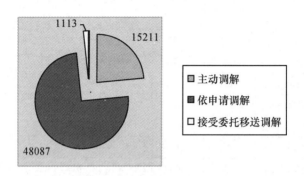

图3-2　城市基层社会矛盾人民调解案件来源分布图

数据资料：来自于S州2011—2013年度人民调解工作情况的调研报告

二　城市基层社会矛盾纠纷的主要类型

以S州C市为例，2011年至2013年，C市共化解各类民间纠纷27 592件，其中：人民调解18 562件，占化解总数的67.3%；行政调解530件，占化解总数的1.9%；司法调解8 500件，占化解总数的30.8%。其中，人民调解社会矛盾纠纷涉及的类型比例如图3-3所示。

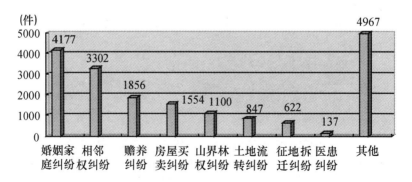

图3-3　城市基层社会矛盾类型比例图

资料来源：对C市矛盾与纠纷现状的调查思考

（一）婚姻家庭纠纷居高不下

据调查，目前 C 市婚姻家庭纠纷主要是外出务工人员、流动人口、再婚家庭、未达婚龄人员同居导致婚姻矛盾居多。如 B 镇某村的少女蔡某还不满 14 岁，就与 T 镇某村的 18 岁男孩向某同居，女孩不到 16 岁就生了第一胎，不到 18 岁又生育了第二胎。后因双方发生矛盾，蔡某离家出走，再也未回来。于是向家向本地法庭提起诉讼，要求女方给付两个孩子的生活费。再如 L 乡某村丁某与妻子王某结婚生育两个子女后，妻子外出打工，在此期间 10 年未回家。2012 年一回家就要求离婚，双方达成离婚协议，王某承认支付小儿子抚养费。办理离婚手续后，王某不但拒不支付抚养费，而且失去联系。

婚姻家庭纠纷居高不下的原因主要：一是部分男女未达婚龄共同居住，因缺乏感情基础，难以承担家庭负担和责任，给家庭婚姻纠纷埋下了隐患；二是缺乏道德修养，不能正确对待婚姻家庭，不懂得互相尊重对方，不能恰当处理夫妻关系、婆媳关系，经常因家庭琐事引发家庭矛盾，造成家庭不和睦；三是城镇青年外出务工较多，受社会不良风气影响，违背社会公德，见异思迁，背叛家庭的不良现象时有发生，导致婚姻家庭不稳定；四是老人再婚，子女反对，导致老年人被迫离婚；五是依法保护婚姻意识较差，少数人不依法登记，草率结合，造成婚姻矛盾。

（二）相邻权纠纷有增无减

随着社会经济的快速发展和家民维护自身权益意识的不断增强，城镇相邻权纠纷案件数量明显增多，处理起来相当棘手。如 D 街道办事处曾发生一起因"买路钱之争"引发的通行权纠纷，J 镇张家两姐妹在大塘村买地建房，后周边土地均已建房，无奈只得从邻居吕某、牟某、李某门口过路，三户人要求张家姐妹给三家每户 3 000 元的"过路费"，支付后，该三家房屋宅基地的原卖方卢某、黄某回来又主张该道路地块是他们花钱买的，要求张家姐妹补给他们 1.2 万元的"过路费"。张家姐妹将此事上访到省信访局，后来社区的调委会要求退还过路费，并协调五户平摊道路硬化费，才将此事平息。又如 2014 年 1 月，M 镇某村四组陈某与该镇某村谭某因采光权、通行权发生纠纷。因谭某建房时将陈某房屋左侧通道 1.2 米占用，双方经村委会调解，谭某在陈某房屋右侧为其补足

1.2 米通道。谭某拒不履行协议，甚至在陈某房屋背后 4 米高坎上砌起 10 米高围墙，中间未留间距，甚至影响了陈某房屋采光，并造成安全隐患。城建部门两次下达整改通知书，但谭某拒不履行。因此双方多次发生打架斗殴事件，镇村调委会多次协调至今无果。

城镇相邻权纠纷发生大多基于以下几个原因：一是法律意识淡漠，对相邻权缺乏认知。部分群众认为建房时是否会影响他人的通行、通风、采光、排水等并不重要，只考虑如何最大限度地利用自己的宅基地使用面积，没有顾及相邻方的权利；二是相关执法部门办证时审查不严，导致相邻方权属不明确，四至界线不清，埋下纠纷隐患；三是部分居民缺乏换位思考和宽容、忍让的胸怀，为争方寸土地，相邻方不依不饶，互不相让，争得你死我活，滋生打架斗殴现象。

（三）赡养纠纷层出不穷

随着老年人口的增加，养老问题成为不可忽视的问题。经调查走访发现，主要依靠家庭供养的养老现状令人担忧，赡养纠纷层出不穷。如：T 镇某村出现过"一娘养七子，七子不养娘"、L 乡某村出现过"七姐妹关系不和，老母亲生活无着"、Y 乡某村出现过"小儿子骗得父母无家可归"等现象。M 镇"七旬老父患癌症，四个儿女不拢边"的《法苑》节目引起了该镇群众强烈反响。该镇某村 74 岁陈老汉身患癌症在 S 州中心医院、市中医院、人民医院住院长达两三个月，在此期间四个儿女从未去医院探视。该村村委会多次对陈家赡养问题进行调解，并且当地法庭也曾受理了陈老汉起诉几个子女不依法履行赡养义务纠纷。即使有法院判决，其大儿子仍然拒绝赡养，并拒绝去医院探视。

不依法尽赡养义务纠纷举不胜举，主要是基于以下原因：一是缺乏依法尽赡养义务的意识。不少人由于不懂法、不守法、不知道养老是每个子女的法定义务，因而对父母的养老互相推诿甚至逃避。对老人不能做到"经济上供养、生活上照料、精神上慰藉"。二是缺乏尊老爱幼的传统美德。由于缺乏尊老爱幼的传统教育，导致不养老、不敬老，啃老现象时有发生。三是父母与子女之间思想理念不同，缺乏有效沟通，出现思想代沟，互相间积怨较深，亲情淡化。

(四) 房屋买卖纠纷稳中有升

近年来，房屋买卖现象越来越普遍，相应由此而引发的房屋买卖合同纠纷也越来越多，特别是城市近郊居民由于城市的扩张、土地的增值、征地拆迁的经济利益等，要求收回原已出卖的房屋引发的纠纷不少，在经济利益的驱使下，要求确认合同无效案件量激增。Y 乡某村村民杨家兄弟二人 2001 年以 1.5 万元分别购买属牟家三兄弟所有的房屋两栋，双方签订了房屋买卖合同，卖方由牟家大哥代为签字，买方未在协议上签字，两栋房屋的土地使用证分别交给了杨家兄弟，且并未办理过户手续。2014 年 4 月，因城市道路扩建，牟家老二否认卖房一事，一纸诉状将杨家大哥告上法庭，要求杨家大哥立即搬出房屋。杨家兄弟写好信件准备上访，打电话到电视台寻求帮助，并在网上散布消息指责牟某背信弃义行为。后经村、镇调委会调解，双方达成协议，牟某撤诉，因房屋门前 100 平方米左右的地块未写入协议，归牟某所有，至此纠纷得以解决。

出现此类纠纷原因：一是少数群众缺乏诚信意识，见利忘义，单方面撕毁协议，恶意反悔；二是法律意识淡漠，签订的房屋买卖合同不规范、内容过于简单笼统，程序不合法，容易被对方钻空子；三是目前我国法律法规不健全，对于城郊房屋买卖相关规定不完善。

(五) 山界林权纠纷比较普遍

受林地征收征用带来的经济利益驱使，C 市各个乡镇均存在村民为争夺山界林权引发的纠纷，2011 年至 2013 年山界林权纠纷达 1 100 件，占矛盾纠纷总数的 6%。如 2008 年，L 乡某村村委会不按法律程序办事，将本村 464 亩集体山林私自转包给 8 户村民，并于 2009 年给 8 户村民颁发了林权证。后因某高速要占用部分林地，因补偿数额较大，导致该村 15 户村民多次到乡政府、市政府、州林业局上访，要求处理，最终两审法院均确认该 464 亩林地承包合同无效。无独有偶，该市 D 街道办事处木栈村同样发生了该村村委会于 2008 年林权证更换时将九组荒山装入八组村民林权证。直到 2013 年外商开发时，九组村民才得知。于是与村委会及八组村民矛盾不断，多次争斗，70 多户村民集体联名上访要求解决。

此类纠纷发生的主要原因：一是工作人员办证不规范。在办证时，工作人员不负责任，只图方便简单，不深入实地勘界，导致颁证错乱，边界不清，张冠李戴。二是林权改革程序不规范、不彻底。原属集体林地，改革时不彻底，未经全体村民会议讨论，工作人员或村干部随心所欲，不到现场划定界线，导致组与组，户与户之间界线混乱，一旦发现问题，就会为此推诿扯皮，导致纠纷。三缺乏权利保护意识。许多人原本对林权改革漠不关心，对山林确权证无所谓，但一旦增值，有利可图，才开始关注，并主张权利，争取权利，从而引发纠纷。

（六）土地流转纠纷呈上升趋势

土地流转纠纷近年来已经成为城镇社会矛盾纠纷较为集中的纠纷之一。据统计，C市近3年来发生的土地流转纠纷达847件，占矛盾纠纷的4.6%。如2009年3月，利川市T镇某村七组村民罗某将自家承包地以16.2万元的价格，私自转让给同组村民严某、唐某、屈某三人合伙开木材加工厂。但罗某的妻子和儿子以买卖承包地未经村委会同意、未办理转让手续、且改变了承包地土地性质为由，起诉至法院，要求确认该承包地买卖合同无效。同属该镇的某村七组村民李某与文某两舅侄间的土地纠纷。1998年李某以1万元将自家房屋卖与外甥文某，并签订了书面买卖合同。口头约定以1.5万元将3亩责任地及林地搭售给文某，并将土地承包经营权证、林权证交给了文某。2013年11月李某因土地增值，以买卖未经发包方村委会同意，土地经营权未办理过户为由，不承认土地、林地买卖一事，要求收回土地和林地，将文某起诉至法院，要求文某排除妨碍，消除影响。其间，李某多次将文某种植的蔬菜、苗木等铲除，双方甚至发生打架斗殴，派出所多次接到报警，现场调解无果。

导致土地流转纠纷的原因：一是少数人不讲诚信，见利忘义。由于城镇化进程加快，城镇周边不断开发，土地增值空间巨大，受利益驱使，单方毁约，导致矛盾纠纷增多。二是人们的法律意识和程序意识较差。主要表现为土地流转协议不规范，未经发包方村委会同意，手续不完善。三是部分群众长期外出务工，在家务农的村民未经同意，逐年蚕食他人承包地，后据为己有引发纠纷。四是原土地承包时，由于工作人员疏忽大意，导致承包面积、土地使用证标示不明，四至边界不清晰，引发纠纷。

（七）征地拆迁纠纷集中凸显

据了解，2011 年至 2014 年，C 市仅南环大道建设项目引发的矛盾纠纷就达 122 起。在征地拆迁过程中，群众抢建三违建筑引发的纠纷较为普遍。如 2013 年 9 月，D 街道办事处某村苗某知晓南环大道建设将从某村组通过，于是在该组抢建三违建筑，征地拆迁时漫天要价，要求给予 60 万元补偿费和 3 个宅基地安置，该矛盾长期处置未果。征地拆迁中，补偿标准不一致也是引发矛盾的诱因。如 D 村的龚某，2008 年因铁路建设被征地 2 亩，以 2 万元/亩价格已补偿到位。2013 年南环大道建设时他有 0.3 亩地在征地范围内，补偿标准约 5 万元/亩。因标准不一致，他要求按现有标准补齐原 2 亩地的差价，否则不同意现有征地要求，矛盾一直在僵持中。

征地拆迁引发的矛盾有增无减的主要原因：一是由于城镇化建设步伐加快，新区建设或旧城改造，均涉及群众的切身利益，因此矛盾较多；二是开发过程中，有的要货币补偿，有的要高标准安置，在补偿标准和置换面积上往往双方都要求利益最大化，不容易达成一致意见，诱发矛盾；三是少数群众不依法办事，大局意识、集体意识、发展意识较差，只顾自己利益，不顾他人利益，一旦自身的要求得不到满足，就成了钉子户，有的甚至采取过激行为，导致矛盾升级；四是政府为公共利益实施的征地补偿标准和商业开发的拆迁补偿标准存在差距，村民对此不理解，一旦自己的补偿费用比别人低便不依不饶；五是部分执法部门执法不规范，服务意识差，态度不端正，甚至不作为、乱作为，给群众造成损失，导致群众不满而引发矛盾。

（八）劳动争议纠纷经常出现

据 C 市劳动部门提供数据显示，2011 年至 2013 年该市劳动部门受理的劳动纠纷 654 起，涉及农民工工资案件 170 起，涉及金额达 4 700 多万元。其中 2013 年因农民工工资纠纷上访达 3 550 多人，涉及金额 616 万元。2012 年 8 月 14 日，该市招商引资企业某电子公司通知员工放假，并约定 9 月 1 日发放员工工资。约定期限届满，该公司不但没有发放工资，且在放假期间将部分生产设备转移。该公司总共拖欠 40 多名员工三个月工资 11 多万元。董事长逃到广东深圳，后经公安机关网上追逃，迫于压力，其家人才补发了所有工资。又如该市 M 镇因地产开发引发的劳资纠纷更是逐年攀升，仅 2012 年该镇司法所调解的拖欠农民工工资纠纷 30 多件，涉及纠纷人员 300 多人，涉及金额 400 多万元，占全年纠纷案件数的 20% 以上。2013 年调解此类纠纷 20 多件，涉及纠纷人员 200 多人，涉及金额 300 多万元，占整个纠纷数的 23%。其中处理时间最长、金额最高、涉及人员最多的纠纷为该镇某住宅小区开发期间引发的承建商拒不支付劳动报酬一案。该起纠纷涉及农民工 138 人，拖欠工资达 192 万元，处理时间长达 3 个多月。其间，工人多次在工地罢工示威，拉闸断电，导致工地停工，造成巨大损失，经多次调解，最终以开发商先以工程款垫付工人工资，才得以平息矛盾。

出现此类纠纷的主要原因：一是用人单位不依法用工，其表现为有的"空手套白狼"，恶意拖欠工资，有的故意不与劳动者签订劳动合同，有的不缴纳"五险一金"，有的违法收取押金等费用侵犯劳动者的合法权益；二是劳动者流动性大、法律意识不强，未要求用人单位与自己签订劳动合同、缴纳保险，缺乏收集保留证据意识，加之用人单位技术培训、安全条件不到位，滋生了许多工伤事故的发生，致使后期追讨、执行难、引发纠纷；三是受国家经济宏观调控政策变动影响，经济增速趋缓，银根紧缩，企业贷款难，资金周转难，企业经营难，拖欠工资现象时有发生；四是劳动保障部门监管不力，对企业违法用工、非法用工的惩处不力，对企业的威慑力不大。

（九）交通整改纠纷不断攀升

据了解：2012 年 C 市交警大队处理交通事故达 6 142 起，死亡人数达 93 人；2013 年交通事故达 6 944 起，死亡人数达 80 人；截至 2014 年 5 月底交通事故达 3 435 起，死亡人数达 38 人。因交通事故引发的纠纷发生率居高不下，该市交调委 2012 年 6 月启动工作后至 2014 年 6 月，调处的疑难复杂纠纷达 576 起，涉及纠纷人员达 1 688 人，涉及金额达 12 612 万元。交通事故引发的矛盾纠纷具有不确定性、偶发性，涉及生命财产损失大，双方对抗性激烈，且处理难度较大。2013 年 8 月 6 日，318 国道 1 609 公里处，向某驾驶的轿车在坡顶盲区不明的路段盲目超车，当发现对面坡顶突然出现崔某驾驶的轿车时，强行将车驶回本车道与其他车辆相撞引发交通事故。该事故导致 1 人死亡、1 人重伤、1 人轻伤，造成经济损失 42 万元。经认定，向某对事故负主要责任，崔某负次要责任。为化解此纠纷，利川市交调委组织调解达 10 多次，形成了 7 个调解协议，但其后 10 个月仍未赔付到位。

造成交通事故频发的主要原因：一是车辆数量与日俱增，路况较差，且驾驶员本身技术不过关，遇突发状况处理能力较差，容易导致交通事故引发纠纷；二是驾驶员无视交通规则，缺乏足够的交通安全意识，无证驾驶、违规操作的现象较多；三是事故发生后，受损方不依法索赔，反而提出如流血费、昏迷费、疼痛费、术后有否后遗症风险费等赔偿项目；四是执法人员执法不规范，责任划分不准确，处理方式不科学、不严谨，也导致了纠纷的发生。

（十）医患纠纷时有发生

近几年医患纠纷的发生率逐年增高，成为影响社会稳定的重要因素。2012 年 12 月 7 日，C 市 J 镇某村村民黄某因感冒请本村医务室牟医生到家中输液，后牟医生临时有事离开，叮嘱黄某丈夫哈某守护，待液体输完后立即拔掉针管。牟医生走后，哈某便下地干活去了，当他回家后，发现液体完了，人也死了。事件发生后，哈某认为是牟医生的过错，要求其赔偿 5 万元。而牟医生认为自己并无过错，拒绝赔偿。后经村镇调委会调解，以牟医生赔偿 800 元得以化解矛盾。又如 B 镇居民何某，因患冠状动脉粥样硬化性心脏病于 2013 年 5 月 16 日到镇卫生院住院治疗，后经抢救无效死亡。事件发生后，死者家属认为是医院抢救不及时导致患者死亡，情绪十分激动，组织几十人涌入医院，干扰医院正常工作。医院建议死者家属进行医疗事故鉴定，但被死者家属拒绝，并停尸医院。后通过乡镇调委会反复做工作，最终以医院一次性补偿死者家属 6 万元化解此矛盾。

医患纠纷越来越多主要原因：一是医患间知情权不对等，缺乏沟通，患方对医疗技术期望值过高，认为人死在医院即为医疗事故；二是由于管理不规范，有的医生无证上岗，非法行医，缺乏基本的医疗技术；三是医疗事故鉴定结果滞后，导致矛盾不能及时处理，引起矛盾激化；四是患方不懂法，一旦出事便狮子大开口，提出不理性的赔偿要求，导致双方僵持不下或矛盾升级；五是适用法律法规的赔偿标准不一致。按《中华人民共和国侵权责任法》赔偿标准较高，而按《医疗事故处理条例》赔偿标准则较低，赔偿标准的不一致也是导致矛盾纠纷发生的重要原因之一。

三　城市基层社会矛盾纠纷的新特点①

（一）矛盾纠纷涉及面趋宽，类型趋于多样化

传统的社会矛盾纠纷主要是一些单一的民事纠纷，主要体现在婚姻、家庭、赡养、抚养、房屋宅基地、邻里和债权债务纠纷等。在城市化加速发展的过程中，基层社会矛盾纠纷涉及的领域趋宽，已经发展成为民事纠纷、经济纠纷、行政纠纷和轻微的刑事案件并存的多种性质的矛盾纠纷体系。

矛盾纠纷的类型也呈现多样化，扩展到社会政治经济生活的方方面面。主要表现为：一是随着我国农村税费改革的深入推进，特别是国家取消农业税，增加农民补贴等一系列扶农惠农政策的出台，使农民种田的积极性大大提高，过去撂荒的土地被争种抢种，外出务工人员也大批返乡种地，因土地问题引发的社会矛盾和纠纷大量发生，如农村外出人员回乡要求重新分地而引发的纠纷，农村村组与农户之间的承包合同纠纷，土地的权属争议纠纷，土地征用拆迁补偿纠纷，农民负担等；二是随着传统乡土社会逐渐转型为现代市民社会，不再依附于土地的现代新型农民以市场经济主体的身份积极投身到各种经济生活中，也就不可避免地会出现一些矛盾和纠纷，如生产经营纠纷、经济合同纠纷、劳动纠纷、工伤索赔、消费者纠纷、企业改制纠纷、企业生产安全事故等；三是随着社会主义民主法治建设的进一步深化，人们的民主法治意识不断增强，维护自身利益、集体利益甚至社会秩序的观念较之过去有了飞跃发展，如流动人口对自身权益的保护从最初的生存权上升到发展权、人格权等较高层次的领域。外来务工人群维权过程中出现的名誉权、荣誉权纠纷，婚姻家庭纠纷中的探视子女权纠纷，由基层政务管理引发的矛盾纠纷，对行政不当、司法不公产生的矛盾纠纷，带有公益性质的环境污染纠纷等类型呈逐步上升趋势。

---

① 参见周书霞《农村基层社会矛盾演化及矛盾纠纷解决机制研究》，《安徽农业科学》2012年第9期。

（二）纠纷主体发生较大变化，群体性、突发性事件发生频率呈上升趋势

传统的基层社会矛盾和纠纷主要发生在家庭内部、居民之间和邻里之间，而新出现的城市基层社会矛盾纠纷的主体趋于复杂化，发生在城市居民与基层干部、城市居民与外来人口、居民与法人、私营经济体等其他经济组织之间、居民与政府职能部门之间的纠纷数量呈上升趋势。在这些新型的社会矛盾纠纷中：一些居民在利益上产生共鸣，只要有人牵头，相关人员就会群起响应以致矛盾纠纷的组织化程度不断提高，如土地承包纠纷中，因为土地、山林和水塘承包而引发的矛盾纠纷，纠纷当事人多是普通居民；厂矿企业与驻地周围社区的纠纷也会使众多居民成为共同当事人，这就使有共同利益的人民群众成为共同的纠纷当事人，群体化纠纷出现的数量和概率就大幅度提高。如果这些群体化纠纷没有得到及时有效的处理，基层人民群众之间一些长期积蓄的矛盾就有可能演化为群体性事件，严重危害社会秩序，损害群众利益。

（三）矛盾演化过程中当事人心理呈渐进式消极发展态势

人们对基层政府由信任到逆反的政治心理过程是一种典型的"渐进消极发展的过程"。在矛盾纠纷出现之初，大多数人都会通过正当的途径和手段来解决纠纷。他们会找党政组织和有关单位部门解决问题，此时他们对政府是信任和依赖的，但如果有关基层部门没有给出公正、公平的处理，甚至遭遇到政府的侵害时，作为利益的受损者，往往容易产生极大的愤怒，如果找不到正常的宣泄渠道，这种不满、愤怒就会不断积累，从而引发对政府的信任危机。在当事人多方求助无果的情况下，他们寻求纠纷解决的方式就会呈现激烈的趋势，如采用群体围攻、上访、武力威胁，甚至自焚、自杀等手段迫使有关部门解决问题，甚至会借助黑恶势力解决纠纷，酿成严重的治安案件或刑事案件，造成极坏的社会影响，严重影响人民的生产生活秩序。

（四）矛盾纠纷解决不彻底，易反复并造成社会问题

城市基层社会矛盾纠纷虽然有一部分会趋于激烈化，甚至以伤害自身或政府的行为出现，但大部分权益受到侵害的居民起初并不会采用激烈的方式，他们往往会经过较温和的方式多方求助，而作为社会弱势群

体的最大部分，他们常常考虑到诉讼的高成本、上访的高风险及成本，表现出谨慎地反抗、慢慢地接受和极度地适应，表面上看起来偃旗息鼓，但矛盾纠纷并没有彻底解决。一旦有了导火索，之前的矛盾纠纷可能又卷土重来，呈现反复性。当事人这种消极的情绪会通过倾诉等方式传播与传染到身边的他人、群体，导致群体情绪的消极发展，使看起来很普通的矛盾纠纷演变为社会问题。当然，多数时候他们通常用忍来处理纠纷，但是"当他们认为土地所有权、租佃、劳动、租税和价格等不平等情况不能再忍受时，会萌发革命的念头"。① 由此可见，城市基层社会矛盾纠纷解决不彻底，是对社会和谐的阻抑，其潜在的消极影响很大，应对城市基层社会矛盾纠纷解决机制进行深入分析，探究问题的根源，构建多层面、全方位的城市基层社会矛盾纠纷解决机制，从而更好地化解社会矛盾，解决纠纷，实现整个社会的和谐健康发展。

四　城市基层社会矛盾纠纷解决机制中存在的问题

（一）基层社会个人权威虚化，私力救济有待引导

基层社会个人权威虚化以致民间纠纷和解、调解的社会基础逐渐弱化，难以发挥其应起的作用。法谚有云"瘦的和解胜过胖的诉讼"，由此可见和解对解决社会矛盾纠纷所起的作用。美国著名法社会学家唐·布莱克曾提出著名的关系距离原理，他认为，人们之间的关系越紧密，介入他们之间事务的法律越少。② 在传统熟人社会，一旦发生了社会矛盾纠纷后，和解、民间调解，就担当起化解社会矛盾、防止社会矛盾激化的第一道防线的重任。主要通过自决、避让、和解、宗族调解、亲友调解、乡里调解和行会调解等方式达到彼此之间的谅解或妥协来解决纠纷，有利于建立和保持一种融洽的邻里关系和社会秩序。和解需要以纠纷双方相互的诚信为基础，民间调解则以有效的个人权威为条件。

在市场经济大潮和人口日益频繁流动的强烈冲击下，传统乡土社会

①　[美] 塞缪尔·亨廷顿：《变革社会中的政治秩序》，李盛平等译，华夏出版社1988年版，第364页。

②　参见 [美] 唐·布莱克：《社会学视野中的司法》，郭星华等译，法律出版社2002年版，第9页。

原有的紧密地缘关系、人缘关系悄然发生改变。过去的家族权威、能人权威等基层社会个人权威有所虚化，使得民间和解、调解的基础逐渐弱化。部分城镇出现了"空壳村"现象，本土精英们也大多流失，使基层社会缺乏有效的个人权威，居民信仰出现危机，缺乏统一的认同基础。再加上现有的城市社会中熟人之间淳朴的诚信关系也在发生变化，有些人在经济利益驱使下转变了观念，不再崇尚诚信，而是以经济利益作为最高标准，这也使得和解、民间调解的社会基础有被异化的危险，基层矛盾纠纷的私力救济有待正面引导。

（二）人民调解缺乏规范性，资金支持不足

人民调解是城市基层社会矛盾纠纷的缓冲器，具有顽强的生命力，但仍存在缺乏规范性、资金支持不足的问题。在全面建设社会主义和谐社会的大背景下，通过人民调解来解决城市基层社会矛盾纠纷，有着得天独厚的优势。由于人民调解委员会贴近基层组织，所以在对矛盾纠纷事件的反应上更为快速和灵活，这就使得人民调解多数情况下能将矛盾纠纷消灭在萌芽状态，起到城市基层社会矛盾缓冲器的作用，避免矛盾的进一步恶化。

"调解员们给群众带来的不仅是冷冰冰的法律条文，还有人们赖以生存的传统情理观念，他们懂得如何在人情盛行的乡土社会中运用法律来修复情与法之间的裂痕"。[①] 加之人民调解一般不收费，经济成本小，人们大多愿意选择，且人民调解遵循自愿原则达成调解协议，当事人在心理上容易接受，有利于协议内容的执行。因此，人民调解在城市基层社会具有顽强的生命力，发挥作用的空间非常广阔，被誉为"东方经验"。

当前制约人民调解发挥作用的因素主要：一是人民调解的灵活性有余而程序性不足。虽然灵活、不拘泥于严格的程序是人民调解的优势所在，但并不是说调解可以完全弃程序于不顾，"如果没有一定的程序作保障，调解的结果可能就会以强者的意愿胜出"，[②] 尤其是纠纷双方当事人

---

① 顾敏、邓红蕾：《乡土社会中的特殊法律人——浅议我国乡土社会中的人民调解员》，《行政与法》2005 年第 6 期。

② 赵洪顺：《乡村社会人民调解：实践问题与完善路径》，载唐鸣、陈荣卓《农村法律服务：行动与表达》，法律出版社 2009 年版，第 242 页。

中一方是居委会或者政府机关的情况下，人民调解员往往就会失去中立第三方的地位，不利于居中调处纠纷。二是人民调解员队伍素质总体偏低，政府缺乏对人民调解员队伍的系统培训，不利于调解案件质量的提高。三是人民调解工作经费投入过少，保障不力，致使人民调解员工作热情不高。四是很多城市法律服务工作人员数量少，人民调解委员会、司法所、法律服务所往往职能混合，实际操作中调解的中立性和公信力可能会受到影响。

（三）沟通协商渠道不畅，行政解决纠纷方式、方法有待完善

乡镇政府作为基层公共权力机构，承担着维系社会稳定、化解社会矛盾纠纷的重要功能，其权威基础应建立在为人民服务的基础上。而实际中，政府与居民间的沟通协商渠道不畅，尤其在面对居民与居委会、基层政府与居民之间发生的矛盾纠纷时，双方解决问题的出发点不同，导致乡镇政府的公共权威形象在农民心里的认同感下降，干群之间的沟通出现问题，甚至发生信任危机。

如因征地而产生的纠纷，基层政府有时会采取一定的暴力手段进行违规操作，从而致使居民会有组织地进行抵制，甚至采用过激的方式直接挑战乡镇政府的权威，还可能会通过各种途径向上级甚至中央政府反映情况，期望上级政府主持公道，给下级政府施加压力，或者将纠纷诉诸媒体，借助舆论压力来解决纠纷。而地方政府面对居民寻求救济的途径往往是直接调动行政资源进行压制，积极与上级沟通寻求上级支持，同时还注重营造有利于己的舆论氛围，从而使政府与居民之间的对立性比较明显，造成矛盾激化。这些问题的症结在于政府与居民之间缺乏一条顺畅的沟通渠道，行政解决纠纷的方式、方法都有待完善，公共权威在居民心里的认同感有待提升。

（四）诉讼解决纠纷成本过高，司法权威性不足

诉讼是现代社会最正式、最权威的一种解决纠纷的方式。随着当前城市基层社会的政治经济生活出现巨大变化，集体权威虚无化，人际关系松动，诉讼在解决矛盾纠纷中的介入越来越广泛，但由于诉讼是基于市民社会而设立的纠纷解决机制，其在基层社会的适用中出现了一些水土不服的状况。

通过诉讼解决纠纷就会有成本，如诉讼费、律师费、交通费和时间

成本等，而城镇中众多的矛盾纠纷诉讼标的非常小，如动物毁害庄稼等较小的经济纠纷，如果通过诉讼程序解决，纠纷当事人胜诉后可能还要赔本，加之诉讼结果的未知性，对法律领域的不了解，使居民往往对诉讼望而却步。此外，还有一些隐性成本存在，虽然诉讼使纠纷在法律层面上最终解决，但却容易割断亲情和友谊。最后，即使最终胜诉，判决结果能否执行也有一定风险，现实中的执行难导致司法权威性不足。

（五）各矛盾纠纷解决方式缺乏有效衔接，纠纷解决机制的立体性有待加强

从全面的角度审视上述各种矛盾纠纷的解决方式，尚缺乏一些有效的衔接机制。在实际生活中，各种纠纷解决方式往往各自为战，其协同作用发挥不够，缺乏有效的沟通和联系。如发生纠纷后，居民求助于人民调解组织，而很多基层调解组织功能发挥不到位，调解组织形同虚设，再加上有些人民调解员积极性不高，往往对矛盾纠纷一推了之，动辄建议矛盾双方打"110"或去法院诉讼解决。有些纠纷即使调解成功后，因为人民调解达成的结果没有强制执行力，又会进入调解程序，导致纠纷解决效率降低，各种解除纠纷的资源被浪费。因此，城镇现有的矛盾纠纷解决方式之间应注重协调性、立体性建设，形成一个多元化、多层次的内部协调统一的矛盾纠纷解决机制。①

各种矛盾纠纷解决方式除了自身机制的发展和完善之外，还要从全局出发，将各种诉讼和非诉讼纠纷解决方式形成一个多元化、多层次的内部协调统一的矛盾纠纷解决机制。在这个机制中，应当以和解、民间调解为基础，以诉讼为最终点，以其他多种方式如人民调解、行政调解与裁决、仲裁裁决与调解等方式为中间层次，将各种方式有机地结合起来，更好、更彻底地解决城市基层社会矛盾纠纷。

五　创新实践与建议

（一）创新实践

伴随着我国基层社会结构、社会组织形式、社会利益格局、社会思

---

① 参见周书霞《农村基层社会矛盾演化及矛盾纠纷解决机制研究》，《安徽农业科学》2012年第9期。

想观念发生的深刻变化，城市社会治理面临着一系列新课题、新挑战。如何推进城市社会管理模式转型与制度创新，S州C市提出了打造城乡一体化网格化服务管理的新模式。按照"借鉴外地经验、立足本地实际、开展先行先试、逐步整体推进"的原则，围绕"八大体系"（基本公共服务、重点人群管理、社会组织管理、社会矛盾化解、基层社会工作运行、信息综合支撑、社会领域党建、公共安全管理），实现"八有目标"（公共服务有提高、重点人群有监管、社会组织有管理、矛盾化解有创新、工作运行有规范、信息平台有支撑、党建工作有拓展、公共安全有保障），努力探索形成符合时代要求、富有地方特色的社会治理新体系。目前，该市按照"五建"（建网格、建网格员队伍、建网络化平台、建网格化信息系统、建运行机制）的要求，全市15个乡镇564个村已划分为2 480个网格，并按照一格一员的标准配备了2 480名网格员，负责收集、上报、采集基础信息。同时，全市按照"一岗多责、一专多能"的要求，从村主职干部、大学生村官、村医、计生专干中选配了564名村级网格信息管理员，主要负责信息录入、为村民代办各种服务等工作。全市15个乡、镇、街道办事处（开发区）已经全部接入专网并与市网格管理指挥中心对接。并以某镇Y村为农村试点，探索形成了"六三"工作思路，即实施"三大工程"（村民素质提高工程、村居环境改善工程、产业发展壮大工程）、建立"三防体系"（村民自防、十户联防、义务巡防）、开展"三项服务"（村干部轮流坐班服务、定期走访服务、保姆式代办服务）、建设"三级平台"（乡镇、村、组人民调解三级平台）、开展"三联活动"（与特殊人群重点联系、与留守人员经常联系、与外出人口定期联系）、落实"三包责任"（公务员包村、村干部包片、党员和组干部包户）。未来三年时间，该市将逐步构建起市、乡、村"三级一网"，和党建、行政审批、商务"三位一体"的网络综合服务体系，基本实现"农民办事不出村"。

（二）建议

推进城市基层社会治理模式转型的同时，还应着眼于机制的建立完善，努力实现制度在更高层面的系统整合。

第一，要建立和健全舆论导向机制，培育公民的社会责任感。深入基层，进村入户，学会群众语言，把法律政策讲清楚，引导社会各群体通过对话、协商、谈判来调节利益关系，最大限度地化解不稳定因素，增强社会各群体对社会秩序的认同感。

第二，要健全利益表达机制，有效维护人民群众合法权益。坚持以各种利益主体的表达权为基础，建立利益表达和协调机制，充分发挥人大、政协和社会团体的民意汇集功能和民情反映功能，强化基层党组织的民情汇集功能和民意表达功能，健全网上舆论引导机制，提高网络舆论的引导能力和网络问政的沟通水平，扩大公民政治参与途径，学会以民主的方法，按照民主的程序，来维护自己的权益。

第三，完善矛盾排查机制，掌控各种社会矛盾活动情况。健全社会矛盾预警机制，定期开展舆情收集和分析，推行重大决策、政策社会稳定风险评估；健全社会矛盾排查机制，落实矛盾纠纷排查登记台账、矛盾纠纷分类处置、预测排查，以及领导包案、跟踪督办、挂牌交办等相关制度，坚持经常性排查、集中排查和专项排查化解相结合，健全社会治安防控体系，着力构建专群结合、点线面结合、人防物防技防结合、打防管控结合、网上网下结合的立体化治安防控体系。

第四，构建多元化解机制，建立和推行大调解格局。依靠基层党政组织、村民组织、行业管理组织、自治组织，注重发挥各级人民调解组织的作用，筑牢维护社会稳定的"第一道防线"，人民调解、行政调解、司法调解、信访工作等四种职能各负其责、相互衔接、相互协作的"四位一体、整体联动"的社会矛盾纠纷大调解工作体系，综合运用法律、政策、经济、行政等手段，和教育、协商、疏导等方法，实现纠纷解决机制的多元化、合理化和制度化，加强应急管理体制建设，提高依法处置的能力和水平。

第四章

国内外城市社会安全治理的
比较分析

　　如何提高人类社会的防灾抗灾能力，保障人居环境的安全已成为全世界共同关心的问题。1987 年联合国召开的减少城市不安全性会议，1989 年举行的提高城市安全度会议，以及 1989 年和 1991 年举行的欧洲城市安全论坛、加拿大城市联合会和美国市长会议，都旨在寻找有效手段，确保市民人身安全和城市治安稳定。1994 年，联合国发展计划报告使人类安全受到世界性的广泛关注，其关注重点是平民和社区生活的安全。20 世纪 90 年代联合国决定于每年确定一个"国际减灾日"主题，旨在最大限度地调动各国公众的防灾自觉性，提高安全预防综合能力。1996 年"国际减灾日"的主题便是"城市化与灾害"。而 1998 年，世界人居日的主题为"更安全的城市"。2005 年 9 月国际减灾大会在北京召开，重在提高国家和社区的减灾能力。2006 年 6 月第三届世界城市论坛在加拿大温哥华举行，提出了安全城市的倡议。面对城市发展产生影响的各种力量和威胁给城市规划、城市政策和城市设计的有效应对能力提出了越来越大的挑战，传统城市安全理论的基石（个人安全、社区安全、服务和系统的安全）亟待发展。本章主要对国内外城市社会安全治理的实例与经验进行了比较分析，尽管关于安全城市的研究由于各国国情的差异，其关注点各不相同，但对于三峡流域城市社会安全治理工作仍有许多学习与借鉴之处。

第一节 国外城市社会安全治理比较分析

20 世纪 70 年代以来，世界范围内兴起了一场政府改革浪潮，尽管各国政府改革的战略和优先性不同，但都以改进公共服务方式为核心，并采取以引入市场机制和工商管理技术为特征的"管理主义"或"新公共管理"措施，追求提高政府公共服务效率。这场改革运动波及政府公共服务职能中的交通、能源、通信、铁路、城市垃圾处理、道路清扫、环境保护等广泛领域，城市公共安全服务也不例外。全世界各国各地方政府纷纷努力践行公共安全服务市场化、社会化改革措施，寻求政府、警察、企业、社区及居民的城市公共安全的共治之道。

一 美国城市社会安全治理

（一）美国社会安全治理的主要做法与特点

美国的公共安全管理制度一直被西方世界奉为楷模，虽然它的安全管理制度发展历史不是最悠久的，但却是相对比较完善成熟的。美国现行的公共安全管理机制主要包括四个方面：（1）国家安全危机管理，这是最重要、最核心的方面，它是以总统为核心，以国家安全委员会为决策中枢，国务院、国防部、司法部（及其下属的联邦调查局和移民局）等有关部委分工负责，中央情报局等跨部委独立机构负责协调，临时性危机决策特别小组发挥关键作用，国会负责监督的综合性、动态组织体系；（2）社会危机管理机制，负责美国国内治安、执法、劳工权利、民权、移民等方面的安全保障，它涉及美国劳工部、司法部及其所属的联邦调查局、移民与归化局及各州警察局、消防局等；（3）经济危机管理机制，它旨在解决经济生活中不断出现的问题和危机，财政部是美国管理经济危机的最初机构；（4）道德危机管理机制，它是美国政治生活中鲜为人知但作用重大的管理机制。20 世纪 70 年代美国出现道德危机后，开始在联邦及各州均设立了道德（伦理）管理机构，负责联邦及各州官员的廉政监督。在各城市，公共安全管理工作的主要做法如下：

1. 在组织体制上，建立了相对健全的专门管理机构

公共安全管理的组织是公共安全管理的权力发出机关和主要行动的组织实施者。管理机构在公共安全管理运行中起着至关重要的作用，好的管理机构在运行中更能起到事半功倍的作用。美国政府组织自上而下包括联邦政府、州政府、地方政府，各级政府都建立了专门管理公共安全的机构，各级管理机构分工明确、各司其职。联邦政府作为坚强后盾掌控全局，州政府和地方政府则具体负责公共安全管理事宜，负责直接灾区救助和恢复。由于公共安全问题的复杂性，单一的政府治理工具不足以解决某些公共安全问题，所以美国公共安全管理机构还通过多样化、混合化来弥补这些缺陷。除了政府组织外，美国的一些非政府组织也参与到公共安全管理中。由于非政府组织具有救灾迅速、直接救助、组织涉及范围广泛的优点，久而久之，也形成了在公共安全管理事务中固定的服务范畴，因而也就被政府纳入到了公共安全管理体系之中。

2. 适合的修订和完善法律支持系统

拥有健全的公共安全管理法律支持系统，是灾难危机得到最大程度预防的前提之一，也是危机灾难发生后使其得到迅速救助的基础和保障。完善的法律支持系统能使公共安全管理在预防、准备、应对、恢复过程中做到有法可依、有章可循。美国在危机管理领域的立法，是随着危机的多样性和对危机的认识不断加深而逐步发展和完善的，并使危机管理的过程不断规范化、合法化、正式化。从最早1934年美国国会颁布的《洪水控制法》（Flood Control Act）开启了公共安全管理立法的先例；到1968年的《全国洪水保险法》（National Flood Insurance Act）首次将保险机制引进救灾领域；再到1974年的《灾难救济法》，公共安全管理从应对和恢复拓展到减灾和准备过程；直到最后2002年的《国土安全法》得到通过，把针对恐怖主义的具体内容也纳入了法律程序。美国及时的救灾机制不仅得益于有效的管理机构，也得益于美国健全完善的法律框架。

3. 有比较充足的资源支持系统

为了预防和应对危机灾难，国家需要储备一定的能源、食品、药品、装备、水资源及日常用品，以备不时之需，保证灾难来临时能够充足供应。根据可能发生的危机的性质、特点、影响范围及可能造成的危害程

度提前做好应对准备，才能"有备无患"。美国国土安全部颁发的《国家应对预案》，对全国性的资源管理做了专门的资源管理规定。对资源的确认和分类、资源的需求、资源的来源、资源的后续跟踪和报告及资源的最后处置都做了详细的规定和计划。美国相对完善的公共安全管理也得益于各个过程中的资源支持。

4. 在思想观念上，建立了公众危机防范意识

社区居民是灾难危机发生的最前线应对者，由于公众对灾难本身的了解很少，不知道或不清楚如何预防、应对灾难和灾难中的自救，从而使之处在易受打击的风险之中，尤其是身处于灾难多发地带的居民，所以培育居民的灾难意识或公共意识是非常必要的。对居民公共灾难意识的培养，是要让公众认识到危险和灾难的存在，威胁对人们可能造成的影响，以及应该采取哪些方法及措施来减少这些风险。美国很早之前就注意到对于公民的灾难意识的培养。尤其在准备和灾难减除阶段，美国的公共信息管理就特意针对社区居民进行教育、告知、培育灾难应对与减除意识，帮助公众在灾难来临前做好充分的准备和应对。

5. 根据情况变化发展，不断实践新的公共安全管理方式

在"9·11"事件之前，美国公共安全管理对于打击恐怖主义的职责安排不够清晰明确，因此处理由恐怖主义引起的"9·11"事件是美国政府公共安全管理部门遇到过的最大的挑战。其中最关键的问题是处理恐怖主义危机需要跨部门之间的合作，而这种危机状态下合作的协调性需要建立在日常工作有效性的基础之上。于是，白宫指定具体负责人，这个负责人不是去试图承担或指挥所有部门日常工作的全权领导者，而是一个能够让所有涉及危机管理的部门能明确各自职责和问题的工作设计者。以加强对危机管理系统的整体协调，一旦发生重大的危机，负责人就可以有准备地协助总统迅速地应对和处理危机。为了保证这种管理工作的有效性，美国国土安全部采用了新的管理运作方式：首先，以法律的形式，规定执法机构的权威性，并增强机构履行职责的能力；其次，设计一个长期的、多部门参加的计划，明确分工、强化职能，提高部门的专业化能力；再次，根据工作计划，即对各种可能发生的危机在监测、预防、管理等方面的孰轻孰重，提出优先财政预算，把各种分散的管理，通过预算控制，纳入统一的计划中；最后，编写、发布各种处理危机的

指南性资料，如《紧急反应指南》《战备资源指南》《危机处理基本方法》等。

（二）美国五大湖流域城市社会安全治理分析——以密歇根州为例

2015 年 1—4 月本书作者之一朱静博士在美国密歇根州进行了为期三个月的走访调查，通过对底特律、安娜堡、兰辛、卡拉马祖等城市警察机构、应急管理机构、市政府及若干高校的参观访问，以及与相关管理人员和工作人员的座谈对话，对密歇根州在城市社会安全管理工作和实践中的理念与做法有了一定的认识和理解。本部分以美国密歇根州为例，从城市社会安全动态发展的视野，对美国五大湖流域城市社会安全治理变迁态势及实践发展进行初步的考察分析，以期为三峡流域城市社会安全问题的研究深化提供有益的借鉴和启示。

1. 社会安全事件的定义与类型

美国联邦和各州的法律文件和应急管理预案中都没有对"群体事件"的明确表述，也没有对"群体事件"的专门研究，在密歇根州 2014 年的应急预案中，将类似事件定义为"由人为因素引发的对城市公共安全秩序造成潜在的威胁或事实上损害的违法性群体行为"，并分为四种类型：示威游行和抗议活动；流氓主义等破坏性行为；公共骚乱；集体暴动。这四种类型在特点和表现上有许多相似之处，彼此之间并没有明显的界限，难以进行绝对性的划分，所以在实际工作中并不容易区分开来。应急预案中明确指出，划分类型的目的旨在通过对此类突发事件的具体描述，便于相关机构和组织进行更有效的管理和应对。具体如下：

（1）示威游行和抗议活动。此类事件通常带有强烈的目的性、情绪性，表现为一种有组织的集体诉求行为，主要包括政治性示威游行和利益冲突性的劳工纠纷。美国法律规定公民具有游行示威的自由权，许多游行和示威活动都是有序的、合法的、采取和平手段的，但有一些可能会引发威胁性的、冲突性的行为，甚至蓄意的，若采取恶性手段，则会造成社会混乱。比如破坏公私财产、干扰公共服务、影响其他公民合法行为、威胁恐吓或侵犯公民权、威胁并实施暴力行为等。只有后者因有违法行为发生才作为社会安全突发事件，列入应急管理预案。在密歇根州历史上发生过许多次工人罢工事件，涉及有故意破坏公共财产、设置路障封锁入口、阻碍警察维持秩序等行为。此类行为极容易加剧反对者们的不满情绪，使抗议活动冲突热化。

值得注意的是，不同的风险因素和不同的抗议形式决定了事件的起因和冲突的实质，包括参与游行的人群与组织化的程度等不同因素会使抗议示威活动具有不同的性质，因此在实践应对中需要区别对待。

（2）流氓主义所引发的动乱。相对而言，此类事件具有明显的无组织性的特点，表现为由大量人群聚集而激发的个人或群体性破坏行为。某些公共活动，比如体育赛事、庆典活动、大型音乐会等文化娱乐活动越来越公开化，除了参与活动以追求娱乐的普通公民，还吸引了一些试图利用这些场合以匿名的方式制造混乱，破坏公共秩序，进行非法的、暴力的、以极端方式进行破坏活动的个人和群体。在密歇根州许多城市，都发生过以大学生群体为主的，在大型体育赛事期间和结束以后的一些情绪化、破坏性活动。参与这些活动的大多是普通公民（其中也有不同程度的酗酒者），也包括罪犯和精神疾病患者（比如反社会人格障碍），在拥挤、嘈杂或者混乱的条件下，借机做出一些在正常场合下不适宜的行为举动，并以非法或者极端破坏性行为在事件中博取社会关注，这是此类事件的主要危害。并会造成大范围内的公私财产破坏、各种形式的侵犯或者骚扰行为，以及犯罪事件等等。

需要指出的是，由流氓主义引发的动乱事件通常会混杂在不同的抗议示威活动中发生，因此会使形势变得复杂，普通市民常常会无所适从。一些平时遵纪守法的公民也有可能在突发事件中做出非正常的举动，既包括在混乱中的正当防卫行为和对暴乱分子的对抗行为，也有可能是由于酗酒或者毒品影响失去控制而做出的意外行为。对于没有参与破坏活动的其余人群，要么是因为他们仍然希望能继续其社会、娱乐活动，或者继续合法地做生意，要么是因为他们有兴趣或者关心事态的发展而愿意作为旁观者或者证人参与其中。这其中大部分人会愿意在警察或者其他权威组织的指挥下有序地离开事件现场。因此，在突发事件的应对中，需要采取不同的措施以区别对待。

（3）公共骚乱。此类事件与游行示威活动非常相似，可能源于游行示威活动的动机，但缺乏相应的组织性。通常，合法、和平形式的抗议活动是指人们公开聚集在一起，并具有共享的价值观和信仰；骚乱活动则往往因群体缺乏足够的凝聚力，无法形成共同认可的规则以约束其行为；或者价值观和信仰无法达成一致，反而促使不满情绪蔓延，并导致暴力行为的发生。比如，一个社区内居民组织缺乏凝聚力，无法形成共享的规范和价值观，对于不满情绪的表达可能会以骚乱的形式发生，涉及袭击、恐吓和非法破坏活动。其中可能包括一些无辜的市民或者企业被当作替罪羊，成为他们表达不满的工具。此外，不满的情绪也可能成为其他类型事件的导火索，并进而发生流氓主义破坏行为，使一些人借机从混乱中实现个人目的。

需要强调的是，在这类事件应对中，执法的复杂性极强，要求分析动乱的性质，可能涉及人群的类型，如何接近现场以控制局面，做出预测或判断形势，以及影响可能减轻或加重的趋势，以做出不同的应对措施。

（4）集体暴动。表现为故意破坏政府及其权威机构，并试图取而代之，比如监狱的暴乱活动就是典型代表。此类事件与其他类型的区别在于参与的人群、目标的具体程度和涉及的组织，以及为实现目标所采取的形式等不同。集体暴动往往有具体的目标，如以新的权力组织取代现有权威机构，或者破坏现有的权力结构以建立独裁或霸权（通常只是暂时的），或者一小撮犯罪分子组织（黑帮）、种族以及其他网络群体等。涉及的范围通常较小，只在本区域内或者监狱网络或邪教组织（任何其他类似的极端组织，或具有集体利益的亚文化组织和可以用于快速沟通和采取集体行动的网络组织）。然而，大规模的集体暴动也有可能发生，涉及不同阶层的冲突、广泛的社会不平等、高度分裂的政治话题，或者其他破坏社会秩序的大规模事件，比如因文化或者宗教观念无法在社会中实现充分的共享而产生的冲突、动乱甚至战乱。在许多事件中，妥协、让步和人口迁移等处理方式可以暂时降低社会动乱和价值冲突的程度，但这些社会压力会随着时间的变化和积累，使冲突再次发生，并导致先前制度的崩溃。

许多抗议示威活动和各种形式的骚乱、暴动都源于对社会的不满情绪。在形成或出现明显的亚文化或反文化情况下，或当主流价值观崩溃，权威机构在关键问题上失去话语权时，爆发大规模骚乱和暴动的可能性就会大大增加（这些活动还可能会与恐怖活动存在重叠）。因此，需要加强对引致社会安全事件的风险因素进行分析，把握对社会不满情绪的引导和控制，从而降低社会安全事件对社会的消极影响和危害。

2. 城市社会安全问题的风险与危害分析

在美国国家历史过程中，暴力抗议、骚乱和集体暴动时有发生。早在18世纪60年代殖民地时期，印花税法骚乱、"波士顿倾茶事件"和美国国内战争本身都涉及大规模的骚乱和暴动。虽然这些事件发生在距今一百多年前，与现代城市发展中的社会安全问题无法相提并论。但与历史相比，现代大众媒体（电视、电台、互联网以及各种无线通信设备）即时传递信息的功能大大加剧了风险因素的传播，各种媒体报道可以实时将信息迅速传递至广泛群体，将正在发生的抗议活动、骚乱事件、混乱的形势或其他突发事件，传送到其他区域、利益团体和个人，使局面和形势更加难以控制，进而造成更为严重的后果。

（1）风险因素分析。从可能影响社会秩序的角度，社会安全问题的风险因素可以分成以下几种：

其一，市公共设备（设施）或机构。主要包括城市权威机构和公共场所，如：监狱、法院或其他公共服务部门；体育馆、展览馆等其他公共聚会场所。这些地方容易在短时间内吸引大量的人群聚集，从而威胁社会秩序，影响企业和居民正常的生产生活。通常情况下，要建立对这些风险较大的公共设施（设备）、公共场所，以及政府机构、公共部门的风险评估制度，比如通过对这些设备（设施）及场所历史信息的审查，可以计算并预测所面临的风险量的大小，找出可能导致集体行为失控的特殊条件。

其二，正在发展和形成中的冲突和矛盾。这是指在周边区域以及其地区正在形成和发展中，或者已经导致一次或多次动乱的政治、经济、社会争端和冲突因素，如贫困、社会不平等、种族（民族）矛盾、腐败以及明显的违法犯罪活动等。这些持续不断的冲突和挑战，通常表现为情绪化的行为，有可能会爆发成更广泛、公然的冲突，造成社会局势的动荡。对这些风险因素分析的重要之处是，正是这些矛盾和问题的存在（而不是特定的民族或人口结构），将最终导致大范围内的动乱。需要注意的是，分析时要根据区域内居民的特点，从而有助于制定更有效的应对策略。

其三，正常的生产经营活动。有时候，抗议示威活动会以有组织的方式破坏一项或多项生产经营活动的正常运行，并刻意选择在商业经营场所或交通要道附近，以造成更大影响。如一些政治事件和劳资纠纷造成的罢工活动，示威者可能会选择特定设施或企业，或在特定区域的位置，进行串联式的抗议活动。通常情况下，这类风险因素包括环境影响或人身伤害，或涉及的社会影响以及与区域相关的道德标准等。但在其他情况下，寻求最拥挤和不方便的位置，以便最大限度地受到关注是这类风险的典型特征。

（2）危害分析。从危害可能产生并影响的对象角度，社会安全事件的危害可以分为以下几类：

其一，对公众的危害。社会安全事件的危害包括居民的伤亡、商业和公共服务的中断、社会公共秩序的破坏（通常是短期性的）以及社会声誉的损失（可能是长期性的）。其中：对于公众来说，打砸、抢劫、纵火等行为会导致企业正常生产经营临时性或者永久性的中断；恐怖行为（及其相关的安全成本）则会阻碍外地访问者、购物者和游客的出行意愿，并进一步导致该地区在经济上的负面影响（包括相关房地产及资产价值的下降）。除了可以预计的直接财产损失所造成的不便，对于该地区的居民和企业还会产生更进一步的问题，使进入该地区的服务受阻，居民个人的财产安全失去保障。

其二，公众对政府的信任危机。社会安全事件中的不满情绪很容易被影射、延伸为对地方政府的不满。实际上，有些不满情绪确实源于政府的一些公共政策所涉及的环境、住房、土地使用、财产分配、税收、征兵、外交事务、劳工问题、基础设施的提供、公民权利及其他问题。虽然政府往往是为了解决公众关注的这些问题，并确保某些特定的价值（如公民权利）会通过司法活动获得整个辖区公众的尊重和支持。但大范围的骚乱或示威游行活动会破坏政府政策的有效性，并削弱公众对政府的信心。

其三，对危机应对者的影响。在一些社会安全事件中，许多公民并不真正理解抗议示威者和警察们在事件中的动机、权利以及责任的实质，而简单理解为是权威机构对公民活动的镇压，从而将沮丧和愤怒情绪转移至警察及参与危机应对的人和组织。因此，很多情况下，在突发事件应对中，警察和其他工作人员往往会面临来自市民的敌意，响应措施、医疗救治、沟通与报道、交通运输都会受到影响，响应和应对活动因而受到阻碍。对这些应对者来说，其心理可能受到的影响会来自对自身角色认识的冲突和对参与骚乱的人们的性质的不同认知（与"普通犯罪"相比有一定的差异）。

其四，对环境的危害。由劳资纠纷（或其他劳资关系问题）引发的社会安全事件可能涉及对生产设备设施的破坏，从而导致有害物质或其他损害区域生态系统物质的释放。可能包括故意放火或火灾引发毒素泄漏，特别是当生物化学物质被用作燃料时。对公共财产的破坏行为也可能有意或无意间涉及那些包括含有有害物质的地方。混乱中，人群可能会破坏或阻止必要的维护活动的开展和进行，从而在不经意间造成由基础设施故障所引发的环境问题。

事实上，不存在一个具体的"公式"可以帮助我们分析不同的风险因素和危害，但是回顾历史，通过对已经发生的社会冲突和政治争议事件进行分析则是有帮助的。通过对事件中涉及的人群控制、破坏基础设施、纵火及火灾、商业服务中断和关门歇业、受伤人数、交通分流措施、经济损失等各项数据的分析，以及事件发生的频率（一定时间内发生的次数）进行估算，可以帮助预计每年此类事件应对的成本支出。一些环境和条件类似的城市，即使从未发生过类似事件，也可以借鉴这种方式进行分析。特别是正在发展中的城市或者新开发的社区尤其如此，先进的设施、迅速扩张的区域面积、社会和经济的显著变化，都会成为导火索，使动乱的风险大大增加。

3. 对密歇根州社会安全事件的历史考察

（1）密歇根州社会安全事件发展的历史回顾。密歇根州是一个人口稠密、政治活跃、城市化程度较高，并有着悠久的历史的全国知名的工业城市（1837 年建州）。在一百多年的历史发展中，密歇根州经历了许多不同规模的社会安全事件，包括劳资纠纷、抗议和政治示威、社会动乱、流氓和反文化运动、公共骚乱和监狱暴动等。其中，监狱暴动型的安全事件主要集中在现代监狱系统建立之后的 1952 年到 1981 年期间。流氓主义引发的动乱事件则是在城市化以后出现的一个相对较新的社会现象，典型标志是州人口的大量增加、大众媒体的出现，以及整个国家的现代化自动导向交通网络的兴起（州际公路系统于 20 世纪 50 年代后期开始形成），见表 4 - 1。

表 4 - 1　　　　　　　　密歇根州历史上重大社会安全事件回顾

类型一：示威游行活动	
时间和地点	事 件 及 经 过
19 世纪初期， 全州范围内	美国原住民对强迫割让土地的对抗活动（最早发生在 1795 年）在萧尼族印第安人酋长 Tecumseh 的带领下组织发动了军事冲突。著名的 Tippecanoe 战役于 1811 年 11 月 7 日发生在印第安纳州，双方死亡数十人，受伤上百人。在英殖民者的蛊惑下，不同种族的印第安人之间发生了冲突并导致了 1812 年的战争爆发。在部落之间的冲突中，无数密歇根州的百姓被杀死，各部落的损失也极其惨重，并直接导致了不同程度的迁徙运动，如 19 世纪 30 年代 Potawatomi 族的西迁。密歇根境内的最后一次土地割让发生在 1842 年
1874—1879 年， 1883—1885 年， 1893—1897 年， 经济衰退，工人动荡	美国现代最早的工业衰退时期，由于劳动力市场供过于求，人们采取侵犯和非法的手段争抢工作机会，并进一步形成了有组织的、大规模的暴力和破坏活动，一些劳工组织在这期间相继成立。当时，法律和警察更多是保护工厂主，雇主们不仅歧视员工，不提供安全的工作条件，还使用剥削和武力的手段控制工人，于是，工人们不得不转向秘密和非法的手段以维护自身权利，争取安全可靠的工作环境和待遇。在不断的社会冲突、不平等、绝望和迫不得已的情况下，有组织犯罪开始发展，并成为在政治、经济和社会发展中无法摆脱的一部分。工人被恐吓要求放弃工作的事件这一时期在密歇根州范围内广泛出现，且不仅限于城市。虽然这些事件通常表现为小型或中等规模，但无论是进攻和防守方均采用暴力，并伴有大规模的种族歧视和社会冲突发生。例如，1893 年 8 月 25 日，一群失业男子与工人和卡车司机搭讪，引发肢体冲突，并导致了逮捕和伤害。在接下来的一个月，在波兰工人召开的会议中，劳动倡导者 Walter Kwiecinski 听说城市公共建设工程的工作机会首先分给意大利和加拿大的工人，于是自己组织了 800 名失业的波兰居民开始了示威游行

类型一：示威游行活动	
时间和地点	事 件 及 经 过
1891 年 4 月 23 日，底特律	在持续四天的罢工当中，示威游行的队伍与市铁路公司组织的破坏罢工的人群发生了暴力冲突，并点燃了街上的许多电车（此事件同时也被报道为是由于对电车公司的不满情绪所导致）
1894 年 4 月 18 日，底特律	在 19 世纪 90 年代经济大萧条时期，在城市东边的边界地区，城市给水管道挖掘项目的 300 名工人因市供水局所设定的工资补偿条件（估计只有约 1/3 的工人符合条件）发起了反抗活动，要求提高工资待遇。在当天和接下来的两天里，工人们占领了施工现场，防止任何人进入。第三天，当地韦恩县警长办公室派人抵达现场与工人谈判时，却惹恼了工人。一名工头被袭击，现场迅速发展成暴力混乱的局面，随后还发生了武装攻击。暴徒们用镐和铁锹围攻武装执法官和项目的工头们。尽管暴力事件只持续了几分钟（工头和执法人员被殴打），有大约 20 人重伤，3 人枪伤死亡。在当暴力事件结束时，21 人被逮捕。4 月 22 日，数千名不同种族的工人们齐聚一堂，举行群众集会，要求改变政策
1911 年春天，大急流城	1911 年 4 月 19 日，大急流城中来自 50 家家具厂的 6 000 多名工人举行了抗议活动，要求改善工资和工作条件。这些工厂的大多数工人被要求一周工作 6 天，每班工作 10 小时，每天工资却不到 2 美元。5 月 15 日，当一个家具厂试图组织人员驾车通过 1 200 名罢工工人及支持者们所聚集的大厦以破坏罢工时，工人们愤怒和紧张情绪开始爆发。晚上，工人们涌上街头，用石块投掷工厂的车队。在随后的混乱中，有消防队员和警察受伤。警方向空中鸣枪回击，并用警棍击退暴徒。冲突吸引了更多的市民加入其中，帮助罢工工人，人数一度超过 2 000 人。消防员们不得不动用水管，并派出更多的警察来营救被困的人员和车辆。当混乱在午夜结束时，工厂的所有窗户都被砸坏。混乱造成了受伤和逮捕，但没有人在该事件中死亡。这次骚乱，成为密歇根历史上由非工会组织的抗议示威活动中最大的暴力冲突事件之一

类型一：示威游行活动	
时间和地点	事 件 及 经 过
1913 年 7 月至 1914 年，上岛区	上岛区的铜矿工人举行罢工，罢工工人及工会成员与执法人员发生了冲突，混乱中造成的破坏、谋杀、威胁和恐吓、骚扰和暴力活动持续了数月。这场冲突几乎蔓延了整个铜矿开采区，导致该地区几乎所有的煤矿关闭，近 15 000 名工人停工。冲突初始于 7 月，从阻止非罢工的矿工上班发展成为骚乱和暴力冲突事件。直到 8 月，一些矿山试图重新开工，事件才逐渐得以平静下来。其中，参与阻止罢工的人群（多为新移民）被恐吓远离矿山，数人在枪战中死亡。法院开始重新审视反对工人罢工的法律。10 月，几个较大的矿山重新开工，许多曾参与罢工的工人搬出该地区。12 月，在 Calumet 一场由工会组织的圣诞晚会中发生踩踏。当时有人大喊"着火了"，人群纷纷涌向出口，因出口大门设计为向内打开，一时间大门无法打开。人群拥挤在出口处，发生严重踩踏，超过 70 人死亡，其中大部分是儿童。人们在关于受害人家属是否应该接受赔偿问题上发生分歧，当地工会总部被冲击，其领导人也被威胁施以私刑。到 1914 年年初，当地工会宣布放弃罢工
1919 年 8 月 5 日，马斯基根市	1919 年 8 月 5 日，马斯基根市的居民因电车公司试图提高街车票价（从 6 美分至 7 美分），超过 30 名手无寸铁的居民聚集在靠近市政府的街道上举行抗议。一些工厂的工人和电车的工作人员之间发生了争执，随之，近 1 000 名暴徒开始在全市范围内横冲直撞。他们阻挠街车的通行，将街车推下轨道，砸破车窗和车灯。8 月 6 日黎明，电车公司的汽车仓库被摧毁，13 个街道的汽车也被毁坏。警方鸣枪示警进一步激怒了暴徒，警察们受到攻击，不得不夺路而逃。从当天下午 6 点一直到第二天凌晨 4 点，警方都无法组织有效的警力控制形势，并逮捕参与冲突的暴徒。市民们呼吁消防部门协助镇压暴动，但遭到拒绝。这一事件使电车公司损失惨重，财产损失估计在 10 万 - 12 万元（约合现在的 150 万元）。该城市的电车服务被迫中断长达两周的时间。因事件中消防或警察部门未能抑制骚乱，并驱散人群，事后，市长和议会共同接受了调查，市长和市议员被发现故意忽视其义务，被判渎职罪

类型一：示威游行活动	
时间和地点	事　件　及　经　过
1930 年 3 月 6 日，全国性示威游行活动	由于受到经济大萧条的全面影响，不满情绪发展成为有组织的、全国性的一系列集会活动，并包括一些共产主义小组的参与。在底特律，数以万计居民参加了游行活动，当遇到警方的抵制和驱散时，人群中发生了数起暴力活动
1932 年 3 月，迪尔伯恩市	参与"饥饿运动"的 10 000 名示威者（其中大部分是下岗失业汽车工人）与警方发生了冲突，4 名游行者死亡，数十人受伤。在底特律市，运动以和平的方式进行，但当运动行进到迪尔伯恩市时，人群与警方发生了冲突，人们将石头和泥块投向警察，警方以催泪弹反击，数十人被捕
1936—1937 年，福林特、底特律、迪尔伯恩市及其他城市	劳资矛盾是这些年间肆虐汽车行业的主要矛盾。1936 年 12 月 30 日，"静坐"运动首先发生在福林特市，工人们占领了工厂，要求改善工资和工作条件。在当时，法律倾向工厂主，认同他们使用武力来保护自己财产的做法，而忽视了工会和工人组织要求合理工作条件的权利。在执法人员的普遍支持下，许多工厂派出自己的打手和保安人员，挥舞棍棒和其他武器对付罢工工人。1937 年 1 月 11 日，福林特警方使用了催泪瓦斯和消防水龙头，随后升级为枪械冲突，导致双方数十人受伤。5 月 26 日，迪尔伯恩市一名工会代表遭到公司保安人员的恶意袭击。同时，附近的居民也受到攻击、殴打和驱赶，包括街上散发传单的妇女。许多人因伤情严重，而不得不住院治疗。其中，新闻记者也受到骚扰，现场拍摄的照片使之成为世界著名的"立交桥战役"。 　　注：涉及工会组织的各种问题通过不满、冲突，以及法律和政治行动等方式，历经几十年才形成现代工业劳动关系形式。虽然这些问题在 20 世纪后半期变得更加稳定，但一些方面目前仍存在发展变数
1948 年，底特律	芬克尔·林伍德区（昆西和贝利斯街道）的白人居民举行抗议活动，打击居住在该地区的非洲裔居民。虽然此次事件本身并不属于严格意义上的游行示威，但在该地区存在的其他问题引发了两年后的一场严重骚乱（见发生在 1950 年 2 月的公共骚乱事件）

续表 4 - 1 - 4

类型一：示威游行活动	
时　间　和　地　点	事　件　及　经　过
1964—1972 年，在州范围内广泛发生的反战游行	1964 年，加州大学伯克利分校学生组织了反战示威游行，在 20 世纪 60 年代末到 70 年代初，这场运动蔓延到全国各地几乎所有主要的大学校园（包括密歇根州一些高校）。其中，一些抗议示威活动规模很大，涉及暴力和骚乱，警方不得不增加警力严加防范。在密歇根州，主要的示威游行活动发生在兰辛市东区、安娜堡市和其他大学社区。1972 年 5 月，兰辛东区数千名抗议学生封锁了长江大道，抗议美国在越南战争中的活动。最终，密歇根州警察和地方执法当局结束了封锁
20 世纪 60—70 年代，底特律、福林特和兰辛市	20 世纪 60 年代和 70 年代初，美国汽车工人联合会和总部设在该州的主要汽车制造公司（通用、福特、克莱斯勒和美国汽车公司）之间的罢工事件，发生工人与警方之间的冲突。这些罢工主要发生在底特律、福林特和兰辛地区
1995 年 7 月到 1997 年间，底特律市区	发生在 1995 年 7 月到 1997 年间的底特律报业罢工事件，是距今最近的一次严重的劳资纠纷事件（劳动争议正式结束是在 2000 年 12 月，直到参与罢工的工会批准了新合同，持续了 5 年半的罢工才算正式结束）。这次罢工的特点是零星的暴力事件，和涉及底特律的两家日报大约 2 500 名工人。这次罢工对社会的负面影响表现在许多方面，政府动用了大量的执法资源以监督与罢工有关的活动，并维持秩序。其中，最显著的一次活动发生在 1997 年 6 月 20 日至 21 日，为支持罢工举行的全国工会群众游行吸引了超过 10 万人到底特律
类型二：流氓主义引发的动乱	
20 世纪 70 年代到 90 年代期间，底特律	在这几十年里，万圣节前一夜的火警数量的增长远远超出了同年其他的时间段，严重挑战着消防人员应对的能力。虽然纵火不算纯粹的流氓主义行径，但"万圣之夜"火灾现象吸引了流氓团伙的注意，加剧了这一问题的复杂性，使其变得难以处理。虽然"万圣之夜"多是一些青春期孩子们的恶作剧（严重的情况下，也有破坏和违法犯罪行为），但这些纵火事件中也有许多是由故意犯罪行为造成的。这些问题可以通过社区伙伴关系、志愿者行动（天使之夜）、更多的预防工作和执法活动相结合加以缓解

类型二：流氓主义引发的动乱	
时间和地点	事 件 及 经 过
1984 年 10 月，底特律	底特律职业运动队的成功有时会不幸被暴力和骚乱等一些引发全国关注的混乱事件所毁损。1984 年，底特律老虎队赢得了世界系列赛，随后的庆祝活动引发了球迷的疯狂行为，街上的汽车被掀翻和烧毁，附近的居民和企业受损。被全国媒体广泛报道
1990 年 6 月，底特律	在底特律活塞队赢得第二个 NBA 总冠军胜利之后的"庆典"活动中 8 人死亡、多人受伤。经过全国媒体的广泛报道，使底特律的形象被破坏。遗憾的是，近几年来，类似的场景也发生在其他主要城市，在他们的专业运动队赢得了总冠军之后
20 世纪 80 年代初期到 90 年代期间，兰辛市东区，芒特·普林森市	20 世纪 80 年代末，兰辛市东区一年一度的街头派对活动引发了数次大型学生团体和警察之间的冲突。冲突中涉及伤害和财产损失，及警方使用催泪瓦斯试图驱散粗暴和敌对的人群 　　20 世纪 80 年代和 90 年代初在芒特·普林森市的密歇根中央大学也发生过一系列类似的活动引发暴动事件，由此产生的冲突往往涉及数百名学生和警察
1997 年 9 月，兰辛市东区	1997 年 9 月 6 日，为庆祝密歇根州立大学的足球胜利，500 多名狂欢者聚集兰辛东区冈森街并点燃篝火，毁坏树木和路灯，向前来维持秩序的警察投掷酒瓶
1998 年 5 月，兰辛市东区	1998 年 5 月 1 日，1 名学生抗议密歇根州对足球比赛后校园派对中禁止酒精的决定，演变成一场骚乱，涉及超过 3 000 人。兰辛市长江大道交通被封锁，人群向警察投掷石块和瓶子，警察被迫使用催泪瓦斯驱散人群
1999 年 3 月，兰辛市东区	损失最大、最严重的一次动乱事件发生在 1999 年 3 月 27 日，密歇根州立大学在 NCAA 四强篮球赛失败。混乱持续了几个小时，警方最终用催泪瓦斯驱散了人群。财产损失总计超过 25 万美元，超过 130 人被逮捕，近 120 人被定罪，被责令服务、坐牢及支付罚款，几名学生被开除。警方跟进调查发现，有些事件是有预谋的，旨在肆意破坏公共和私人财产。此类型的骚乱在接下来几年的篮球赛季中不断发生，并导致数千及更多的赔偿金，更多人被捕

类型二：流氓主义引发的动乱	
时间和地点	事 件 及 经 过
2001 年 9 月 9 日，卡拉马祖市	2001 年 9 月 9 日清晨，一场约 2 500 人的骚乱爆发在靠近西密歇根大学和卡拉马祖学院校园的一个街区。人群向警方投掷瓶子和石块，并拆除路牌、打破窗户和纵火。3 辆警车被严重损坏，2 名警察在混战中受伤。21 人被捕，许多人被控重罪，有近 50 人接受未成年人饮酒等轻罪罚单
2002 年 3 月 17 日，卡拉马祖市	2002 年 3 月 17 日晚上，西密歇根大学附近，一群学生为庆祝春假点燃篝火，并随后与警察发生冲突。冲突中，1 辆汽车被点着，附近停放的几辆汽车被损坏。暴徒爬上电线杆，扯下交通标志，并在几个垃圾箱中放火。3 人被控非法集会和 1 人被指控侵犯他人财物罪
2006 年 10 月，萨吉诺市	2006 年 10 月，萨吉诺市万圣节前后两天内发生 42 起火灾报道。社区采取了快速有效的应对方案，大大减轻了火灾损失。随后几年万圣节期间，火灾数量减少到 10 起（或更少）
2013 年 12 月 8 日，兰辛市东区	2013 年 12 月 8 日的晚上，为庆祝密歇根州立大学足球的胜利，2 000—3 000 人聚集在柏树村公寓附近。共发生 57 起纵火，包括用旧的沙发、家具、树木、灌木、床垫、自行车，以及其他物品。在该事件中，警方没有使用催泪瓦斯驱散人群，但逮捕了 15 人，大多人群和平散去。但在城市其他区域，出现人群向警察投掷石块、啤酒易拉罐、玻璃瓶、马蹄铁和许多其他物品等情况
类型三：公共骚乱	
1863 年 3 月 6 日，底特律	因为两个女孩受害的不实报道，引发了白人暴徒对底特律黑人社区的袭击，此次事件被称为"福克纳暴动"。事件导致大范围的财产损失，约 200 人无家可归，2 人死亡，至少 20 人受伤

类型三：公共骚乱	
时间和地点	事 件 及 经 过
1885 年至 1887 年期间，底特律	种族冲突在美国各州各城市都普遍存在。在 1880 年和 1890 年间，底特律的外籍人口约占 40%，约 3/4 的居民为混血或外籍。1885 年 12 月 1 日，在波兰人聚集的街区，一群人抗议教堂将牧师更换为德国人，同警察发生了冲突。第二天，人群增至 1 000 人，并包围了德国籍新牧师的家，占领了其所在的黑斯廷斯街。在接下来的几个星期，各种人群聚集，并在 12 月 24—25 日前后发起了不同派别之间的对峙和游行示威活动，混乱中发生枪战，打死 1 人，数人受伤，警察逮捕 3 人。随后的几个月和整个 1886 年，小规模的骚乱不断爆发。1887 年 3 月 20 日，3 000 多人重新聚集，再次引发捍卫者和反对者之间的冲突，一名女孩被警察枪击受伤，几名警察受重伤。直到 1889 年，德国牧师被迫辞职，新任爱尔兰牧师上任，各种各样的纷争才逐渐平息，但大量的警报和误解已经传遍城市，导致波兰居民和其他种族隔离问题定型
1914 年至 1918 年一战期间，底特律	随着第一次世界大战开始和进展（美国于 1917 年卷入战争），种族敌对矛盾不断发生。涉及德国人以及敌对轴心国的人对美国忠诚度的质疑。各种压力和敌对行为导致大范围家庭和企业的破坏
1942 年 2 月 28 日，底特律	因白人居民抗议 200 名非裔美国工人进入一个在城市东北部新的住房项目而发生骚乱。愤怒的居民们建起了一条警戒线阻止工人进入，当 1 名居民试图越过警戒线时冲突升级，40 余人受伤，220 人被捕
1943 年 6 月 20—21 日，底特律	一系列小规模的种族冲突升级为一场大规模骚乱，约 10 万人集结在底特律市中心附近（不是所有的人都参与了暴力行为）。骚乱很快使城市及州警察不堪重负，在州长哈里·凯利的要求下，联邦军队及装甲车等加入其中，以帮助恢复秩序。36 小时后，骚乱终于平息。骚乱造成 34 人死亡，超过 700 人受伤，超过 1 800 人被逮捕
1950 年 2 月，底特律	在芬克尔·林伍德区（普林斯顿街）发生的骚乱中，白人抗议者用石头投掷房屋，并捣毁属于一个新的非洲裔居民的车。随后一个由 150 名居民组成的反对者集会中，居民们表达了对种族冲突的恐惧、偏执情绪，抗议改变城市居住模式和政策

续表 4 - 1 - 8

类型三：公共骚乱	
时间和地点	事 件 及 经 过
1966 年 8 月 30 日至 9 月 5 日，本顿市	一起种族冲突枪击事件随后引发街头暴力，愤怒的人群向汽车投掷石块。在州长乔治·罗姆尼的命令下，国民警卫队参与平息骚乱，枪手被逮捕，数日后，事情终于平息
1967 年 7 月 23—29 日，底特律	1967 年 7 月 23 日至 29 日，一起美国最臭名昭著的骚乱发生在底特律，这次骚乱，造成了 20 世纪 60 年代最大的人员伤亡和最大的财产损失。事件中，抢劫、纵火和枪击达到美国城市在 20 世纪前所未有的规模。暴力事件爆发时，警方突击搜查非法下班后喝酒俱乐部（"盲猪"），抓获无数食客和酒保。此后，聚集的人群开始哄抢附近的商店。在 1 个小时内，抢劫已蔓延到 16 个街区，有许多商店被掠夺和放火。警方估计，超过 5 000 人参与了骚乱，从事发地点迅速席卷至附近 9—10 千米区域。超过 150 起火灾吞噬了 15 个区域，火势强烈到无法控制，消防队员被迫退出火场。为应对骚乱，当时的州长罗姆尼宣布整个城市进入公共紧急状态，发动了近 8 000 人的国民警卫队和数百名密歇根立警察部队，以协助恢复秩序，并要求补充联邦军事援助。近 5 000 名陆军伞兵被派往底特律，协助国民警卫队和州立警察部队。骚乱造成超过 7 000 人被逮捕，43 人死亡，超过 1 000 人受伤，5 000 人无家可归。由于大火和抢劫，共计超过 5 000 万美元的损失。1967 年底特律暴动是 20 世纪 60 年代中期在美国多个城市发生的一系列骚乱的一部分。仅 1967 年在美国的城市和城镇，就发生 160 起骚乱，许多社区少于 25 000 人口。除底特律骚乱外，20 世纪 60 年代中期发生的其他骚乱都引起了大多数州的重视。1967 年 8 月，发生在洛杉矶（导致 34 人死亡，1 000 人受伤，600 栋建筑物损坏，4 000 人被捕和 3 500 万美元的损失）；1967 年 7 月，美国新泽西州纽瓦克骚乱，造成 26 人死亡，1 500受伤，1 400 人被捕。300 多起大火，财产损失估计超过 1 500 万美元。1968 年骚乱继续在各地发生，继马丁·路德·金遇刺，在超过 130 个城市发生各种小规模骚乱，造成 46 人死亡，7 000 受伤，2 万多人被捕和近 1 亿美元的损失（大多来自 2 600 余起纵火案）。80 000 部队士兵被用来平息这些事件

类型三：公共骚乱	
时间和地点	事件及经过
1975年7月，底特律	因1名黑人青年被1家酒吧的白人老板枪杀，随后发生骚乱。数百人群聚集在酒吧附近进行破坏活动，造成财产损失数以万计。1名摩托车手试图驾车穿过该地区时，被人群从车上拖下来进行殴打，因受伤严重3天后死亡。当时的市长科尔曼·杨是刚刚当选的新市长，他亲自指挥数百名执法人员用两天时间平息了骚乱。该酒吧的老板被指控二级谋杀，酒吧被毁，大约100人被逮捕
2003年6月16—17日，本顿市	2003年6月16—17日，1名摩托车手在警察追赶途中撞上1座废弃的建筑死亡后，一场骚乱在本顿市爆发。接连两晚的暴力骚乱引来了数百名警力到该地区维持治安。暴徒们在街区间游走进行破坏，纵火，攻击路人、警察和消防员。1人受枪伤，大约15人被殴打和刺伤。据估计，大约有23家居民住房被破坏或烧毁，共有10人被捕
类型四：集体暴乱	
19世纪早期，全州范围内美国原住民的斗争	美国原住民对强迫割让土地的对抗活动（最早发生在1795年）在萧尼族印第安人酋长 Tecumseh 的带领下组织发动了军事冲突。著名的蒂珀卡努（Tippecanoe）战役于1811年11月7日发生在印第安那州，双方死亡数十人，受伤上百人。在英殖民者的蛊惑下，不同种族的印第安人之间发生了冲突并导致了1812年的战争爆发。在部落之间的冲突中，无数密歇根州的百姓被杀死，各部落的损失也极其惨重，并直接导致了不同程度的迁徙运动，如19世纪30年代 Potawatomi 族的西迁。密歇根境内的最后一次土地割让发生在1842年
1952年，杰克森镇	尽管暴力事实存在于密歇根州的监狱中，但大规模的、伤亡惨重的监狱暴动还是比较少见的。不过在过去的50年里，发生过两起重大人员伤亡和财产损失的监狱暴动事件。第一次事件发生在1952年4月20日至24日，地点在杰克逊市的密歇根州南方监狱。1名在押犯人死亡，重伤9人，十几名警卫被挟持。最终，所有警卫被释放，但都曾遭到殴打并受伤。据官方估计，6500名在押犯人中有大约1/2参与了骚乱。许多监狱建筑被严重损坏甚至被夷为平地。事后，官方估计损失

续表 4 - 1 - 10

类型四：集体暴乱	
时间和地点	事 件 及 经 过
1952 年，杰克森镇	高达 250 万美元。此次事件成为美国在 1952 年和 1953 年发生的 30 起监狱暴动中最严重的监狱暴动之一。在暴动中，密歇根州警方给予了重要帮助，成为遏制和最终控制骚乱的关键力量。4 个月后的劳动节，密歇根州警察和士兵最终撤离监狱。一段时间之后，一个新的防暴部门成立，专门处理此类事件
1981 年，杰克逊市，马奎特市和爱奥尼亚镇	第二起监狱暴动发生在 1981 年阵亡将士纪念日的周末期间，地点在杰克逊市南密歇根州立监狱，马奎特市的马凯特监狱和爱奥尼亚镇的密歇根少管所。5 月 22 日，暴动起初发生在杰克逊市和爱奥尼亚镇监狱，5 月 26 日再次发生在杰克逊市和马奎特市。3 处监狱所有的设施和建筑物遭到破坏，南密歇根州立监狱的损失程度最为严重。5 月 22 日的骚乱造成 67 名囚犯和 27 名工作人员受伤，许多需要住院治疗。5 月 26 日的骚乱造成 44 名工作人员以及 42 名囚犯受伤，所幸无死亡发生。3 处监狱设施的损伤总额为 500 万美元，以及发生的相关的骚乱成本 410 万美元
1995 年 8 月 13 日，莱纳维县	在格斯·哈里森惩教所，囚犯们抢占了 3 处看守房间。几名管教人员和几名囚犯被殴打同时遭到暴徒殴打。在整个事件过程中无死亡发生。在密歇根州警察局、莱纳维县警察局和艾德里安市警察局共同协助下平息了事件

资料来源：密歇根州警察局官方网站 http://www.michigan.gov/msp/。

　　在整个密歇根州，种族歧视和民族偏见等问题在不同的时间和地点反复出现，有时会受到其他地方或州重大事件影响而进一步恶化（最新的例证即"弗格森事件"）。例如，在第一次世界大战期间受反德情绪影响而频繁发生的冲突事件。有些民族和种族对立被制度化并在法律、合同或其他非正式协议下而强制执行。这方面的一个突出的例子即"限制性条款"，限制将房屋等资产出售给指定的少数群体。1948 年

"雪莱对克莱默"案例中，此举经法院判决为违反宪法，但类似事实造成的居民压力和种族隔离的模式仍然是显而易见的，历经几十年也难以改变。

（2）经验与启示。在数百年的城市发展过程中，美国密歇根州各城市警方通过不断总结在不同类型突发事件应对工作中的经验与教训，梳理概括出了一些比较先进的应急管理理念与做法，如环境干预理念。表现在三个方面：其一，通过重新设计、加强管理、整合和降低贫困社区及重点地区人口和居住密度，将有助于减少破坏、犯罪和某些类型的骚乱事件。即环境设计预防犯罪（CPTED）规划理念，即强调预防和准备。有效的减灾措施不只是及时的响应，更重要的工作是对风险的防范与控制。其二，开发高风险地区住房和财产险种，保障居住在高风险区域居民的财产安全；同时，开展风险应对措施和手段知识的教育普及，让普通市民对风险有基本的认知。其三，在学校、工厂、写字楼、商场、医院、文化体育场馆、娱乐休闲区等人群相对容易集中的公共场所增加紧急情况和安全需求的设计要求。

此外，密歇根州政府特别重视应急预案在危机应对中的地位与作用。强调州应急预案一定要与各城市减灾规划紧密结合。由于减灾行动的方式与手段大多需要通过当地的权威机构与组织力量得以实现，所以州层面的规划要与地方一级的举措相协调。有两种形式：其一，由州政府向地方政府提供指导、支持和激励措施，以促进当地的发展计划；其二，地方的减灾计划需列为州发展计划和减灾工作的重点。

通过对密歇根州历史事件的回顾，关于城市社会安全事件的应对与处理，有许多值得我们学习和借鉴的地方。如：

（1）社会安全事件往往难以仅凭当地政府之力来处理。政府必须动员和组织全社会的力量，既包括单个的居民与消费者，也包括各种形式的公共与私人组织，以保障公民的人身安全，避免财产损失，维持正常的生产生活秩序，满足社会对于公共安全的整体需求。在密歇根州发生的大多数事件中，当地执法资源在必要时都得到了密歇根州警察部门的大力支持，并在其帮助下，较好地处理和解决了突发事件。此外，密歇根州的国民警卫队也可以加入行动（前提是州长对紧急状态的声明），以提供及时有力的帮助，保护公众的和平与安全。

（2）处理好突发事件，避免动乱发生是一项十分困难的任务。通常情况下，执法人员会面临人手不足、装备落后和缺乏训练等问题，从而难以有效地控制局面和人群。尽管密歇根州许多城市警察部门都开展了针对突发事件的培训，但由于受资金限制，数量和质量都有待提高。在社会安全事件频繁发生，而执法岗位流动率越来越高的情况下，建立长期持续的培训演练制度是十分必要的。事实证明，充足的警力、丰富的资源、科学的预案和规划、适当的训练是成功应对社会安全事件的关键。此外，城市之间互助协议往往是及时处理事件中至关重要的一环。

（3）在突发事件的响应中另一个重要因素是建立事件从开始到结束的影像资料。密歇根州许多城市警察部门已经开始对各种突发事件进行有针对性和目的性的记录。这些录像和资料可以在稍后的时间，用来确定犯罪行为和犯罪人，回顾响应行动的优点与不足，并对事件的原因进行定性，以便于更好地总结经验。

在激烈的社会动荡、社会变革或者移民迁徙时期，这些大规模社会安全事件的挑战通常对应于这些社会冲突的症状——个人、团体、组织和机构的态度、行为和政策。有时甚至是在广泛的宣传（有时是歪曲事实）影响下，导致事件升级为大规模冲突与动乱。尤其是在城市地区，情况会变得更加复杂，某些不法的"机会主义组织"（犯罪组织）热衷并倾向于利用那些具有特定的家庭或民族背景的人群，容易让普通市民误以为或将他们犯罪、贫穷的个人经历，与民族、种族、社会阶层等社会问题相混淆，以至于毫无根据地得出错误结论。此外，充斥于媒体、网络之间的不实言论、腐败现象、社会不公平和种族（民族）歧视等报道不仅会导致更多的犯罪行为，还会进一步激化不满情绪，引发居民的抗议活动、对政府的信任危机、恐惧升级导致暴乱事件发生等，并有可能形成一个持续的社会冲突的格局。

二　德国城市社会安全治理[①]

德国作为欧洲发达国家之一，对当代城市安全管理问题有比较深入

---

① 参见《德国城市管理制度和管理机制考察报告》，《上海政府法治简报》2012 年 2 月 8 日，中国政府法制信息网，http://www.chinalaw.gov.cn/article/dfxx/dffzxx/sh/zffzjb/201202/20120200360359.shtml。

和全面的研究，在实际工作中也有许多成功的例证，并且积累了大量的经验。现主要介绍德国在城市管理与行政执法方面的做法、经验及思考，对德国城市地方政府在职能配置、机构设置，以及建筑物管理、街头摊贩管理、街面市容环境管理等方面的主要做法与特点进行了总结分析。

（一）政府间权力边界清晰、责任明确

1. 政府治理结构

德国是一个联邦制国家，由 16 个州组成，其中包括 3 个城市州，即汉堡、柏林、不莱梅。德国国土面积 35.7 万平方公里，人口大约 8 000 万人。政府机构分为三级：联邦政府、州政府和地方政府。根据德国基本法，各州政府有权自行制定基层组织法，但都必须遵循共和、民主、社会福利和法治国家的原则。

2. 政府治理原则

德国地方治理遵循着几项基本原则：一是民主，各级政府都是通过民主选举产生；二是民生，各级政府管理的目的是改善人民群众的生活水平；三是基层化，政府的各项职能尽可能多地由地方政府层面承担，而不是转移给上级政府；四是分权，即各级政府间的权力分配明确、划分清楚，且同层级管理部门的权力分配、划分，也尽可能清晰、明确；五是财政转移支付，联邦和州政府通过转移支付的方式，保持地方政府的财政能力，支持地方政府对地方公共产品的供给能力；六是加强监督，上级政府部门加强对下级政府部门的监督，以使其管理符合法律规定。

3. 地方政府机构设置和职责

由于德国地方政府根据基本法和州法律的规定，以及实际情况承担大量的地方性活动和公共服务事务，以适应当地人民的生活需要，为此，地方政府（市、区）会设置不同的管理部门来承担相应的职责。以汉堡市为例，汉堡市设 7 个区，市政府主要负责教育、地方治安、警察和法律保护等职责，区政府具体负责地方公共事务管理，包括承担公共基础设施建设，提供地方公共事业服务、社会福利、环境卫生、污水处理等事项。区政府设置 7 个部门，具体包括公共秩序管理部门、兽医业管理部门、居住空间管理部门、技术和环境保护管理部门等。由于管理职责和工作任务划分明确，区政府地方管理的自主性、能动性很强，能够积极完成属于自己职责范围内的任务。行政管理部门在发现违法行为后，可以依据职权调查取证，并作出行政处理决定。

（二）规划编制科学、严谨，注重延续性

汉堡、柏林两座城市给人的印象是井然有序、空间布局合理、建筑风格和谐、生态环境良好、市容环境整洁，无论是古典建筑还是现代建筑，都能互相辉映，美轮美奂，这源于德国高度重视城市规划的编制工作，有一套科学而严谨的规划编制机制。

德国实行联邦—州—地方政府三级规划，联邦政府只负责规划政策的引导以及法律的颁布与修订，是原则性、指导性的工作。州、地方政府遵照相关法律和各自职责，从实际出发制定城市建设的总体规划、控制规划或者详细规划。越是下一层级的规划，越是具体，具有可操作性。在制定城市总体规划时，以解决预见性问题为出发点，至少要考虑50年以上，同时注重规划编制后的稳定性和连续性，不轻易推翻。以汉堡市为例，其城市规划就是20世纪50年代编制的，至今还有效。

规划的制定程序包括调查、汇总、公开征求意见、审批等，归纳起来，主要有三个步骤：第一步，征求公众意见，将各种意见汇总整理后，由专业规划人员综合考虑各方面因素制订规划；第二步，规划公示，再次征求公众意见，并协调各方意见，做进一步修订；第三步，将修订后的规划草案送议会审议通过，赋予法律效力。规划一经出台，即具权威性和严肃性，必须严格执行，以此确保城市或者建筑物一朝建设，百年受益。

（三）依法管理建筑物、构筑物

1. 管理规定明确、详细

在德国，由于建筑管理属于地方事务，联邦政府往往通过制定建筑法规和技术规则来明确建筑管理要求。管理要求既涉及对已建地区具有历史性建筑的保护规定，也涉及对未建地区建筑的建造要求，管理对象覆盖十分全面。同时，法规和技术规则中提出的管理要求非常明确，具体包括：一是有关建筑物外部形式的要求，如最高或者最低楼层、墙面装饰、广告物管理等；二是有关相邻未建建筑土地之形成与利用，及围墙种类、形式及高度限定等；三是有关外部天线的使用限制或者禁止；四是有关地下管线铺设禁止等；五是安全设备安装的技术规范等。这些规定的管理要求有一个显著特点，即非常注重区分公共安全和私人性事务，对可能影响公共安全的事项，往往做强制性规范；对涉及私人事项的，一般做引导、提示性规范要求。

2. 行政审批合法、规范

由于建造建筑物属于公共秩序管理中的重要内容，德国法律、法规明确规定，建造建筑物必须取得地方政府的建筑许可，但小规模建筑物的建造则无须取得。地方政府在对建筑申请进行审查时，依据的是地方法规、技术规范和设计方案等，由于管理审核的对象、事项、要求、规则等内容都已由法律规范做了明确，而且各项要求具体、细致，为此地方政府在建筑物建造审批时的随意性很小，只能严格依照明示的要求来审批，或同意，或不同意。此外，对政府权力控制也十分严厉。根据法规规定，政府对建筑物建造的审批期限最长不得超过 3 个月，若超过规定的审批期限，政府仍未提出审批意见的，业主就可以施工。

3. 对实质性违法搭建，依法予以拆除

若发生未经批准或者不按审批而建造建筑物的，德国地方政府一般会区分两种情况，分别处理。一种情况是该违法建筑属于法律规定的尚可存在范围，只是业主建造前未办理审批手续。对此类情况，政府往往要求业主补办手续，颁发建设许可，然后对业主违法建设的行为给予一定数额行政罚款。由于这些建筑违法的性质都不严重，因此，在多数情况下都是以这种方式处理的。另一种情况是违法建筑不符合法律规定的要求，属于不允许存在范围，即违法性质严重的，地方政府行政执法部门会责令业主自行拆除该违法建筑，若业主不拆除的，行政执法部门组织队伍予以强制拆除。属于这种情况的是极少数，如柏林市一个区每年只发生 1—2 起强制拆除案件。

（四）设置形式多样的露天临时集市

长期以来，德国地方政府有在露天场所开设临时集市的传统，供商贩、市民自由买卖。这样既方便了市民生活，也为很多商贩谋得生计，因此深受市民和商贩的欢迎。有些集市由于开设时间较长，名气较响，已经成为城市的一道风景。

1. 集市形式多样

临时集市设置形式多样，时间灵活，有定期的周末集市、隔天集市，也有定时的钟点市场等，经营的种类主要有食品类、日常生活用品类。商贩可以根据自己的时间和需要灵活安排。如汉堡市一个集市，其经营以食品类为主，有熟食类的面包、香肠、奶酪等产品，也有生食类的肉类、蛋类等，还有少量经营衣物类、花草类、日用品类等。经营的品种琳琅满目，丰富多彩，令人流连忘返、"淘"乐无穷。

2. 设摊者需登记

所有要在集市经营的商贩，需要事先向经营地的政府提出申请，由地方政府签发"许可证"后才可以进入集中摆摊，出卖物品。许可证上登记有经营者姓名、许可证号码、经营项目、签发部门等事项，作为准予经营及经营信息公布的凭证。经营者申请时只要提供个人证件、联系地址、电话、货物的合法来源等文件，填写申请表，由政府登记信息即可，只需数日到数周就可以得到批准。对设摊者收取一定管理费，而收取的费用主要用于市政管理保洁、维护，以及市场清洁保洁费，市政设施维护花费以及相关管理费等。

3. 实行严格管理

政府会派专人管理集市的市场秩序。一方面监督经营者标明价格，以及根据市场经营管理规则合法经营；另一方面维持集市正常秩序，拒绝一些未经登记的摊贩进入集市经营，并制定专门规章，明确集市中经营者和消费者的行为规范，包括酒类不得在集市销售，市民进入集市不得带狗，经营者必须明码标价等；对违法经营者将取消其设摊经营资格。同时，政府在设置集市场所时，会一并配备电源、水源、公共厕所等设施。

（五）妥善处理街面市容环境问题

汉堡、柏林的城市道路总体给人以整洁、有序的感觉，但一些地区也存在跨门经营、自行车乱停放、彩旗广告乱悬挂等现象，特别是涂写现象严重，但德国地方政府在治理这些现象方面有独到之处。

1. 跨门经营问题

针对一些小商店总是将物品摆放到人行道上经营的情况，在确保人行道通行顺畅的前提下，政府在商店外墙至人行道一米处画了一条线，名曰"一米线"，允许店主将经营的商品摆放在"一米线"以内，同时要求商品必须摆设整齐、有序，不得影响行人通行。如果发现跨门经营情况影响行人通行的，行政执法人员先予教育，令其改正，对其中的屡教不改者，才做出行政处罚。

2. 乱张贴、悬挂问题

由于乱张贴、乱悬挂广告宣传物品的行为严重影响市容环境，有些甚至还影响行人通行安全，为此，德国地方政府对随意张贴、悬挂广告宣传物（彩旗）的行为明确禁止，但对一些因演出、表演等活动需要进行的临时性广告宣传，政府一般比较宽容，允许其存在一定时期，也不需要申请批准，但要求设置者必须到期自行清除。若在一定期限内未清除，政府部门会对设置者给予处理。

3. 乱涂写问题

在德国汉堡等城市，一些年轻人热衷于在建筑物外墙上作画、涂写，作为一种艺术手法来表现。对此类现象，目前缺乏有效的管理措施，所以某些地区乱涂写现象也比较严重，但社会公众比较包容、坦然。

4. 社区公共环境问题

德国城市居住区的公共空间较大，公共绿地面积较大，公共场所的环境卫生工作，如除草、拾垃圾等，往往由一些社区居民义务性来承担。一些居住小区的绿化环境呈现出自然的生态环境。

（六）设立"一门式"市民服务中心

1. 设立市民服务中心

德国地方政府十分重视为市民服务，在社区开办市民事务服务中心，将一些涉及市民、企业的事务，如出生登记、结婚登记、社会福利提供、企业开店、建筑申请等事项集中在市民服务中心办理，以方便市民。在汉堡市，有6个区政府在政府办公楼开设了市民事务服务中心，集中办理有关事务。服务中心里设有不同等级的接待（咨询）人员，包括一般接待人员、专属接待人员等，他们会根据市民的不同需要提供不同的服务内容。

2. 提供个性服务

为了更好地保护市民或者企业信息，服务中心开辟了专门接待区域，提供安全保护接待。另外，市民除了可以亲自上服务中心办理、咨询事务外，还可以通过网络提出相关事务的办理要求，中心会有专人负责网上受理处理。此外，市民事务的申请办理并不局限于所在居住区事务中心，可以按照方便、就近的原则，在其他事务中心提出申请。事务中心设有专门区域，用于接待市民或者企业，办理事务，提供信息咨询或相关资料查询，比如涉及建筑时，可以查阅规划、技术规范等。一些事务往往实行全市联网办理。

（七）建立科学的复议审查机制

1. 设有行政复议机制

德国城市比较重视行政行为的内部纠正工作，在区政府层面设置专门负责行政法制工作的部门，为区政府提供法律咨询，同时监督、检查其他局（部门）的行政管理工作及行政管理人员的廉政情况，并接受对老百姓不服的行政行为的审查。行政复议的机制比较有特点。

2. 由专业人员和社区居民组成审查小组

专门负责复议审查的工作人员都是法律专业出身，具备律师资格。每一起案件都由专职复议工作人员负责，同时邀请两位社区公民参与案件审查，审查后再通过投票来决定复议结果，或维持，或变更，或撤销。每件复议案件在审查过程中，往往还会邀请一些专家参与案件讨论。

3. 行政复议收取费用

复议申请人必须交 600 元欧元复议费。复议收费是为了控制复议数量，提高行政管理效率，让真正需要复议的当事人提出复议申请，同时也可以减轻财政负担。由于复议程序严格，复议后因不满复议决定而向法院提起诉讼的案件，只占复议案件总数中的很小部分，其中只有个别案件会被法院纠正，行政复议的正确率较高。

三　新加坡城市社会安全治理

新加坡环境优美、经济发达，在教育文化、城市管理，特别是在社会治安等方面都有独到之处。新加坡被誉为当今世界犯罪率最低、最安全的国家之一，新加坡警察部队（Singapore Police Force，SPF）工作高效、信息灵通、侦破案件快速，这些都归功于 20 世纪 80 年代以来建立的社区警务制度。新加坡对警察实行三级管理体制，即警署（Police Division）、邻里警局（Neighbourhood Police Center，NPC）和邻里警岗（Neighbourhood Police Post，NPP），邻里警局相当于我国的公安派出所，邻里警岗则类似我国的社区警务室。

（一）新加坡社区警务制度的演进历程

新加坡社区警务制度从创立伊始，就随着社会与时代发展而不断完善，从其组织体系来看，大致经历了三个阶段。

1. 邻里警岗——社区基础警务（Community - based policing）

1983 年，新加坡通过学习、考察、研究和消化日本"交番"（Ko-ban）警务制度，吸收西方现代科学管理理论，创造了符合新加坡社会特点的邻里警岗制度。与日本的"交番"相比，新加坡的邻里警岗的布局、规划、设计、建设更加科学、规范、统一，像一个个均匀分布在社区中的商业连锁店。最初，新加坡只在 8 个选区各建一个邻里警岗作为试点，即每个警署建一个，但公众的积极反应促使邻里警岗制度加速发展，至1994 年，新加坡已建成邻里警岗 91 个。当然，邻里警岗制度的功效并非立竿见影，直到 1990 年后，其预防犯罪功效才逐步显现，社会效益日趋显著，尤其是在改善警民关系、强化警民合作、展示警察形象、赢取公众信任等方面成效明显。

新加坡邻里警岗制度是从改善警民关系出发，通过社区服务与有效沟通，增强警民互信、互助，其核心是增强居民和警察在预防和打击犯罪方面的合作。邻里警岗像一个微型派出所，不仅提供常规服务，更是居民的信息中心和犯罪预防中心，其工作职责包括：（1）通过徒步巡逻或自行车巡逻，增加"见警率"，提高"安全感"；（2）提供房屋租赁登记、交通事故报告、拾遗登记报告、住址变更登记、死亡报告以及咨询等前台服务；（3）应对各类突发事件；（4）入户走访；（5）预防犯罪；（6）社区联络；（7）罪案通报与人群控制等。

1997 年以来，随着邻里警局的建设与完善，邻里警岗功能才日趋弱化，勤务模式由 24 小时"三班倒"，演变成固定时间（中午 12 点至晚上10 点）开放，数量从 1994 年最高的 91 个，锐减至如今的 17 个。但邻里警岗不会因此从新加坡社区警务制度中退出，而是将利用信息技术进行重新设计，根据新加坡警察部队规划，预计 2016 年升级版的自助式邻里警岗将在社区重新亮相。

2. 邻里警局——社区中心警务（Community - focused policing）

以邻里警岗为基础的社区警务制度在树立警察积极形象、增强警民合作互信等方面效果显著，但其缺点也是非常明显的，主要表现为占用过多警力，服务领域狭窄，警务效率低下。因此，为适应社会发展与民众日益增长的安全与保障需求，新加坡警察部队主动反思邻里警岗制度，并积极变革，其改革的主要方向是：（1）强化新加坡警察部队的一线行动能力；（2）建立一个更加强有力的服务组织；（3）增强民众维护自身安全活动的参与度与责任感；（4）优化警务程序，提升警察价值。

1997年，新加坡警察部队着手改革邻里警岗制度，通过整合、重组邻里警岗，建立功能更加强大、组织更加严密、服务更加高效的机构，即邻里警局。邻里警局类似于我国大城市的公安派出所，警员既是执法者，又是服务员，通过制订社区安全计划、履行服务誓约、派发宣传资料、入户走访等形式，积极参与社区管理，为民众提供方便、快捷、高效的一站式服务。从1997年建立第一个邻里警局（Queenstown NPC）到2012年年底第35个邻里警局（Woodlands West NPC）揭牌（见表4—2），新加坡邻里警局的发展大致经历了试点、推广、普及和完善四个阶段。新加坡邻里警局作为一站式警务中心，向社会公开承诺：（1）10秒钟内接听"999"报警电话（大约铃响3声）；（2）15分钟内赶到紧急报警现场；（3）3个工作日内回复公众电子邮件咨询；（4）5个工作日内答复公众来信；（5）7个工作日内向受害人报告案件调查的初步情况。

这些公开承诺展示了新加坡警察部队为民众提供优质、高效服务的决定与信心，同时增强了民众对警察部门的信任。新加坡警察部队根据ISO 9000标准建立质量管理体系，其卓越表现得到了社会民众与新加坡政府的高度肯定，并于2010年荣获新加坡国家质量奖，成为第一个，也是目前唯一获此奖项的公共服务部门。

表4—2　　　　　　　"邻里警岗"与"邻里警局"的主要区别

邻里警岗（NPP）	邻里警局（NPC）
所能提供的服务非常有限	提供一站式全方位服务
辖区差异较大，工作负荷相差悬殊	为社区提供集约、高效的服务
为取悦居民、保持关系而陷入被动	更专注于安全与保障问题
工作范围狭隘，价值低	宽领域、高价值、高素质警员

续表

邻里警岗（NPP）	邻里警局（NPC）
警员各自为政，无法形成合力	整合服务内容，规范服务流程
一般不主动出击	敢于主动出击
扎根于社区的警务	以社区为中心的警务

3. 改革重组——社区警务体系（Community Policing System）

20 年来，新加坡邻里警局取代并拓展了邻里警岗功能，为社会安全与保障做出了重要贡献。与 1997 年相比，新加坡罪案总量与发案率均明显下降，2011 年罪案总量为 31 404 起，百万人口犯罪率仅为 606 起，均为近 20 年最低，民众的安全感与满意度显著提升（见表 4—3）。面对如此巨大的成就，新加坡警察部队并未自满，他们坚持深入社区宣传罪案防范的必要性与基本技能，提醒民众"低犯罪并非无犯罪"（Low Crime Doesn't Mean No Crime），应时刻保持警惕。同时，主动反思当下社区警务制度，并不断加以完善，提出社区警务新战略（Community Policing System，COPS）。

表 4—3　　　　　　　　　　涉案主要数据比较

指标 ＼ 年份	1997	2011
罪案数（件）	36975	31404
百万人口发案数（件）	974	606

新加坡警察部队认为，警务模式必须与可预期的社区安全需求相适应，针对人口老龄化与多元化问题，警察部门应当应用现代科学技术，不断提高警务效能，并提出"扎根社区、携手社区、依凭社区"的警务工作理念（Works in, with, and through the community）。2012 年，新加坡社区警务改革主要从以下四个领域着手：

（1）完善制度，布局重组邻里警局。一是在邻里警局建立专门的犯罪打击力量（Crime Strike Force，CSF），充分发挥警局警察熟悉辖区的优势，提升罪案侦破能力；二是在邻里警局组建专门的社区警务力量（Community Policing Unit，CPU），通过步巡与自行车巡逻，与社区民众建立更加密切的伙伴关系，提升罪案防范能力。为此，新加坡需增招 450 名警员，平均每个邻里警局增加 13 名警员，所有重组工作将于 2015 年年底完成。

（2）招揽人才，提高警员福利待遇。一是通过增加起薪与提供额外签约奖金，吸引大学毕业生加入警员；二是为警官提供更多学历提升与专业培训的机会，帮助一线警员开展业务培训；三是为一线警员提供更多晋升机会，为罪案侦破等能力复合型岗位提供更多高级警官职务。

（3）科技强警，提升一线警务效力。一是 2016 年年底之前为 1 000 多个组屋（84% 的新加坡人住政府组屋）与多层停车场出入口，包括底层电梯口与楼道口安装全覆盖的监控摄像头；二是应用现代信息技术强化邻里警岗，为居民提供 24 小时自助服务，将警员从柜台解放出来，更好地为社区服务。

（4）强化合作，创新邻里守望制度。当前正在实施的"社区安全与保障计划"（Community Safety & Security Programme，CSSP）是新加坡新型社区警务的重要内容。该计划是由社区紧急应策与参与委员会、社区紧急应对小组、基层领导者、居民和内政团队共同起草的行动方案，旨在解决影响社区和街区安全的问题和困难。通过自助和互助吸引社区成员参与，并关注与自身安全和保障相关的问题，进而引导社区成员做一个"积极公民"。目前新加坡已成立邻里守望小组（Neighbourhood Watch Group，NWG）2 600 个，是 2011 年的 3 倍，已有 525 位居民加入了社区巡逻小组，成为社区安全与保障的重要力量。

（二）新加坡社区警务制度的特点

社区警务的基本假设是警察与公众必须共同协作才能消除、压制、阻止犯罪，其核心就是警务活动的社会化及其社会可溶性，即构建社会化网络，动员社会力量来预防和减少违法犯罪。新加坡社区警务制度创立、发展已有三十年，从邻里警岗到邻里警局，再到现在的新社区警务，无不体现出以下几个特点：

1. 立足社区

新加坡社区警务要求警务工作立足于社区、扎根于社区，把警务活动自觉融入社区管理，充分利用资源，教育引导社区居民为了自身利益需要与警方合作，参与到社区防范事务中来，警民共同研究情况，交流信息，寻求解决社区隐患问题及预防、控制犯罪的途径。

2. 服务为先

新加坡社区警务要求警务工作必须先从为社区居民提供全方位的警务服务入手，这种服务既是目的，体现警察的宗旨，又是手段、途径，通过提供服务，加强警民沟通，改善警民关系，以赢得更多社会力量对警务工作的支持与配合，从而增强维护治安的社会基础，更好地预防和打击犯罪。

3. 公众参与

新加坡社区警务的核心就是要宣传、组织民众以多种形式参与预防犯罪和社会治安活动，如邻里守望小组（Neighbourhood Watch Group，NWG）、邻里守望区（Neighbourhood Watch Zones，NWZs）、全国犯罪预防理事会（National Crime Prevention Council，NCPC）以及学生警察（National Police Cadet Corps，NPCC）与志愿特警（Volunteer Special Constabulary，VSC）等，他们都对新加坡的安全与保障做出了重要贡献。

4. 预防为主

新加坡社区警务将预防犯罪作为首要工作，注重社会预防，加强控制犯罪机制的建设，通过警力下沉，强化一线巡逻（以徒步巡逻与自行车巡逻为主），提升社区民众的安全感。[①]

四　国外城市社会安全治理的主要特点

从上述的西方国家城市公共安全服务改革的实践中，可以看出，为了达到提高公共安全服务供给绩效的目的，西方各国政府做出了很大的努力，无论是从城市公共安全服务的理念、内容方面，还是从方式到流程设计方面都体现了一定程度的转变和创新，主要特点如下：

---

① 参见余定猛《新加坡社区警务制度研究——兼论我国大城市社区警务制度建设》，《上海公安高等专科学校学报》2013 年第 2 期。

（一）角色转变：从"守夜人"到"服务员"

在传统的自由资本主义时期，西方国家靠市场这只"看不见的手"来调节社会经济，警察角色相当于消极的"守夜人"，公共安全服务的职能主要限于维持公共秩序，处理国防、外交等事务，垄断性、单方性、命令性和强制性是其主要特征。随着城市社会经济的发展，政府职能日益扩大，公共安全服务职责开始向外延伸。就当今的西方城市公共安全服务而言，其总体警务活动与犯罪有关的只占 20%～30%，而社会安全服务的功能日益凸显，警察的责任逐渐发生了变化，由承担治安和护法的单一性转向社会服务和公共安全保障的多元性，现代公共安全管理者更多地担当"服务员"的角色，城市政府实现了由"守夜人"到"服务员"的转变。

（二）重心转移：从国家安全到个人安全

在城市化迅速发展的现代社会中，公共安全的主要威胁不是敌对国家的军事打击，而主要是恐怖主义、毒品犯罪、环境恶化、疾病传播、自然灾害、社会治安问题等。这些威胁是城市公共安全的重大挑战，严重危及公民的生命和财产安全。在城市社会安全治理过程中，公民既是受保护的对象也是积极的参与者，尊重和保护公民的生命安全是体现政府人文关怀的理性选择。

目前，传统的公共安全以国家安全为重心的模式已经逐渐扩大到重视和保护公民人身和财产安全，个人安全已经上升到与国家安全同等重要的程度。纵观西方各国城市公共安全改革的实践，未成年人的安全都被列为城市公共安全服务的重要内容。如青少年安全维护战略被作为一项重要内容列入加拿大多伦多"市长社会公共安全计划"，该战略以指导性干预计划，运用新途径将青少年安全纳入青少年司法系统。美国丹佛市城市安全计划中，也将青少年的安全教育、培训及司法援助列为战略重点。

（三）方式创新：城市公共安全的合作治理

1. 政府与社会的伙伴关系

城市社区安全防范能力形成的关键在于居民之间形成互信、互助的人际关系网络。在熟人社会解体之后，城市社区如何建立互信合作的邻里关系，充分注重发挥社区居民的公共安全服务的辅助作用关系着基层的安全服务能力建设。美国许多城市警察局非常注重发挥社区居民和社团的作用。如很多警察局提出的口号"通过社区合作，为居民提供高质量的安全的社会环境"，并设有专门的"违法犯罪人员回归社会工作小组"，通过与一些关注社会家庭问题的党派、社团、宗教组织的合作，有针对性地开展犯罪预防和帮教工作。很多警察局还有专门负责义务巡逻的部门，组织"老年人义务巡逻队"，以弥补警力不足。同时，把一定区域的居民组织起来，开展"邻里看护"活动，互为照应，共同防范。

2. 公共安全服务市场化

公共安全服务市场化作为一种公共安全服务的辅助形式近年来在西方国家比较流行，它是西方国家新公共管理运动的一个重要组成部分。公共安全服务市场化供给就是打破了警察部门对警察服务的垄断，把一部分警察服务推向市场，引入竞争机制，以公民满意为导向，旨在通过市场的竞争机制提高警察的服务质量。这样，公民有了可以选择服务的机会。

3. 政府内部各部门的协调联动机制

现代城市公共安全服务体系是一个系统工程，政府各部门在这个系统工程中各司其职，各负其责。只有整合各方面的力量，才能发挥更大的效能。西方各国政府在安全事件处理机制的过程中，都较为重视增强部门之间的协调，加强中央政府与地方政府、同级政府各职能部门之间、政府与社会之间的联动与配合，从而发挥整体功效。目前西方主要国家都已建立了较为完善的按行政区划逐级设置的应对各种突发事件的应急联动体系。在美国，报警电话统一为"911"，"911"中心成为紧急事件处置机构和与公众直接沟通的窗口单位。凡是火灾、交通事故、刑事案件、医疗急救、公民救助等电话信息先由警方甄别分析，然后按照职能分工交由相关部门处置，使处警人员在很短的时间内赶到现场，有效处理各类公共安全事件。

（四）流程再造：城市公共安全的全过程管理

1. 事故前：警务前移

首先，建立公共安全事故防范机制。在社会治安问题的防范上，西方各国采取了一系列的有力措施，其中美国警务部门十分注重对公民的安全的宣传和教育，许多城市警察局设有专门负责此项工作的业务部门，通过经常印发专门的小册子，或在网上、电视、杂志上宣传、介绍警察局内部有关科室的任务、职能和联系电话，告诫、提醒公民，如何避免抢劫、入室盗窃等侵犯。其次，信息主导的公共安全服务机制。这是英美等西方国家政府防范犯罪和恐怖事件，维护公共安全和秩序的主要策略和手段。该工作机制依靠准确、及时、全面的信息做出决策，以主动预防、精确打击为突出成效，增强了警务工作的预见性、正对性和有效性。

2. 事故中：突发公共安全事件的预警机制

西方国家已逐渐建立起一套较为完善的公共安全突发事件应急管理体系，其模式可归结为美国模式、欧洲模式、日本模式等。在应对和处置公共安全事件的过程中，加强与媒体的沟通与协调极为重要。政府应当控制舆论导向，通过新闻媒体提供主流的、权威的信息，这对安定民众的情绪，维护社会的稳定十分重要。在公共危机事件的处置过程中，政府要巧妙地控制媒体，充分发挥媒体在报道中的积极作用，减少和杜绝媒体可能给危机事件处理带来的消极影响。

3. 事故后：完善的公共安全绩效评价机制

1829年英国伦敦大都市警察诞生之日起，对城市安全服务的评价就成为各国警察机关的头等大事。近200年来，西方警察机关经不断探索，逐步改进，使得安全服务评价体系不断完善，各国都普遍设立了反映城市公共安全服务状况的指标。指标体系大致经历了由简单的公众对警察服务的主观评价指标为主，或以单项犯罪统计为主的阶段到主观、客观指标综合评价阶段。2002年英国内政部先后发布了《警务改革法案》和《国家警务计划》，确立了英国警务绩效评估的基本制度。在此基础上，在英国各级地方警务绩效管理中推行了警务绩效评估制度（AF），为提高英国的警务绩效发挥了积极作用。英国警务绩效评估框架完全按照产出、结果原则，根据警务执行机关业务内容，选取居民评价、减少犯罪、调查犯罪、提升公共安全、提供救助、资源利用等6个关键领域及16个分指标进行绩效考评。其中居民对当地警察在警务活动中的各种表现和行为能力的综合反映，体现了警务活动的效率和效益。

美国城市问题研究专家乔尔·科特金认为："一个城市只有充分认识到城市公共安全的重要性，并通过积极大胆的方法、策略来解决公共安全问题，现代城市才能在新的历史条件下生存和发展。"① 通过对美国、德国、新加坡等国家安全城市计划和战略可以发现，城市公共安全服务体制创新主要体现在两个主要方面：一是调整政府与市场的关系，优化政府公共安全服务职能；二是广泛利用社会力量，实现公共服务社会化。它有利于提高城市竞争力和城市形象，促进城市社会经济的可持续性发展。②

综上所述，在同各种突发公共安全事件作斗争的经验积累中，西方国家对公共安全的管理发展已经形成了一套相对比较完备的管理体系。通过对国外典型城市公共安全管理模式的研究，对其经验和成绩进行总结和反思，有助于帮助我们发现在三峡流域城市社会安全治理中存在的主要问题，探索提高城市社会安全治理水平的主要路径，进而改善城市社会安全状况，对于保障城市居民的生命、健康和财产，对于维系城市正常的生产生活秩序，对于整个经济社会发展，均具有非同寻常的现实意义。

第二节 国内典型城市社会安全治理比较分析

在社会转型过程中，我国社会的许多深层次矛盾和问题逐渐显现，社会的不稳定因素显著增加，社会发展进入社会矛盾频发、社会问题集中的高风险阶段。社会矛盾多样化与社会控制力下降之间的矛盾不断激化，既对整个社会的和谐稳定构成巨大威胁，更对政府社会管理带来严峻考验。尤其是社会变革产生的大量社会问题和矛盾多数发生在基层，且很多涉及群众切身利益，若长期得不到科学有效处理和解决，无疑将对正常社会秩序构成严重负面影响。在这一新形势下，如何保持社会的有序运行，保证社会发展成果由最广大群众共享，已经成为当前最为紧迫的一项课题。

党的十八届三中全会明确提出：创新社会治理，必须着眼于最广大人民的根本利益，提高社会治理水平，确保人民安居乐业，改善社会治

---

① 谢国权：《城市公共安全与现代城市形象》，《中国公共安全》2007年第2期。

② 参见李礼《西方城市公共安全服务创新的经验与启示》，《江海纵横》2012年第4期。

理方式，激发社会组织活力。这是党中央文件中首次使用"社会治理"这一概念，标志着党和政府社会建设思路的转变和理念的创新。本节选取三个典型的社会治理模式，即"南通模式""兰州模式"与"宁波模式"为研究对象，通过比较分析，研究其亮点，从而总结其对城市社会安全治理的借鉴意义。

一　"南通模式"的实践思考

江苏省南通市作为改革开放的前沿城市，早在 1984 年国务院批准 14 个全国首批对外开放城市之中，南通就名列其一，属全国最早对外开放的城市之一。在改革开放过程中，南通与众多的苏南城市一起，发展乡镇经济，创造了闻名全国的苏南模式。作为苏南地区经济强市，南通市坚持经济建设与社会管理两轮并驱，科学统筹经济转型、社会转轨、政府转职、干部转脑四者之间的关系，创新发展出社会管理"十大体系"——社会服务保障体系、社会矛盾纠纷大调解体系、现代社会防控体系、新型社区服务管理体系、特殊人群管理服务体系、外来人员管理服务体系、社会管理队伍体系、基层基础体系、组织领导体系、社会管理现代化手段体系，在实践中形成了社会管理创新"南通模式"，有力地提升了社会管理整体水平。南通市先后荣膺"全国文明城市""全国最安全城市""中国十佳和谐发展城市"，夺得全国社会治安综合治理"长安杯"。

2010 年，南通市被确定为全国首批社会管理创新综合试点城市之一。2011 年 2 月 19 日，胡锦涛总书记在省部级主要领导干部社会管理及其创新专题研讨班开班式上发表重要讲话，强调要紧紧围绕全面建设小康社会的总目标，加强和创新社会管理，确保社会既充满活力又和谐稳定。江苏省委对社会管理及其创新的"南通模式"，予以高度关注与指导，多次批示推广南通经验，有力地促进了"南通模式"的不断完善，并叫响全国。①

---

① 南通市委办：《社会管理创新"南通模式"叫响全国》，江苏省委网，2011 年 3 月 21 日。

（一）南通市社会管理创新的特点

1. 社会矛盾调处创新

南通市矛盾纠纷大调解机制于 2003 年 4 月建立。截至 2011 年年底，全市各级大调解组织共受理调处各类矛盾纠纷 263 613 起，累计成功调处 257 367 起，调处成功率达 97.6%，全市连续 13 年无重大刑事案件、无重大群体性事件、无重大安全生产事故，创造了政通人和、心齐气顺、风正劲足、全面发展的社会大环境。2010 年南通市被中央确定为全国首批社会管理创新综合试点城市后，南通市委、市政府又提出了社会服务保障体系、社会矛盾纠纷大调解体系、现代社会防控体系、外来人员管理服务体系、特殊人群管理服务体系、新型社区服务管理体系、基层基础建设体系、社会管理队伍体系、组织领导体系、社会管理现代化手段体系等社会管理创新十大体系建设，其中创新发展社会矛盾纠纷大调解体系作为关键性措施，被摆上了社会管理创新的重要位置。

南通大调解工作在实践中主要形成了以下几个方面的经验：

（1）加强综合治理，形成矛盾纠纷化解的合力。南通大调解工作实行党委政府统一领导、政法部门综合治理部门牵头协调、调处中心具体负责、司法部门业务指导、职能部门共同参与、社会各方整体联动的社会大调解工作格局，在内涵上融司法调解、行政调解、人民调解、社会行业调解于一体，有效整合社会资源、实行整体联动、最大限度地形成化解矛盾纠纷的新合力。全市构建了市大调解指导委员会，县、乡调处中心，村（社区）调处站，十户调解小组和基层调解信息员的六级大调解工作网络。

（2）建立听证制度为主体的矛盾纠纷就地解决的大调解机制。南通市大调解工作为了达到上述目标，先后建立了预测预警、排查调处、信息报送、分流督办、奖励惩罚考核、责任追究等一系列运行机制。为了在实践中把这一系列工作机制落到实处，市委、市政府以及市综合治理委员会先后出台《关于实行调解效能监察的意见》《关于加强大调解效能建设的意见》《关于实施矛盾纠纷排查"零报告制度"和责任查究制度的意见》等一系列符合实际、务实管用的制度，从严格制度入手，各类矛盾纠纷就地化解。以引入听证对话制度为例，各地立足大调解平台，在县（市）区和大部分乡镇调处中心设立听证对话厅（室），对政府即将出台的相关政策措施和涉及群众切身利益可能发生的新矛盾，举行听证对话，答复群众意见，防止出现"政府政策一出台、矛盾纠纷跟着来"的现象。仅 2010 年，全市县、乡两级调处中心共组织听证对话 196 场次，参加的群众代表 4 288 人次；有效防止群体性事件数十起。

（3）构筑一综多专的大调解工作体系。近年来，随着经济结构的变化和利益格局的调整，医患纠纷、劳资纠纷、环保纠纷以及征地拆迁等社会热点矛盾纠纷不断显现，并出现专业性、法律性、利益性很强的特点，原有的综合调解"一个药方不能包治百病"。南通市在《关于深入推进专业调解机制和专职调解员队伍建设的指导意见》的基础上，全市范围内普遍推开建立医患、劳资、环保、拆迁、消费、交通事故以及海上矛盾纠纷等专业调处新机制。

（4）创新调解优先、案结事了的执法办案新理念。从南通司法实践来看，提高执法质量重要的是调解，解决大部分涉法涉诉案件，最终的办法还是调解，抓调解就是抓稳定，抓调解就是抓执法质量，抓调解就是抓平安。南通市通过制定一系列文件和召开现场会的形式，着力推进公调对接、检调对接、诉调对接等对接工作新机制。

（5）按照机构专设、队伍专职、素质专业的要求，尽量把矛盾化解在基层。南通市按照强化县级龙头、完善乡镇主体、巩固村级基础的思路，着力做大做优调处中心平台，发挥各级调处中心牵头抓总的作用。通过夯实县、乡、村三级调解组织调处能力，从矛盾纠纷调处结构来看，80% 左右的矛盾纠纷在村级化解，15% 左右的矛盾纠纷在乡镇化解，5%左右的涉及跨行业以及跨地区、行政争议的矛盾在县（市、区）级化解，由原来出现矛盾纠纷就往上跑、向上交的倒金字塔结构变为现在的正金字塔形式，真正把矛盾纠纷解决在基层。[①]

2. 社会管理机制创新

南通市在社会管理创新工作中建立了考核导向机制、稳定风险评估机制、奖惩激励机制、经费保障机制等为主要特色的组织领导新体系。在考核导向机制上，建立"德、能、勤、绩、廉、法（法治）、安（平

---

① 参见项光勤《南通市社会管理创新的经验与启示》，中国行政管理学会 2011 年年会暨"加强行政管理研究，推动政府体制改革"研讨会论文集，江苏昆山，2011 年。

安）"七位一体考评新体系，考核结果与评先评优、晋职晋级直接挂钩。在稳定风险评估机制上，实行"党委统一领导、政府组织实施、部门具体负责、综治维稳指导考核"的社会稳定风险评估体系，对征地拆迁、医疗保障、环境保护等涉及民生的重大改革、重大项目，全面进行稳定风险评估。在奖惩激励机制上，严格建立政法综治工作领导责任制，从严追究责任，5年里全市共实施综治"一票否决"150多次，对210多个单位和个人实施责任查究。大力表彰在社会管理创新中表现优秀、贡献突出人员，先后命名表彰了"十大平安卫士"等一大批先进典型。在经费保障机制上，不断加大对社会管理创新重点项目的经费投入，市一级建立2 000万元社会管理创新专项配套奖励资金，五年里全市用于社会管理创新的经费高达20多亿元。

3. 特殊人群服务创新

南通市采取由政府主导，综治、司法牵头，公安、法院、检察院、劳动保障、民政、监狱等部门共同参与，集"教育矫正、监督管理、帮困扶助、心理矫治"等职能于一体，搭建社区特殊人群管理服务新平台，建立社区矫治教育管理服务中心。中心设立了矫正执行管理部、矫正教育服务部，警务室、检察室、社区矫正研究中心和心理矫正指导中心等"两部""两室""两中心"。同时，中心还与监狱、义工联合会、劳动技能培训中心等共同建立法律教育基地、公益劳动基地、义工联合会、劳动职业技能培训中心等，改变了以往矫正对象公益劳动形式单一的状况，受到矫正对象和群众一致好评。据统计，近两年全市99%以上的社区矫正对象顺利回归社会，再犯罪率始终控制在0.1%以内。在乡镇街道，全面推进社区专业社工服务中心建设。全市乡镇（街道）建立122个专业社工服务中心，每个社工服务中心配备5名以上专职社工，为社区刑释解教人员、矫正对象、涉邪涉毒人员等特殊人群，提供困难帮助、就业指导、教育引导、管理矫治等管理服务。近三年，南通市刑释解教人员安置率、帮教率均超过98%，刑释解教人员重新犯罪率一直控制在2%以内。

4. 外来人员管理创新

外来人员管理是南通社会管理的一个重要方面。外来人员对南通经济社会发展做出贡献的同时，也对城市资源环境和城市管理提出挑战。

为此，南通市委市政府制定了如下措施：（1）坚持党委政府统一领导，搭建服务和管理并重的工作队伍。成立了隶属于政府的外来人口管理办公室；全市122个乡镇（街道）整合相关部门，建立了外来人口服务管理中心；建立了一支以政府出资为主导的专职外口管理员队伍建设。（2）坚持改善外来务工人口住居条件，加强全市"三集中管理。南通市采取政府直接出资、政府划定区域和企业自建三种形式加快兴建流动人口公寓，实行集中住宿、集中服务、集中管理模式，改善外来务工人员的居住条件。（3）实行流动人口信息社会化采集机制，实现流动人口动态化管控。（4）坚持"以房管人"，全面实行出租房屋旅业式管理。（5）坚持深化户籍制度改革，大力推行流动人口居住证制度。

5. 社会组织建设创新

南通市社会组织建设和管理取得了成效显著：（1）大力培育和发展社会组织；到2010年年底，全市登记的社会组织共有3 950个，其中社会团体1 778个、民办非企业单位2 172个、农村专业经济组织464个、备案的社区组织5 521个。（2）积极开展社会组织学习实践科学发展观活动；到2010年上半年，全市社会组织：建有党组织163个，其中社会团体24个、民办非企业单位139个；有党员8 924人，其中社会团体3799人、民办非企业单位5 125人。社会组织党建工作得到了进一步加强。（3）开展社会组织规范化建设活动；为了进一步引导社会组织加强自身建设，提高自律性和诚信度，规范社会组织行为，增强社会组织服务社会功能，南通市从2009年开始进行社会组织规范化试点工作。（4）积极开展社会组织服务社会主题公益活动。通过这一活动，更好地发挥了社会组织服务功能，展示了社会组织的风采，提升了南通市社会组织的形象。

（二）南通模式的基本经验

考察学习南通社会管理工作，其主要经验归结起来，主要有5个方面：

1. 提高思想认识是加强和创新社会管理的前提

思想认识是决定工作成效的重要因素。可以说，思想认识到什么程度，工作才能进展到什么程度。南通市的社会管理工作之所以取得如此实效，关键是党政各级领导、社会各界对社会管理的重视。大家齐心协力，所以创新成效显著。因此，推进社会管理创新工作的同时，必须统一思想，提高认识。目前，推进社会管理创新势在必行。加强和创新社会管理，不仅是适应国内外形势新变化新特点的迫切需要，而且是夯实党的执政基础的必然要求，也是推动一个地方经济社会又好又快发展的重要保障。

2. 坚持推进创新是加强和创新社会管理的重点

加强和创新社会管理，既是一个新课题，也是一个老课题。南通的经验说明，无论是老课题还是新课题，要解决老问题必须用创新的办法，功夫要下在如何创新上。总结南通模式经验，社会管理创新重点要从五个方面入手：一是要创新社会管理理念。要坚持以人为本思想，努力以理念领先推进社会管理创新工作领先。二是要创新社会管理服务。继续坚持一些有效做法，切实加强群众联系，努力做好群众工作。三是要创新社会管理模式。要整合各类社会管理资源，推行综治、信访、司法、调解、警务、民政、劳动保障、安全生产、应急管理等"多位一体"的工作模式，构建横向到边、纵向到底的社会管理体系。四是要创新社会管理体制。积极探索建立包括社会管理风险评估机制、责任机制、沟通机制、协调机制等，推动社会管理创新取得突破性进展。五是要创新社会管理组织。要狠抓基层，努力推动社会管理创新向基层基础延伸。同时，要积极发展社会组织，进一步发挥第三方在社会管理中的作用。

3. 保持经济发展是加强和创新社会管理的基础

南通的社会管理创新，是建立在良好的经济发展上的。加强和创新社会管理，不能离开经济发展，而是要坚持发展是第一要务，坚持在发展中解决问题。当前，在各地社会管理创新工作中面临的问题很多，比如：经济发展造成的环境污染，城市化推进中的土地拆迁、房屋征迁、劳资纠纷、村务财务等问题。要解决这些发展中遇到的新问题，必须坚持发展是第一要务，以平台为依托，以目标为统领，以项目为抓手，推进经济转型升级，为推进社会管理工作奠定良好基础。

4. 维护社会稳定是加强和创新社会管理的关键

我国正处在经济社会转型的关键时期，影响社会稳定的因素增多，社会矛盾的关联性、敏感性、对抗性明显增强。这不仅容易在社会上造成重大影响，而且直接关系经济的发展和社会的稳定。为此，各级各部门必须引起高度的重视，全面深入分析这些社会矛盾，关口前移，努力从源头上、根本上、基础上解决问题。一是要完善网格化管理，夯实基层基础，努力把矛盾化解在基层，化解在萌芽状态。二是要畅通诉求渠道，架起党和政府与人民群众之间的桥梁，使群众的诉求表达渠道畅通无阻。三是要关注当前经济社会运行中突出问题，及时排查，及早解决。四是要狠抓食品安全和交通畅通、安全，确保人民群众生活舒心、安心、放心。这也是维护社会稳定的重要基础，是对政府公信力的一大考验，所以决不能放松。

5. 优化公共服务是加强和创新社会管理的抓手

南通的经验启示我们，优化公共服务是社会管理水平的重要体现，也是加强和创新社会管理的基础。尤其是推进公共服务均等化，显得尤为重要。因为公共服务均等化是缩小城乡差距和贫富差距以及地区间不均衡发展的重要途径，它能使老百姓人人都能享受到公共服务，享受的机会是平等的。山峡流域城市要实现学有所教、劳有所得、病有所医、老有所养、住有所居的小康社会，公共服务均等化是一个很好的抓手。为此，各城市政府要扎实做好以下工作：一是要推进社会保障城乡一体化，不断提高社会保障均等化程度。二是要推进社会事业均衡发展，尤其是城乡的均衡发展。三是要推进基础设施向农村延伸，进一步改善农村的生产生活环境。四是要推进公共服务网络到镇进村，努力把行政管理、行政审批、行政服务延伸到基层。[①]

二   "兰州模式"的实质探究

近年来，兰州市积极探索新形势下社区社会管理的新途径，通过实行"民情流水线"管理模式，以察民情、晓民意、解民难、排民忧、聚民心为主线，积极探索形成民情受理、限期办理、公示反馈、跟踪监督四道运行程序，协调解决社区群众实际问题，满足了社区群众的不同需求。通过不断优化服务，进一步提升社区建设水平，建立起了社会管理长效机制，促进了社区的和谐稳定、科学发展。

---

① 参见斯国新、莫军、邱芳《社会管理创新视野下萧山模式与南通模式比较研究》，《杭州研究》2013 年第 11 期。

（一）"民情流水线"管理模式的内容

"民情流水线"工程是兰州市七里河区西湖街道在 2005 年首次提出的"以服务居民群众为重点，构建街道社区党建工作新格局"的一项重要举措，在畅通民意收集渠道、完善民事办理制度、打造便民利民平台、整合助民惠民资源等方面取得了显著成效。经过兰州市多个社区进一步探索实践，逐渐扩展成为具有丰富内涵、特色鲜明、功能完善的街道社区管理服务体系，其核心是推行"12345 民情工作法"，即通过创造"一个平台"，即实施"三维数字社区"集成管理系统，实现了多元异构数据的共享与集成，为街道社区工作建立了一个规范、统一、共享的数据管理与服务平台。同时，贯穿服务与监督"两条主线"分开，在社区为居民提供优质、便捷、高效的服务。同时，居民也参与其中对服务情况进行有效监督，实现"社区—居民"双向互动。建立"三个中心"，即民情呼叫中心、居民事务代办中心和信访代理中心，不仅服务了居民，帮助了弱势群体，还及时化解了各类社会矛盾和纠纷。规范了"四项流程"：在街道建立政务大厅，在社区建立居务大厅，按照民情受理、限期办结、公示反馈、跟踪监督的流水线工作方式，为居民群众提供"一站式"服务。健全"五项机制"：社区管理"三位一体"机制、楼院管理"六位一体"机制、干部管理三项机制、区域化党建共驻共建机制、特殊人群关爱机制。"民情流水线"工程的本质是"贴心式服务、精细化管理"，基本方法是"以人心换人心，以党心换民心"。

简而言之，"民情流水线"工程是兰州市在街道社区工作中，按照工厂流水作业方式设计的以民情受理、限期办理、公示反馈、跟踪监督四道程序，依次运作、协调解决群众实际问题的工作方式，是立足察民情、晓民意、解民难、排民忧、聚民心，不断增强服务功能、提高服务水平的服务型模式。"民情流水线"工程的实施，为高效快捷、有始有终地服务群众提供了载体，为社区党员发挥作用搭建了平台，为提高基层党建工作水平增添了动力。

（二）"民情流水线"管理模式的创新

兰州市城区实施的"民情流水线"社会管理模式，不仅体现了观念上的创新和实践过程的创新，还实现了组织机构、组织制度、运行机制等方面的创新，涉及社区建设的整个过程和各个方面。

1. 观念和实践过程的创新

兰州模式改变了传统的城市基层社会管理理念和方法。首先，"民情流水线"体现了政府在社区层面的功能由目前的行政管理型，向管理、服务与指导型转变。强化各级政府在城市管理与服务中的职能，提高政府的行政效率，淡化政府对社区组织的覆盖和过度干预，通过社区的组织和社会力量的合理利用来降低政府成本，从而达到从传统统治观念向治理和善治理念的更新。其次，培养了居民自治意识、自治能力和自治习惯。社区建设正是从社区居民身边最直接的公共领域中培养公民表达、讨论、协商、互动、合作的民主习惯，在日常生活中实施自己的公民权利与义务。

2. 组织机构的创新

"兰州模式"不仅完善了社区自治组织的社区管理与服务功能，还实现了社区层面运行机制的整合。首先，在社区层面上建立内部相互制约、外部目标一致的社区协调机构，改变行政权力单向制约的社会结构，在法规与协议的调节下，创造新型的社区互动模式。其次，是发展了纵横交叉的组织网络结构，其中最重要的是创建、发展和加强社会的横向组织系统，与自上而下的政府系统及归属于政府系统的所有群体、组织和个体，相互交叉交织成一个牢固而稳定的网络结构。

3. 运行机制和组织制度的创新

"兰州模式"不仅理顺了社区各类管理与服务主体之间的关系，还优化了政府公共服务体系。首先，建立了政府部分权力和功能社区层面的逐步退出机制。政府权力下放并非简单地将原有权力与职能交给社区管理机构，而是在社区层面上进行重新整合。按照政社分离的原则，对街道办事处、政府职能部门、社区居委会的职责进行清理和划分，将社区综合管理职能还权于社区。由于政府是资源的主要控制和调动者，除了政府的权力下放还须给予资金、资源支持，以构建基本的社区建设物质基础。其次，建立了以需求为导向的社区参与机制。目前，兰州市面临的主要问题依然是发展问题，对生存和发展的需要远远超过对公共事务参与的需要，在这样的前提之下，以需求为导向的参与机制的构建将为各参与主体带来持续参与的"诱因"。再次，建立了社区建设评价机制。对社区建设进行评估，其根本目的在于全面系统地对社区的各项工作，按照一定标准做出客观、公正的评价，以推动城市社区管理工作不断跃上新台阶，同时，通过评估的信息反馈，及时改进社区管理工作中的问题和不足，不断提高社区成员对社区工作的满意度。在构建社区评价机制上，走出仅仅依靠以"物"作为评价指标的误区，涉及社区意识、社区参与等"共同体"因素方面的内容，建立了综合评价机制。①

三　"宁波模式"的理论解读

宁波被列为全国社会管理创新综合试点城市以来，坚持综合性试点与项目化管理相结合、整体规划设计与重点项目推进相统筹，积极探索实践，全力破难创新，努力探索出一条以民生为根本、以服务为先导、以基层为重点，经济社会统筹发展、各类主体良性互动的现代城市社会管理创新之路。

（一）宁波市社会管理创新工作的特点

1. 注重统筹推进，着力体现社会管理整体性

社会管理的整体性在于正确处理经济发展与社会管理的关系。包括：（1）统筹经济社会发展。宁波市把社会管理创新纳入了"十二五"规划战略，确立了实现"两个基本"、建设"四好示范区"的发展目标，把社会管理创新放在经济社会发展大局中来统筹推进。经过几年的努力，宁波市城乡发展加速融合，全市城市化率达到68.8%，全面小康实现度达到94.4%，城乡统筹水平连续五年居全省第一，城乡居民收入比缩小至2.06∶1，率先进入城乡全面融合发展阶段。（2）统筹社会管理格局。宁波市注重党政统筹领导，建立了高规格的组织领导体系。坚持项目引领，进行项目化建设，实行立项管理，由市分管领导领衔项目，明确项目牵头部门和先行试点地区，签订工作责任书，形成了市级决策、县级实施、条块联动、合力推进的工作格局，提高社会管理创新的综合效能。（3）统筹基层管理资源。宁波市一方面坚持基层优先，加大统筹力度，在乡镇（街道）推广建立集综治工作中心、公共服务中心和党员服务中心于一体的基层社会服务管理中心，构建党组织领导下的综合性服务管理平

---

① 参见李蕾《创新城市社会管理模式的探索与思考——以兰州市建立民情流水线工程为例》，《天水行政学院学报》2012年第3期。

台；另一方面，在社区探索以区域党组织为核心、社区服务中心为平台、协商议事组织为基础"三位一体"的新型社区管理体制，统筹整合条与块的服务管理资源，全面推广"网格化管理、组团式服务"模式，初步形成了"管理到户、服务到人"的工作格局。

2. 注重改善民生，着力体现社会管理服务性

社会管理创新强调民生优先、服务为先，完善公共服务，畅通服务渠道，努力向服务型管理转变。主要内容包括：（1）实施民生服务工程。宁波市把新增财力70%以上用于保障和改善民生，社会事业加快发展，"六大民生工程"全面推进。全市社会保险实现政策性全覆盖和城乡低保一体化，城镇登记失业率保持在3.5%以下。率先实行免费义务教育和免费职业教育，十五年基础教育基本普及。基层医疗卫生服务体系不断健全，2012年宁波市公共卫生服务经费为人均50元，居全省最高，服务覆盖全市760万常住人口。建成保障性住房204万平方米，2万户居民享受廉租房。面向公众的文化服务"政府买单"年均达1 500万元，城乡"十五分钟文化活动圈"基本形成。（2）构筑公共服务平台。积极推进"81890"（服务电话）社会服务中心、行政审批（服务）中心、矛盾纠纷联合调解中心、社区公共服务中心、企业公共服务平台建设，构建以政务中心为主体，专业化、市场化、多样化的便民公共服务平台。目前，市、县、镇三级政府部门服务窗口覆盖全市城乡，主要办事窗口全部推出了"午间便民服务"；率先制定发布行政审批服务"宁波标准"564个事项、1 028个子项；"81890"加盟企业已达800余家，服务内容有19大类、189小项，10年解决市民求助450余万件。（3）壮大社会服务力量。坚持多方参与，壮大基层力量，激发社会活力，抓好基层群众性自治组织建设，强化群团组织、专业合作组织的社会管理职能，培育发展各类志愿者队伍，依靠社会力量管理好、服务好"社会人"。全市共有志愿者70万人，注册志愿者达到35.9万人，还组建了全国第一个外来务工人员志愿者总队，外来务工人员注册志愿者已近2万名。

3. 注重加强引导，着力体现社会管理融合性

着眼解决当前的社会管理突出问题，不断创新社会管理方法，有效发挥社会引导作用，努力促进社会和谐融合。包括：（1）引导流动人口融入城镇。构建外来务工人员教育培训、公共服务、权益保障、安居保

障、治安管理、融合发展"六大体系",制定出台外来务工人员服务管理
"1+20"政策措施,把社会保险、就业服务、劳动合同等公共服务覆盖
到外来务工人员。探索建立"和谐促进会"等社会融合组织,设立"外
来务工者节",健全引导激励机制,不断扩大政治参与,畅通诉求表达渠
道,创新流动人口社会融合机制,推动流动人口融入宁波、服务宁波、
建设宁波。"新老市民共建共享融合模式"荣获首届"中国社会创新奖"。
(2)引导特殊人群融入社会。进一步拓展刑释解教人员安置渠道,全市
已建立过渡性安置基地和安置实体182个。建立完善社区矫正信息管理系
统,加强社区矫正人员监管改造,有效减少脱管漏管和再犯新罪的发生。
建立社区"6·26工作站",开展人性化戒毒康复模式。探索精神病人集
中收治、康复和管理机制。(3)引导网络社会融现实。实施网络健康发
展、绿色上网净化、网络舆情处置、网络信息发布、网络信息安全、网
络经营亮照等"六大工程",营造健康向上、文明理性的网络环境。积极
推进网络实名工程,全市95%以上的网站纳入数据库管理,对网站经营
者信息做了实名备案,共有975家网吧落实了网民实名登记上网管理制
度,全市50多家重点论坛和互动社区的管理员、版主全部实名登记,超
过15 000名网民实名登记。

4. 注重拓展领域,着力体现社会管理规范性

坚持突出重点,拓展领域,完善管理机制,促进规范管理,不断提
升社会管理的层次和水平。包括:(1)拓展非公经济管理。进一步深化
"和谐企业"创建,推进非公企业建立党工团组织、工资集体协商机制、
民主管理制度"三个普遍"工作,创新劳动争议社会化调处机制和服务
关爱机制。加强企业诚信监管和社会责任履行,在全国率先出台《宁波
市企业信用监管与社会责任评价办法》地方政府规章。(2)拓展社会组
织管理。出台《宁波市社会组织规范化建设评估暂行办法》,健全登记备
案、培育管理、示范创建和评估表彰等方面的政策制度。积极构建社会
组织服务平台,在海曙区成立全省首个区域性社会组织服务中心,采取
"政府扶持、民间运作、专业管理、三方受益"的运作模式,"孵化"社
会组织、参与社会服务,已有40多个社会组织进驻中心,每年设立公益
创投基金100万元,60多个服务项目启动实施。建立政府购买社会组织
服务机制,全市3年投入资金1 100万元,向社会组织购买服务项目400

多个，满足社会差异性需求。（3）拓展公共安全管理。创新基层公共安全监管体制，在乡镇（街道）设置公共安全监管站（所），赋予安全生产、环境保护、特种设备、食品药品等综合监管职能。在全国率先建立"安全生产隐患排查治理信息平台"，建立了食品药品质量追溯制度，绘制了大宗食品购销路线图。积极构建县域社会治安防控体系，建成视频监控探头12.4万个，公交车探头15 590个。近5年来，全市刑事案件总量平均每年下降3.4%，反映安全生产总体状况的三项指标（事故起数、死亡人数和直接经济损失）下降幅度分别累计达63%、51%、36.6%。

5. 注重优化环境，着力体现社会管理包容性

按照建设和谐社会的要求，宁波市既注重抓好硬件建设，更注重建立健全完善的社会支持系统，营造良好社会环境，努力形成社会管理人人有责、和谐社会人人共享的良好局面。包括：（1）优化公民素质。坚持以社会主义核心价值体系为引领，加强精神文明建设，积极打造"爱心城市"品牌。2011年，宁波市成功实现全国文明城市"三连冠"，被评为全国文明城市标兵。加强社会诚信体系建设，启动"信用宁波"建设，企业信用体系建设已列入"十二五"规划和"智慧城市"建设重点项目，企业信用体系已经覆盖全市约117万家经济主体。建立覆盖全社会的诚信系统，全市239万人拥有信用记录。（2）优化矛盾调处。创新建立县级社会矛盾联合调解中心，形成维稳、调解、信访"三位一体"的联合调处体系。探索推行医患纠纷、交通事故、劳动争议以及物业纠纷多元化调解模式，出台了全国首个医疗纠纷预防处置地方性法规。加强源头预防，大力推进社会稳定风险评估，积极构建网上《对话》、网络问政平台、民生咨询网、网络微博等平台，扩大群众诉求表达和回应渠道。推广"一线工作法""村民说事""老何说和""老娘舅"等做法，妥善化解社会矛盾。（3）优化人文关怀。大力推行"居家养老"模式，在深入开展居家生活照料的同时，注重体现人文关怀，为居家老年人提供亲情化、专业化的精神服务。加强社会救助体系建设，实施扶贫帮困、"排忧解难"行动，在"十一五"期间，全市支出各类社会救助资金25.45亿元，帮扶困难群众514.59万人次。积极开展社会心理服务，大力推进心理健康促进工程，成立宁波市心理咨询治疗中心，在社区推广建立未成年人心理辅导室。制定出台慈善事业、志愿服务地方法规和规章，进

一步推动形成人文关怀的制度环境。①

（二）宁波模式社会管理创新效应分析

宁波市社会发展进程中出现的一系列创新，既不仅仅是管理的结果，也不仅仅是服务的结果，它更是治理的结果。

1. 社会管理中互动性水平的提高

在社会治理理念的引导下，宁波市社会管理实践中逐渐形成了多元参与和合作治理的格局，社会管理的互动性水平得以提高。宁波市基层社会治理的制度体系不仅面向基层社会组织和民众，而且也带来了政府自身在社会基层基础领域管理和服务方式的转变，也就是在政府引导下，强化社会，赋能群众，推动社会提升自我管理能力，形成了政府与社会功能互补、力量互动的社会治理格局。这种互动性，大致而言体现在两个方面：

（1）体现为民众、社会组织作为主体的参与性和政府对于民众需求的回应性。作为全国第一个全部社区实行直选制度和全国第一个建立群众满意度评估机制的城区，宁波市社区居委会直接选举开启多元参与的大门，群众满意度评价制度突出了居民和社会参与服务和管理的主导性；针对复合需求的社区公共服务供给模式，在实现公共服务供需对接的同时，更使居民、企业、社会组织、政府等不同服务主体在参与式的互动互助中同步成长，共谋发展，社会化的服务实为社会化的参与。这一机制不仅关注服务的结果，它又注重过程中社会能力的培植。这种制度创新的成果，促进了政府管理社会向政府、社会共同治理的转变。这种转变尽管是漫长的、艰巨的，但在这方面迈出的每一步都是十分可贵的。

（2）这种互动性体现为基层社会治理的实践中，所形成的政府与社会组织之间的伙伴关系，也就是相互合作的关系，而非行政隶属或上下级的领导与被领导关系。这是宁波市在基层社会治理中非常重要的一个转变。两者的分工比较明确，政府负责制定整体的政策、规划服务的发展方向，探索科学合理的财政支持方式以及监督和评估服务质量等方面；社会组织则在保持自身的独立性和专业性、洞察社会的需求和积极探索

---

① 参见宁波市委政法委《着力打造社会管理创新宁波模式》，《宁波通讯》2012 年第 15 期。

创新型的服务中，以不断提升服务质量和社会认同方面做了不少努力。正是这样，社会组织才在接受政府财政支持的情况下，还能保持其民间性的触觉和专业性的服务水平。在这个分工合作的过程，社会管理的互动性水平进一步提高。

2. 社会管理中服务性与专业性水平的提高

宁波市基层社会公共服务的制度创新成果从社区服务起步，又突破了社区服务的限制，把它延伸拓展为社会公众服务，较好地解决了公共服务制度统一性与社会实际需求多元性的矛盾。面对供需难以对接的传统公共服务供给模式，"81890"社区服务模式较好地解决了社会服务领域信息不对称、信用度不高，标准短缺等难题，满足了居民群众日常生活中时而遇到的个性化、琐碎性的生活需求；面对日益严峻的人口老龄化挑战，以社区为依托的居家养老服务制度，有效地缓解了城市人口老龄化的压力，成为破解我国"未富先老"难题的希望所在。面对非规模的差异性、个性化的社会需求，把以人为本的发展理念具体化为以个体为本的新型的社区公共服务复合供给机制，拓展了公共服务的空间，使社会公共服务以更细致、更多样、更有弹性的面貌展现出来。社会组织提供的服务是随着社会发展逐步深化和专业化的。服务性和专业性水平的提高不单单是服务性理念的转换和提升，更重要的是因为适应了社会的多样化和复杂化的需求，进行了公共服务机制创新。几年来，宁波市"81890"服务平台和居家养老服务制度等社会服务项目，在实施过程中不断深化和拓展社会服务，体现了随着社会的变迁，社会问题的复杂化、社会需求的多元化、社会对服务的深化和专业化的要求正逐步提高。这就决定了政府不能一直沿用简单的行政管理方法去治理社会，而是要依赖专业社会服务机构发展专业化的、以人为本的服务，社会组织承担的服务项目正契合了这一要求。

3. 社会管理中社会自主性水平的提高

基层社会中公民和社会组织的自我管理，不仅是维持社会秩序和社会稳定的根本条件，也是促进社会和谐的基础性条件，具有工具性的意义和本体性的意义，是公民的独立人格成长和自主性生发的表征之一。公民自主参与基层社会事务甚至高一层的地方公共事务的管理是公民的自主性需求，也有利于公民独立、平等、参与、理性、宽容、合作和妥协等公共精神的培养和参与能力的提高。宁波市通过基层社会治理的组织创新和机制创新，推动社会组织的培育和发展，鼓励公民积极参与基层社会公共事务的管理，鼓励社会组织积极参与公共服务的过程，从而促进了公民和社会组织自主性与社会管理能力的提高，大量社会需求和社会问题在社会自治空间得到满足和消化。

当然，社会自治与政府对社会的管理应该是一枚硬币的两面，社会自我组织和自我管理不排斥政府对社会领域进行的公共管理活动，政府的社会管理职能还必须以公民社会的自我组织和自我管理为前提与基础，并侧重于对公民社会自身无法自我管理的社会事务和社会生活的管理。宁波市政府在培育社会组织成长、转变职能、放权于社会的同时，也不断增强着自身管理社会和公共服务的能力。

四　借鉴与启示

相对于宏观层面的社会治理，基层社会治理与具体的社会问题和需求有着深厚的联系，与之相关联的基层社会多元治理主体也具有更贴近社会实际的优势。依托基层社会多元治理主体，使很多社会矛盾和社会需求可以通过社会化的方式来处理。近年来，我国不同城市社会治理的探索实践以及初步形成的基层社会治理框架，已经成为社会管理创新的重要实现方式，在一定程度上预示着社会转型的未来方向。循着基层社会治理变革这一通道，一条既能有助于达到宏观社会发展目标，又能强化微观团结基础的现代社会发展之路逐渐鲜明起来。

（一）对人的管理与服务

随着社会主义市场经济的深入发展和户籍制度的松动，跨区域的人口流动越来越频繁，社会异质性增强，对人的管理与服务成为影响社会稳定和和谐的重要问题。杭州市通过建立市、区、街道、社区、楼道五级管理的企业退休人员自我管理服务网络，对企业退休人员的社会化管理与服务。这种管理方式，通过组织的形式把这些人员有效整合起来，实现自我管理和自我服务，是变被动的、单向的、命令服从式的刚性管理为主动的、双向的、参与式的柔性管理的积极实践。[①] 宁波通过促进组

---

① 参见丁茂战《我国政府社会治理制度改革研究》，中国经济出版社 2009 年版，第 87 页。

织融合、创新自我管理组织模式、建立双重制度联合工作平台等方式，实现对外来人口的管理与服务，使对人的管理融合在更具人性化的服务之中，淡化了社会管理中的行政倾向，有利于激发外来人口参与当地社会公共事务管理的热情，有力地推动社会和谐。深圳市通过对居住制度的改革，[①] 不仅打破了户籍管理的传统理念、体制和手段、方法，着眼于全面缩小外来人员与户籍人员享受待遇的差距，淡化户籍观念，摒弃外来、暂住等思维，增强增进外来人员对深圳的认同感和归属感，而且结束了延续多年的暂住制度，是我国流动人口管理体制改革的一大进步。尤其是在推行居住证的同时，"采用信息化技术强化对流动人口社保、教育、医疗、个人信息、违法行为记录等个人信息的管理，对我国推进流动人口管理体制改革，提高对此人员的管理和服务水平具有重要的借鉴意义"。[②]

推进社会保障和社会公共产品提供的多元化发展。传统的单位体制下，社会产品的提供和服务，基本由政府全包。改革开放后，我国在社会产品的提供上尝试了一条与传统计划供给方式不同的路径，即市场化供给方式。随着社会的发展，个人需求的多元化和需求层提高，以及政府、市场失灵状况在所难免，推动我国社会保障和社会公共产品供给的多元化发展。宁波市江东区在社会居家养老产品和服务的供给中，通过行政机制、准市场机制、市场机制、社会自治机制、社区志愿机制等供给路径，形成了以政府行政机制为基础，多种供给机制共同发挥作用的多元供给方式，不仅为老年人提供了高质量的服务，而且为我国社会保障和社会公共产品的社会化、多元化发展提供了一条有益的借鉴。

（二）统筹协调利益关系，妥善处理社会矛盾

转型期，我国社会利益分化、社会矛盾日益凸显，传统的通过单位控制和协调利益关系的方式已经远远不能适应现代社会的发展，社会的日益开放以及跨界利益群体的暴增，增加了社会矛盾的强度利益协调的难度。虽然在改革开放过程中建立了一系列利益协调机制，使一些利益

---

① 参见《深圳8月1日起实行居住证制度，持证可优先入户》，《深圳商报》2008年7月1日，http：//news. sohu. com/20080701/n257852559. shtml。

② 丁茂战：《我国政府社会治理制度改革研究》，中国经济出版社2009年版，第84页。

矛盾在可控的范围内通过行政、市场、社会自治等机制得以缓和和解决，但是，由于利益关系的复杂性和多样性，利益矛盾的协调仍是我国社会面临的重要问题。现代社会是开放的社会，社会治理的功能空间也不仅仅局限于一个狭小的范围内，因此，构建社会利益调节的平台要突破地域的范围，构建市、区、街、社区四级联动甚至跨市的利益服务和调节平台，在不同层级上促进社会公共空间的产生，以利于不同利益群体之间的交流、协商、参与，尽量把矛盾消解在萌芽状态。兰州市的"民情流水线"为我国当前社会利益的调节和社会矛盾的处理，提供了一条可供参考的路径。

（三）对现代社会组织和社会人的规制

在传统的社会管理体制下，国家通过行政一元化的社会管理体制，以单位和街居为载体，达到对整个社会的规范和管制。这种体制下，各种组织行政化于国家行政体制之中，压抑了社会组织的发育。改革开放以来，社会组织以及现代社会人得到了极大的发展空间，因此对社会组织和社会人的社会规制是社会管理的一项重要职能。对社会组织和社会人的规制，主要通过行政规制和社会自律途径，实现社会组织和社会人的规范和管理。一方面政府通过法律、法规、政策的约束对社会组织、社会人的规范。另一方面通过社会组织和社会人的自我管理、自我规范达到社会规制的目的。除了这两种规制方式之外，政府可以通过现代社会规范的培育、道德培育、舆论引导等增强社会组织和社会人的现代意识与自我管理功能。对社会人的规制，还可以通过社会组织，对社会成员进行价值引导和心理塑造，使正确的社会规范和行为准则内化为每个社会成员的行为指导。

（四）应对社会风险，建立应急机制

当代社会不同于传统社会，是一个充满矛盾、充满风险的社会，因此将常态的社会管理与非常态的社会管理相结合，构筑应对各种突发性公共事件的应急安全管理体制，增强对社会风险的抵御能力，是新时期社会管理重要功能之一。特别是2003年爆发的非典和2008年的汶川大地震，唤醒了政府公共危机管理的意识和行动。党的十六届六中全会通过的《中共中央关于构建社会主义和谐社会若干重大问题的决定》强调指出："建立健全分类管理、分级负责、条块结合、属地为主的应急管理体制，形成统一指挥、反映灵敏、协调有序、运转高效的应急管理机制……提高危机管理和抗风险能力……实现社会预警、社会动员、快速反应、应急处置的整体联动。"早在 2001 年，南宁市就开始探索建立城市应急联动机制，① 运用数字化、信息化等高等科技手段，通过组建城市应急联动机构、整合城市应急管理资源、提供城市应急处理能力、拓展城市应急联动功能等做法，建造了我国第一套城市应急联动系统，实现了统一接警、统一处警、资源共享、统一指挥、联合行动、使各部门能够及时快捷地为市民提供公共应急救助服务，提高了政府处理社会突发、紧急、特殊、重大事件的快速反应能力和运用高科技管理城市的水平，为我国社会应急管理体制的改革提供了借鉴和典范作用。非典之后，我国加速了社会应急管理体系的建构工作，随着风险意识的提高以及实践经验的完善，政府通过加强和不断完善突发公共事件的立法工作以及组建专门的应急管理部门和指挥平台，基本上建立了从中央到地方、从制度到实践比较完善的社会应急体系。

总之，与当前社会建设和社会发展的实际相结合，我国社会管理功能更加复杂化、精细化，社会管理中不仅出现了功能分工，出现多元管理主体，而且社会管理也向着更加人性化的方向发展。

第三节　中外典型城市社会安全治理比较分析

公共安全是保证城市正常运转、实现城市健康发展的前提，而有效的公共安全管理是保证城市公共安全的基本途径。如前所述，中国城市公共安全管理在经过若干年的探索与努力之后，虽然已取得了很大成就，但也仍然存在着诸多问题。目前，我国城市公共安全管理的现状，无论对政府而言还是对城市居民而言，与西方发达国家的公共安全管理水平仍存在着较大差距。面对不断发展变化的城市公共安全环境，我国一定要重视和完善城市的公共安全现状。

---

① 南宁市城市应急联动中心：《创新见成效，五年铸辉煌》，南宁市城市应急联动中心官方网站，2007 - 05 - 18，httn：//www. nninn. sov. cn/4754/2007 - 05 - 18/4754 - 211591 - 1179473 882570. html.

一　重视预防，加强风险评估和监测

通过对国外城市公共安全管理的成功经验，以及我国部分城市社会安全治理实践的总结，不难发现，对公共安全事件处理最为有效的办法就是在人们可控的范围内，在突发事件没有发生之前采取及时有效的办法，进行实时追踪监控，将危机化解和消灭在萌芽状态。所以，在城市社会安全治理工作中，要在推进社会管理工作创新成效的基础上，重点加强对安全预防工作的开展。具体措施包括：

（一）强化防范意识

在现代城市公共安全环境不断恶化的形势下，对城市居民的公共安全防范意识也提出了更高和更多的要求，居民应积极主动的学习和加强公共安全防范意识。政府作为城市公共安全管理的主体和主导者，有必要发挥其宏观指导的优势和作用，积极引导城市居民学习公共安全预防意识。目前，我国许多城市都已经开展了对公民的公共安全教育活动：开展进社区、进学校的城市公共安全的专题讲座和演讲，开展模拟公共安全危机的发生情景活动，使居民切实感受和学习如何正确理性的应对随时会发生在身边的城市公共危机，譬如火灾逃生演习。总之，要把公共管理安全防范意识贯穿于公共管理工作的始终。

（二）落实防范工作

首先，在预防对象的选择上，要定期、不定期地组织相应的管理人员、专业人士、专家以及相应的风险评估咨询机构，对自然、社会、企事业单位等各种组织可能存在的风险隐患进行评估，筛选出可能存在风险隐情的事件，并采取相应的防控措施；其次，在预防措施的制定上，根据评估监测的可能存在公共安全隐患的问题，在组织、资源、资金、技术和信息各种条件综合作用下，制定出切实可行的预防措施和办法，做到有效的资源配置和任务合理部署；再次，要对公共安全预防工作展开检查以及进行公共安全事件预防工作的总结，及时调整工作方式，改进预防工作的内容，使预防工作更有效。

此外，还要加强对于公共安全问题的信息收集、分析、沟通、处理的能力。一般而言，信息越全面、越具体，越有利于决策者进行正确决策，所以政府要加大在这方面的投入力度，建立以政府为主导的全方位、多层次、宽领域的公共安全信息网络，这也是当今公共安全管理的趋势。

（三）建立风险评估与监测体系

首先，要充分认识到加强公共安全风险评估与监测工作的重要性。建立城市公共安全风险评估的制度法规，赋予该项活动的权威性和强制性。政府要对其进行科学的规范，并依法办事，责任到位。其次，明确风险评估和监测的责任机构，使其专门负责自然和社会领域潜在风险的日常监测和评估。各个责任机构要明确风险评估与监测的分工与责任，横向上要全面覆盖包括自然灾害、事故灾难、社会公共卫生和安全事件在内的城市突发事件，纵向上要贯穿城市公共安全规划、建设、发展与运行各个环节。通过建立系统的风险评估指标体系，使城市公共安全的风险监控具有针对性，将有限的资源和注意力集中到最需要的地方；并根据密切监测的公共安全风险变化，及时调整公共安全的风险等级以及相应的应对措施。再次，开发城市公共安全风险评估与监测的技术、方法和手段，使评估和监测具有更高的精确度。先进的公共安全风险评估技术与手段，还可以为城市公共安全领域的风险评估工作提供指引方向。随着三峡流域范围内社会治理创新工作的不断推进，城市安全的风险评估与监测问题亟待解决，城市公共安全的风险评估与监测技术和手段也需要不断更新。

二　重视合作，加强区域城市间的合作治理

为了切实提高城市公共安全突发事件的效率，实现资源利用的最大化，需要城市与城市之间加强合作，建立应对突发事件的联合反应机制。

（一）建立跨城市的综合协调机构

在具有相对中心地位的城市，设立以区域城市的集体公共安全为使命的跨城市综合协调机构，使区域内的城市之间有协调机制以便于沟通交流。比如在湖北宜昌设立三峡流域范围内城市社会安全治理的综合协调机构，依托交通、信息网络、基础设施等的配套合作，使流域内城市之间相互之间取长补短、相互沟通、相互合作，充分利用各自优势以发展成一个高效完整的统一体。在常规状态下，协调机构可以充当信息传递、交流合作的平台，帮助城市之间互相了解彼此的状态；在突发的紧急状态下，充当权威的指挥机构，更加科学、高效的应对突发事件。

（二）建立公共安全管理政策的协商机制

要实现不同城市间的合作治理，还需要在制定和执行相关政策时，通过一定的方式进行必要的协商，以避免实行公共安全管理政策时出现不必要的冲突，以保证城市间的公共安全管理政策能够相互衔接，进而为采取一致行动提供制度性基础。城市之间的政策协商机制，不仅可以避免不必要的冲突，而且可以增强城市群之间的聚合能力，避免各个城市自称体系，从而增强各个城市之间从全局考虑的意识，以提高共同应对风险突发事件的能力。在政策规划时，规划小组的成员应包括来自各个城市的代表，并代表各自城市陈述本城市公共安全管理问题的特殊性，最后达成的政策应确保通用性。在政策执行时，各个城市都应保证大致相同的执行方式。

（三）实现公共安全管理的资源互济与共享

区域城市间的公共安全合作治理，除了具备有效的综合协调机构之外，还应实现充分的资源互济与共享，包括信息资源、人才资源、技术资源、设备资源等。各个城市之间充分发挥各自资源优势，突出各自特色，加强资源综合利用，提高资源整体利用率，以实现整体布局优化。城市之间通过相关机制安排，促成资源的有效流动，排除资源共享的障碍。

三　重视机制建设，加强配套保障力量

必须建立动态、有效的公共安全管理配套机制，要根据不断变化的公共安全形势，不断地更新公共安全管理模式，完善各项机制，使整个公共安全管理系统保持旺盛的生命力。

（一）信息机制

概括起来，公共安全事件管理的信息机制包括信息获取、信息加工、信息反馈三个方面。其一，信息获取机制的建立主要是保证事件信息汇集的时效性和有效性。这种信息的汇集可以使用两种渠道：一是使用城市公共安全管理应急系统建立的正式信息传递渠道，以保证信息来源的真实性。二是使用除正式信息流通渠道之外的方式获取信息，增强信息获取的时效性，从而实现在保证信息获取量的同时，又能防止虚假信息的出现。其二，信息加工处理机制主要是指事件信息处理，通过信息加

工处理机制做到去粗取精，去伪存真。要由管理人员、技术人员、专业人士、应急和社会问题专家以及相关学者组成事件信息编辑小组，保证信息加工处理的科学性，做好信息加工处理的保密工作。在事件信息披露之前，政府相关部门和领导应进行审核，履行严格的审批程序。其三，信息的反馈机制，即进行事件信息的跟踪工作。包括社会公众的反响、舆论的相关报道，以及国际媒体和舆论的看法等。

（二）资源保障机制

城市公共安全管理的资源保障机制主要包括人力资源和物力资源两个方面：一是人力资源保障机制。划分为人力资源需求、人力资源规划、人力资源配置、应急能力培训与演练和人力资源调整等几个部分，厘清城市公共安全应急体系现有的人力资源的供给状况，确定人力资源需求情况；制定相应的人力资源规划，包括时间安排计划、实施细则计划、培训展开计划等，并相应地对人力资源配置提供指导；要及时开展对人员的培训工作，包括岗位职责、工作内容、业务技能、应急知识等方面的培训，使人员能够尽快熟悉所从事的工作。同时，还应进行模拟演练，提高实战能力；在使用的过程中不断进行调整，确保人员能够完全适应岗位的要求。二是物资资源保障机制。包括物资资源需求、物资资源规划、物资资源配置和物资资源调整。根据物资资源规划的要求，各部门应在规定的时间内，按照物资采购程序完成本部门物资资源的配置工作，并满足对物质构成、数量、质量、功能等方面的要求。

（三）教育培训机制

这里的教育培训机制主要是指对社会公众应急宣传教育，从一定程度上讲，提高公共管理者的应急管理能力和社会公众的应急意识，是预防工作得以贯彻的根本保障。

可以采取三种形式：一是通过大众媒体。利用广播、电视、报纸、网络等可以利用的传播媒介广泛开展公共安全知识宣传，帮助公众掌握简单的应急和逃生知识和办法。二是通过教育系统。利用幼儿园、小学、中学、高中、大学等教育场所，通过开设应急科目、应急讲座、应急训练等多种方式，全面提升全民应急素质。三是通过公益形式。如向公众广泛开放应急科普知识馆、应急设备展览馆、应急事例展览馆等，使市民更全面更直接地了解公共安全的知识，增强应对的防范意识。

四　重视社会力量，加强社会动员和参与

三峡流域城市公共安全管理体制：应是政府和社会均发挥各自优势和力量，两者紧密配合；在政府内部，各部门之间能够在统一指挥之下，通过有效的沟通与协调，形成密切配合；在社会内部，各社会力量之间也应具备有效的合作途径。

（一）政府与社会合作治理

三峡流域城市政府在公共安全治理中的具体角色如下：

第一，城市公共安全治理的先行者。具体内容包括：城市公共安全治理体系的设计和组织工作，如确定体系目标、体系结构、体系的基本运作方式；城市公共安全体系的建设和引导工作，如培育体系成员、提供支持条件；城市公共安全理念的宣传和教育工作；城市公共安全管理技术的研究与开发工作；等等。

第二，城市公共安全治理的指导者。政府应通过制定科学、健全、具体的公共安全政策为其他体系成员指出明确的行动指南，并通过命令、沟通、说服等方式保证政策的实施。

第三，城市公共安全治理的沟通者。信息的获取、传递与应用是实现城市公共安全的关键，它能否实现取决于政府在信息资源方面的优势，决定了它在城市社会安全治理体系中充当一个有效的沟通平台和中心性沟通主体。沟通者角色的具体内容包括：建立有效的信息获取机制和发布机制；利用现代信息技术搭建高效的公共安全信息共享平台；有针对性地引导信息的传播；等等。

第四，城市公共安全治理的激励者。政府应充分调动其他体系成员致力于城市公共安全目标行动的积极性、主动性和创造性，具体工作包括：科学识别针对各类体系成员的各种激励因素；建立城市公共安全贡献的奖励制度；严格执行公共安全事件的责任制度和惩罚机制。

（二）政府机构的有效联动

政府内部各部门的有效联动，既包括各部门在应急指挥机构统一领导下的共同工作方式，还应关注地方政府间合作问题，即相邻的地方政府之间在公共安全事件的预防和应对准备、监测和预警、应急处置和救援、恢复和重建等各个环节共享信息和其他各项资源，共同采取行动，

发挥整体效果。城市各个部门之间要建立面向社会共同沟通参与合作的机制，争取本部门对其他部门工作的理解与支持，按照相关规定协同办事。

五　重视系统建设，加强领域之间的综合治理

公共安全管理作为社会管理的一个重要层面，需要构建一个完整的城市公共安全管理内容体系。具体来说，可以从以下方面加强公共安全管理各内容之间的联系：

（一）对庞大的公共安全管理问题进行辖区划分，进行综合性单元式管理

借助网格化管理的优势，建立城市—区—街道—社区层级分明的纵向管理体系，将最终的公共安全管理事件落实到具体的单元即居委会辖区（社区）这种科学合理的单元管理理念和管理方法，更能适应城市快速发展、公共安全问题日益复杂多样的现实。在公共安全管理工作落实的过程中，在注重单元式管理的重要性的同时，要做好条块的结合工作。在整个城市范围内建立起以单元为基础的、纵横协调的统一网络。

（二）切实加强对各类城市公共安全事件的统一领导

当前，我国的公共安全管理现状是无论是在中央层面还是地方层面，都设有应对突发事件的应急指挥机构，各个城市均设立了由本级人民政府主要负责人、相关部门责任人、驻当地中国人民解放军和中国人民武装警察部队有关负责人组成的突发事件应急指挥机构，对各类公共安全事件行使统一指挥权。但是，在实际运作中，依然主要是按照公共安全事件的类别，具体落实到相关责任部门，分类管理。这类管理方式在应对突发的公共危机时有其缺陷，容易出现应对救助不及时、部门与部门之间出现争功与扯皮现象、工作效率低等问题。政府应切实加强对公共安全管理的统一和直接领导，应强化城市各级最高公共安全指挥机构的职能，探索出一套既具有通用性又能灵活应变，高效应对的中国式指挥模式。

（三）实现各类公共安全事件预案体系的衔接

各类公共安全事件的预案基本上都是由各个领域的主要负责部门，会同其他配合性部门起草的，充分体现了各类公共安全事件的特性，也

导致不同公共安全管理领域的预案难以实现相互对接，阻碍了综合治理的整体性。因此，有必要在理顺各类预案的基础上、在《中华人民共和国突发事件应对法》的基本框架内，实现相关内容的协调与一致。

据发达国家公共调查数据显示，人们把治安类犯罪列为日常生活的首要担忧和顾虑。社会安全事件不仅会造成身体、心灵的伤害、生命和财产的损失，还会在城市中造成弥漫性安全恐慌，严重影响城市正常生活与有序运行。长期看来，这种心理恐慌还进一步阻碍了外来投资，造成资本与人才外流，制约了城市经济社会的健康运转，成为地区与城市可持续发展的障碍。为实现可持续发展理念，必须要找到能应对城市社会安全问题的方法，即城市公共安全的可持续发展——"安全生长"。①在经济全球化和快速城市化背景下，城市安全问题变得更为复杂。当代西方学者把城市社会安全问题放在人类安全的宏观综合视野中审视，对城市社会安全问题的关注，从传统狭隘的个体或小群体利益的得失视域转向广义的人类基本权益的安全保障，实现了对城市社会安全问题发展态势的科学整体掌握，进而直指城市社会安全问题的核心实质——人的安全和人类生存与发展安全的可持续建构。

城市社会安全问题类型多样丰富，不同类型因素交互复合，使突发事件应对工作变得更为庞杂无绪。本章希望能够在借鉴国外发达国家城市发展经验的同时，实现观念与视野的结合，比较西方城市安全管理研究视角和实践工作方法，为三峡流域城市社会安全问题研究的深化，提供必要的前提和可能。

---

① Savilleg. Safe Growth：Moving forward in Neighborhood Development ［J］. *Built Enviornment*，2009，35（3）：pp. 386—402.

第五章

网格治理：三峡流域城市
社会安全治理的现实选择

加强和创新社会治理是建设和谐社会的关键所在，如何建设一个"善治"的社会是当前政府亟须破解的一个重大课题。随着经济转轨、社会转型的深入发展，以及城市化进程的不断推进，城市人口迅猛增加，大量的社会矛盾和利益冲突在社会领域不断聚集，各种威胁社会安全的群体事件频繁爆发。在这种时代背景之下，传统社会管理模式弊端日益凸显，其落后的管理手段、粗放型的管理方式、居高不下的管理成本以及工作效率和服务质量的低下，与人们对公共服务日益增长的需求形成了强烈的对比。于是，在对传统社会管理模式进行深刻反思的基础上，我国各地政府开始了转变社会管理服务模式的积极探索与尝试。

第一节 网格化管理的研究与发展分析

作为社会管理创新的优秀成果和重大举措，城市网格化管理模式一经提出便受到了政府、理论界以及百姓的高度关注。近些年来，在政府的大力支持和推动之下，我国各个试点城区纷纷开始了发展和完善城市网格化管理的探索之路。本节在对网格化管理的核心概念进行解释的基础上，对网格化管理产生的背景、发展现状与趋势，进行了较为全面、深入的分析，并从成绩与问题两个方面对网格化管理实践进行了客观、全面的评价。

一　基本概念与研究动态

（一）网格化管理的概念

1. 网格

网格是借鉴电力网的概念提出来的，网格的英文单词为 Grid，来源于电力网格 Power Grid 的拆分，最早出现于 20 世纪 90 年代中期，是近年来国际上兴起的一种重要信息技术。网格技术是起源于计算机领域的一项技术，最先应用于一些高科技领域，然后不断扩展至其他行业和领域。"网格的最终目的是希望用户在使用网格计算能力时能够做到如同使用电力一样方便，为用户提供与地理位置无关、与具体计算设施无关的通用计算能力，消除信息孤岛和资源孤岛，实现信息的高度融合与共享。"[①]网格研究现处于发展阶段，相关概念一直处于不断变化和发展过程中。从概念的创新价值和普适性上来看，"网格"概念具有穿越学科的"渗透力"和方法论的属性，因此研究者们往往从不同的角度和侧重点出发，对"网格"的特点和功能进行解释和说明。由于"网格"是面向问题领域的，不同问题的要求和解决方法不一样，因此也就呈现出各种各样的定义和观点。

理解"网格化管理"的含义，首先要分析信息技术领域的"网格"与社区"网格"之间的区别。从技术角度来看，根据 Foster 和 Kesselman 的定义，"网格"（或者"计算网格"）是构筑在互联网上的一种新兴技术，利用互联网把分散在不同地理位置的电脑组织成一台"虚拟的超级计算机"，将高性能计算机、大型数据库、传感器、远程设备等融为一体，实现计算资源、存储资源、通信资源、软件资源、信息资源和知识资源的全面共享。[②]

"网格"是一种信息社会的网络基础设施，可以利用灵活有效的分布式计算资源获取更加有力的计算力，它实现了互联网上信息获取、传输

---

①　I. Foster，C. Kesselman. The Grid：Blueprint for a new Computing Infrastructure［M］. Morgan Kaufmann Publishers，USA，1998，pp. 34—37.

②　参见邢月潭《上海市社区网格化管理研究》，硕士学位论文，华东政法大学，2008 年，第 9 页。

和利用的革命，从而给人类的生产和生活方式带来了巨大的变化。虽然关于"网格"的概念还没有达成一致，但从"网格"的起源和目的来看，"网格"的本质是为了更好地实现资源共享与异地协同。

从城市社区管理角度来看，"网格"是在特定城市社区范围内，根据地理环境、人口情况等进行的地域上的划分，是整个社区网格化管理系统中的基本单元。"网格"一经划定并覆盖至整个城市社区后，"网格"的设定及其管理内容便固定下来。因此，城市社区之中的"网格"是一种物理网格，而不是互联网当中的虚拟网格。不同于传统大社区制管理模式，通过划分"网格"来代替自然区域界限或者人为的行政区划，有助于在较小的地域范围内实现精细化管理，明确管理对象。于是，不同的管理主体便不再以整体城市社区作为工作范围，而是根据不同的"网格"需要进行管理、提供服务，那么，分属于不同组织的管理主体便可以在同一个"格"中协作，分属于不同组织的信息和资源也可以在同一个"格"里共享。

2. 网格化管理

与之同理，"网格化管理"包含"网格"和"用户"两个部分，"用户"只需提交需求即可随时随地享受优质服务，"用户"和"网格"之间通过网格内部结构（协议）实现双向互动。可以说，网格化管理的核心思想就在于用户提交需求的简洁性和网格响应需求的精准性与迅捷性。

如同"网格"一样，虽然网格化管理技术相关的实践探索早已展开，但"网格化管理"的概念界定和应用范围在学术界却尚未达成共识。一般而言，"网格化管理"本质上是一种数字化管理模式，主要运作方式是利用电子网格地图技术，根据属地管理、地理布局、现状管理等原则，将管辖地域划分成若干网格状的单元，并对每一个网格实施动态化、精细化和全方位的管理。①

从信息技术的视角来看，网格化是"数字城市"与现代化的治理理念相互交融的产物，其基本模式是通过借用空间网格及计算机网格管理的思想，立足于电子信息化平台将管理对象划分为若干个单元网格，并

---

① 参见向春玲等《加强和创新社会管理18个经典案例》，中共中央党校出版社2011年版，第27页。

利用现代信息技术（移动通信、地理位置编码和网络地图等）实现对各网格单元间的协调，促进网格间的"信息交流"和"资源透明共享"，并利用网格化的思想转变城市管理理念，实现政府流程的再造，其特点是"全时段监控"和"限时解决"。①

从社区治理的视角来说，网格化管理是一种"更加全面的社区服务和管理体系"，它能纳入城市管理以及社区治理可能遇到的所有事件，具有极大的延展性和动态包容性。但网格化管理并没有改变城市基层治理中"街道—社区"的格局，社区治理以网格化管理为资源调解与分配的载体，整合了社区治理资源，提升了社区的服务能力，以扁平化、精细化、高效化的管理方式实现"科学化、精细化、长效化"的管理效果，把"党委政府的管理服务延伸至整个社会肌体的最末梢"，实现了对社区居民的精细管理和贴心服务。

（二）网格化管理的研究动态

近几年来，我国开始有不少学者尝试着从不同的角度对网格化管理模式进行了许多有益的探索，也取得了一系列有价值的研究成果。概括起来，针对城市网格化管理以及社区网格化管理的研究主要集中于管理模式创新、党建创新、实践创新及技术创新这四个方面。

1. 管理模式创新研究

有关网格化管理模式创新的研究数量比较多，包括网格化管理模式的理念、内容、方式、本质特点、管理手段、组织机构设置，以及对未来研究的展望等方面的内容，其中有比较代表性的研究有：竺乾威（2012）基于无缝隙理论对网格化管理进行了理论分析，并对网格化管理模式存在的问题和发展前景进行了探讨。② 孙建军等（2010）强调了网格化管理从"管制"向"服务"的转型的重要创新意义和普遍推广价值。③ 李鹏（2011）对我国城市管理化管理模式的概念特色、管理模式、技术组成等方面进行了概括，对其完善方向提出了建议，并提出未来城市治

① 参见阎耀军《城市网格化管理特点及启示》，《城市问题》2006 年第 13 期。

② 参见竺乾威《公共服务的流程再造：从"无缝隙政府"到"网格化管理"》，《公共行政评论》2012 年第 2 期。

③ 参见孙建军等《从"管制"到"服务"：基层社会管理模式转型》，《中共浙江省委党校》2010 年第 1 期。

理从网格化向网络化的发展前景。① 魏涛（2011）对城市社区网格化管理模式存在的局限，提出了重构城市社区网格化管理模式的目的、内容和措施保障。② 李岩（2010）对我国特大城市的社区网格化管理模式的设计思路、合理性、科学性和有效性进行了系统性的分析和总结。③ 周连根（2013）从基层维稳的角度对网格化管理模式的基本特征、重要意义进行了概括性的研究。④ 田毅鹏（2011）指出，网格化管理模式存在着运行成本过高、持久性不强以及网格泛化等缺陷，特别分析了网格化管理存在着弱化社区自治的危险，并提出了寻找"网格化管理"与"社区自治"两者的联结点是关键所在。⑤

　　2. 党建创新研究

　　关于社区网格化管理的党建创新相关文献数量也非常多，其中比较具有代表性的研究，主要包括：张恺（2012）对社区党建网格化的管理和运行机制进行了研究，并从互动机制、责任机制、激励机制、保障机制等方面提出了建议措施。⑥ 针对浙江省舟山市"网格化管理、组团式服务"党建工作模式的典型案例，中共舟山市委组织部（2009）从党建工作模式创新角度对其党建工作模式进行了总结。⑦ 周诗伟（2009）⑧、庄跃成等（2010）对舟山市开展"网格化管理、组团式服务"的主要做法、基本特点及初步成效做了具体、深入的调查。认为这种模式在创新基层党建工作等方面做出了有益探索，意义深远。⑨

---

① 参见李鹏《我国城市网格化管理研究的拓展》，《数字城市》2011 年第 2 期。

② 参见魏涛《城市社区网格化管理模式研究》，硕士学位论文，大连理工大学，2011 年，第 26—38 页。

③ 参见李岩《我国特大城市的社区网格化管理模式研究》，硕士学位论文，电子科技大学，2010 年，第 16—46 页。

④ 参见周连根《网格化管理：我国基层维稳的新探索》，《中州学刊》2013 年第 6 期。

⑤ 参见田毅鹏《城市社区管理网格化模式的定位及其未来》，《学习与探索》2012 年第 2 期。

⑥ 参见张恺《社区党建网格化实施路径研究》，《中共郑州市委党校学报》2012 年第 6 期。

⑦ 参见中共舟山市委组织部《浙江舟山"网格化管理、组团式服务"党建工作模式的实践与思考》，http://dangjian.people.com.cn/GB/11479104.html.2010 - 04 - 28。

⑧ 参见周诗伟《党在基层执政方式的积极实践》，《今日浙江》2009 年第 16 期。

⑨ 参见中共浙江省委学习实践活动办公室、省委组织部联合调查组：《舟山市创新基层工作调查》，《党建研究》2010 年第 1 期。

3. 实践创新研究

这一类研究主要是结合各个试点社区的具体情况，试图从个案的独特探索与尝试出发，寻求城市社区网格化管理的共性特征，从而为其深化发展提供更多可供借鉴的理论和实践经验。

北京东城区区委书记陈平编著的《网格化——城市管理新模式》是其中最具代表性的专著，该书全面阐述了城市网格化管理模式设计理念、技术特色、建设过程，并通过大量翔实的数据展现了新模式的实际应用效果。[①] 同时：皮定均（2008）[②] 以北京市朝阳区为例，从社区居民公共参与的视角；何军（2009）[③] 以北京东城区为例，从政务网格向社会网格延伸的视角；王名等（2012）[④] 从现状与问题的视角，进行了大量的调查研究，对北京市网格化管理的主要做法、成效以及面临的问题进行了研究和分析，并就如何进一步推进北京市网格化服务管理提出了自己的思考。不同的学者结合不同的案例，任靖（2013）[⑤] 分析了网格化在郑州市社区开展以来的现状、效果及存在的问题，提出了相应的解决办法，并针对郑州市社区网格化管理未来发展之路提出了思考。汪习根等（2013）[⑥] 以全国社会管理创新试点城市湖北省宜昌市为样本，对网格化管理在信息制度、人事管理制度、矛盾联动化解制度、特定人群服务制度等方面的创新经验进行了概括总结。汪善翔（2011）[⑦] 研究了"网格化管理、组团式服务"模式在普陀区的实践过程，给予了高度评价。陈志强和张红（2007）[⑧] 以上海

---

① 参见陈平《网格化——城市管理新模式》，北京大学出版社 2006 年版，第 1 页。

② 参见皮定均《朝阳区利用网格化管理的实践与创新》，《中国行政管理》2008 年第 6 期。

③ 参见何军《网格化管理中的公众参与——基于北京市东城区的分析》，《北京行政学院学报》2009 年第 5 期。

④ 参见王名、杨丽《北京市网格化管理服务模式研究》，《中国行政管理》2011 年第 2 期。

⑤ 参见任靖《郑州市社区网格化管理研究》，硕士学位论文，郑州大学 2013 年，第 1—35 页。

⑥ 参见汪习根、钱侃侃《网格化管理背景下的制度创新研究——以全国社会管理创新试点城市宜昌为样本》，《湖北社会科学》2013 年第 3 期。

⑦ 参见汪善翔《"网格化管理、组团式服务"模式的实践研究——以普陀区为个案》，硕士学位论文，华东政法大学，2011 年，第 8 页。

⑧ 参见陈志强、张红《构建和谐社会的社区视角——以上海社区网格化管理为例》，《湖北社会科学》2007 年第 1 期。

社区网格化管理为例，陈家刚（2010）① 结合上海市杨浦区殷行街道的调查情况，对社区治理网格化的背景、现状、存在的问题及其原因以及应采取的对策进行了分析论述。邱珏（2008）② 以北京东城区、上海卢湾区和长宁区为研究对象，着重分析了两地实施情况存在的共性与差异，探讨了城市网格化管理模式在我国发展过程中遭遇的普遍性障碍，并提出了若干完善新模式的对策和建议。

4. 技术创新研究

城市社区网格化管理是以数字技术为基础的，作为这种全新的管理模式的有力保障，信息技术是网格化管理系统快速反应、精确管理的关键。大多数学者如陈平、郑仕源、王喜、李德仁、李鹏、王保森、刘琪、池宗仁、曾绍炳、王爽等等，都倾向于将城市社区网格化管理技术划分为以下几方面研究内容（如表5—1所示）：

表5—1　　　　　　城市社区网格化管理的技术构成要素

网格化管理技术③	3S技术、中间件技术、地理编码技术、移动GIS技术等
城市部件管理法	对道路、桥梁、水、电、气、热等进行管理
城市事件管理法④	对涉及市容环卫、市容管理、突发事件等纳入管理范围
万米单元格管理法⑤	以1万平方米为单位，把辖区划分为若干个网格，对其进行全时段管理
城市管理体制的"双轴"	城市管理监督中心和指挥处置中心分别行使指挥和监督职能
信息采集器	"城管通"——收集信息和发送信息
管理流程再造	把管理流程分为受理、审核、派遣、执行、督察、核查、结案七大步
综合绩效评价体系⑥	区域评价、部门评价、岗位评价

---

① 参见陈家刚《社区治理网格化建设的现状、问题及对策思考——以上海市杨浦区殷行街道为例》，《兰州学刊》2010年第11期。

② 参见邱珏《城市网格化管理研究——基于北京和上海的分析》，中共上海市委党校硕士学位论文，2008年，第25—48页。

③ 参见李鹏《我国城市网格化研究与展望》，《数字城市》2011年第2期。

④ 参见魏涛《城市社区网格化管理模式研究》，硕士学位论文，大连理工大学，2011年，第13页。

⑤ 同上。

⑥ 参见何军《网格化管理中的公众参与——基于北京市东城区的分析》，《北京行政学院学报》2009年第5期。

总体而言，当前我国学者关于网格化管理的研究大部分是围绕着城市和社区这两个层面进行的。不同之处在于，城市网格化管理的视角要更加宏观一些，多数研究基于基层社会管理创新的角度，从基层政府（市级）的高度出发，针对市级—区级—街道—社区四个层面对网格化管理模式进行更加完整、更加系统化的研究。相对而言，社区网格化管理模式则主要着眼于社区层面，从社区管理模式创新的视角出发，对社区网格化管理进行理论和实践方面的探索和总结。

从目前网格化管理的研究现状来看，主要体现出以下几个方面的特点：

（1）表面性研究多，内在机理性研究少。目前针对网格化管理的研究仍然属于零散式的、浅层面的研究，对于网格化管理的内容、形式、特征以及意义等表面化研究比较多，还没有形成系统、全面、规范的研究范式，缺乏对网格化管理内在机理的深入挖掘。

（2）应用性研究多，理论性研究少。当前，网格化管理应用性研究集中于对北京、上海、深圳等几个大城市，以及诸如浙江舟山、湖北宜昌等具备一定特色和代表性的中小城市，主要是对它们取得的成效以及实践经验进行概括式的总结，比较局限于对特定区域实践的描述性分析，缺乏理论上的抽象与升华。

（3）滞后性研究多，前瞻性研究少。近几年来，随着网格化管理模式在我国社区的全面展开，关于该模式的理论研究越来越滞后于其实践发展的速度。一直以来，对社区网格化管理的研究始终都没有突破对其发展现状的跟随式的调查研究，缺乏创新性和前瞻性的理论指导，特别是关于网格化管理在社区实践中面临的困境以及未来发展趋势的研究明显不足。[①]

二　网格化管理的产生、发展与扩张

从网格化管理的产生背景可知，网格化管理的最早产生于社会综合治理实践需要，并以预防犯罪和对重大突发事件的紧急应对为主要目的。

---

① 参见杨海涛《城市社区网格化管理研究与展望》，博士学位论文，吉林大学，2014年，第6—14页。

自 2008 年中央政府挑选 39 个地方城市作为试点以来，网格化管理得到各地政府大力推行。在社会结构和社会关系发生变革的背景下，网格化管理的内容也开始不断扩张，逐渐实现了从早期的犯罪预防向社会综合治理的转型；与此同时，社会组织的形式也开始发生了结构性的变革。

（一）网格化管理的发展走向：从犯罪预防到社会综合治理

发展到今天，网格化管理已经由最初的犯罪预防走向社会的综合治理，管理的对象也由起初的对重点人群（尤指具有社会危害性的人群）的防范扩大到几乎对所有群体的管理，包括养老、卫生、疾病、社区矫正等群体。特别是管理对象还扩大到对事与物的管理，包括环境、社区、市场、交通等方面。

一般而言，人类社会大多数的矛盾和冲突产生于两个方面：一是事实与信息的局限，二是政府和人民之间缺乏有效的沟通途径。因此，现代社会治理的成功，取决于如何对这两个问题做出积极的回应。现代科技与信息技术为事实和信息的准确获取提供了技术支持，事实与行为得以建立在精确数据基础上，大数据已经日益成为决策的重要依据。社区、城市的基本信息完全可以通过现代信息技术即时体现，这为决策提供了重要的参考。此外，公共基础设施的维护和管理同样需要充足可靠的信息。另外，网络信息平台的建设也给公民参与社会治理提供了重要渠道，而网格管理员作为公民与政府的"中介"，在一定程度上使这种沟通更加畅通和有效。网格化治理中，居民可以通过主动和被动的方式参与其中。居民既可以主动向政府及相关部门提供关于社会治安、卫生、环境、民政等信息，还可以通过参与听证、提出建议等方式参与政府决策。可见，信息化与公众参与渠道的畅通化，一方面使社会矛盾得以及时、有效地解决，另一方面也便于社会事务的广而告之，为公众参与社会治理敞开渠道。

（二）网格化管理的发展现状：从社会治理到社区服务

网格化管理的成功运作是建立在网格管理员的"信息收集"和"沟通"的职能上，因此，网格管理员是网格化管理机制中不可或缺的主体。网格管理员对于城市和社区中的人、事、物的信息收集，为政府各部门采取行动提供了信息，也使各部门的工作相互协调，避免了推诿和扯皮现象的发生。值得注意的是，在部分城市，网格化管理已经逐渐从社会治理发展到以社区服务为主。根据不完全统计，网格管理员的活动约有一半以上集中在将原属政府部门或居委会职能的消防、卫生、计生等活动加以落实。

广义而言，社会服务属于社会治理的一部分。并且，网格管理员以其相对专业的素质参与社区服务，通过与社会居民沟通感情，获取他们的信任，便于将社区居民的诉求传递到政府，而且他们对于社会组织的发展也能够起到积极的促进作用，从而为社会治理奠定重要基础。然而，争议在于，如果社区服务所占的比重过大，是否会模糊网格管理员的身份属性？并且，社区服务本身是否属于严格意义上的社会治理？甚至于，很多网格管理员提供的服务已经超出社区公共服务范畴，具有较强的私人服务属性，例如，网格管理员为社区老弱病残等居民代理买卖商品等服务。这种服务的提供，如果是一种长期性的，难免会使居民养成某种生活习惯，认为要求或者享受网格管理员的服务理所当然。

（三）网格化管理的发展趋势：社会治理组织的再生

自 20 世纪后半期以来，从西方国家开始，各国的社会结构开始发生变革，公共领域同私人领域之间的界限趋于模糊，由政府主导的公共领域的范围不断扩大，一些传统上属于私人领域的事项，如生老病死等逐渐被纳入到公共领域。与此同时，随着个体在经济上的独立，传统的社会治理组织对于个体的管理越来越无力，传统、习俗和价值观对个体的影响随之减弱，社会组织化程度降至低点。因此，发挥社会组织在社会治理的作用被再次提出。

就我国的社会组织在社会治理中发挥的作用来说，新中国建立后，城市与农村居民所属的组织，如政府部门、事业单位、工厂、农村生产小组等，既是独立的社会与经济实体，也是政府在基层的代理，承担着社会治理的责任。政府通过各级各类社会组织治理社会，"单位"起着平衡政府和个体利益的作用，并在一定程度上调节着个体的私人事务，例如婚姻、家庭等。由于政府较少地承担提供公共产品的责任，公众与政府之间的连接很少，这种社会治理模式符合当时的社会结构。

自 20 世纪 90 年代开始，中国的社会结构开始发生变化。经济的快速发展使个体的独立性增强，这使个体得以脱离集体而生存和发展，社会组织的功能不断收缩。在城市，这一事实表现为改革开放以来的"经商潮"以及国有企业改制背景下的"下岗潮";在农村,则表现为年轻一代到城市的"求学潮"和"打工潮"。在这些潮流的影响下,社会组织(单位)在社会治理中的政治功能弱化,连接个体与政府的中介慢慢消失,其协调、代表个体和集体的作用也开始弱化。这种结构变革的一个后果是,个体与政府之间的调节机制的缺失,导致利益调节沟通的渠道被封闭。这样,个人的不满就开始激化,转化为对政府的不满。① 当家族、单位等社会组织无法发挥其管理职能时,社会就变成一个个松散个人组成的实体,缺乏共同的意志和信念,更增加了动荡与不安的因素。如果能通过社会组织将个体聚集在共同文化和价值的旗帜下,社会治理就有了支撑和保障。在此背景下,网格化管理促进了社会组织的产生、聚合和重组。在实施网格化管理的城市,不少地区的老年人协会、文化艺术团、经济产业协会等社会组织在网格化管理的背景下纷纷成立,改变了居民无所事事、缺乏沟通的生活状态,也为一些健康的、积极的价值观的传播提供重要途径。网格化管理还激活了一些社会组织,基层群众自治组织(即村委会和居委会)在网格化管理的带动下,机构和职能不断完善,道德理事会、红白理事会、矛盾纠纷和事佬协会等,激活和落实了基层组织功能。②

三　网格化管理的成效分析

经过近几年来的实践探索,网格化管理在不少城市已经取得了明显成效,其价值得到进一步彰显,并得到了公民及社会组织的积极回应与大力支持。这样一种新的管理模式在实践中不仅产生了直接和间接的经济效益,还创造出了一系列的社会效益。③

(一) 实现了从粗放型管理向精细化管理的转变

首先,网格化管理大大提高了社会管理的精细化水平,实现了问题

---

① 参见张静《社会情绪为什么越来越政治化》,2014 年 8 月 20 日,www. shxx. whu. edu. cn. site/shxx/showapical jsp? id = 122040。

② 参见潘德勇《我国社会治理模式选择的理论基础与现实依据——以网格化管理为视角》,《湖北经济学院学报》2014 年第 11 期。

③ 参见杨海涛《城市社区网格化管理研究与展望》,博士学位论文,吉林大学,2014 年,第 73—77 页。

定位的精确性和及时性,明确了管理责任,使组织人员的集约化分工配置成为可能。在传统社区管理模式中,一个数万人的大社区通常仅有一个社区民警,既难以实现动态化和精细化管理,也无法确保服务质量和管理效率。

其次,在管理和服务的提供方式上。在传统社区管理模式下,同一区域内不同类别的城市部件和事件的监督、管理,需要由不同专业部门分别来完成,而且在任务派遣过程中极易出现多头处理和重复处理等弊端。网格化管理将管理和服务权责直接下沉到网格,将过去各自为政的资源重新整合并合理配置,并对业务受理、任务派遣等流程进行再造,使得信息和资源的传递与共享高效快捷,大大降低了各个职能部门单项管理平台的投资开发成本和重复性建设。

再次,传统城市社区管理中,由于每个职能部门都需要针对整个区域负责,巡视和处置成本的负担沉重。实行网格化管理之后,"双轴化"管理体制加上信息平台建设,有效地解决了专业部门巡视力量不足的问题,将各个专业部门从繁重且重复性的巡查任务中解脱出来,集中精力完成社区的管理和服务职能。由于发现问题、收集信息的责任全部由网格管理员来完成,各个专业部门不必再承担巡查任务,不仅降低了人员配备、误餐费、外出补贴等人工费用,而且节约了车辆汽油费、保养费、维修费等处理成本。以北京市东城区为例,由于近300名网格监督员以20分钟为间隔的全时段巡视监督,各专业部门配备的巡查人员减少了10%,相应的各类费用降低了37%。在实行网格化管理之后,东城区部件的维修、重置费用等方面的管理成本降低了48%,新模式的运行每年可为东城区节约管理成本达4 400万元左右。

(二) 实现了从静态管理向动态管理的转变

城市社区网格化管理打破了传统意义上的大社区格局,有效地解决了传统社区管理中信息滞后和工作被动的弊端,使信息收集、反馈的间隔时间大大缩短,加快了问题处置的速度和效率。一方面,网格化管理在城市部件管理的精细化和高效率方面跨出了一大步,城市部件受损、丢失或者存在安全隐患的情况能够在第一时间被锁定和上报。不仅如此,北京、上海、深圳等城市的网格化管理还将进一步统计出特定部件的损毁频率以及对应事件的发生频率,以此来增强和细化对相关部门的监督和考核。

另一方面，网格化管理根据任务性质详细规定了信息收集、问题处理、结果反馈等环节的处置时限，做到了问题处置的即时化和方案预设的程序化。此外，问题的处置结果必须经过网格监督员现场核实后方可结案，监督中心和指挥中心需要对问题处置情况进行全程跟踪，并通过系统自动生成的数据对处置结果形成直观、透明的反映，既避免了人为因素的干扰，又能够有效督促问题处置效率的提高。

例如，北京市东城区自 2004 年 10 月开始推行网格化管理以来：任务派遣准确率达到 98%，问题的主动发现率达到 90% 以上，而过去只有 30% 左右，对问题的平均处置时间为 12.1 小时，而过去要 1 周左右；问题的结案率为 89.78%，平均每周处理问题 360 件左右，而过去每年只能处理 500～600 件。① 再比如，上海市长宁区实行社区网格化管理试点运行 2 个月的时间内，网格监督员主动发现并立案各类问题 9 947 个，平均每天 166 个，主动发现率达到 90% 以上，结案率为 98%。长宁区实行了"首接责任制"，有效避免了因案件归属不明确造成的处置延误，并明确规定问题处置时限为 30 分钟内出现场，可以现场解决的问题要求 2 小时内处置完毕，需要动用工程性措施的问题处置时间不超过 3 天，需要研究并采取综合性措施的问题处置时间不超过 7 周，短期无法解决的问题必须建立管理档案，以便从及时处置向协同解决共性顽疾转变。②

（三）实现了从被动管理向主动服务的转变

传统城市社区管理组织结构之中的"底"原则上是街道，事实上，街道又延伸至社区及社区居委会，其最终结果是居委会沦为了街道的"腿"，主要忙于街道下派的各项行政指令。社区居委会及其工作人员并未实现与服务对象的有效连接，待在办公室的时间远远超过下户时间，对辖区内人口流动情况、社区安全、居民诉求以及各类特殊群体的生活状态等信息掌握得不够及时、充分，再加上平时缺乏与居民的沟通和交流，因此，居民遇到问题和困难时很少会主动联系居委会进行解决。网

① 参见陈平《依托数字城市技术创建城市管理新模式》，《中国科学院院刊》2005 年第 3 期。

② 参见陈先毅《对数字化网格化城市管理的理论思考》，《上海经济研究》2006 年第 1 期。

格化管理很好地解决了这个问题，它通过对空间区域进行合理划分，划小了管理和服务单位，重构了基层管理和服务架构。与此同时，通过网格管理员作为联系群众的桥梁和纽带，将管理和服务直接覆盖到居民、到住户，有效解决了基层管理服务的"主体缺位"和"管理真空"问题。网格化管理的建立，强化了有效联结的微观组织单元，实现了政府公共服务的有效投递，为社区居民提供了诸多方便和实惠，得到了广大居民群众的拥护和支持。

在各地推行网格化管理的过程中，居民身边的琐事成为政府案头的大事，社会管理的工作重点开始着眼于服务群众、为群众排忧解难，社区工作者为居民服务的内容更宽泛、方式更主动、质量更精细，为构建和谐社区打下了坚实的基础。此外，面对纷繁复杂的社会矛盾和问题，各地还在具体工作实践中摸索出许多成功的做法，诸如居民议事、居民恳谈会、民情日记、干部联系包干制度、网络巡查、志愿服务等。网格化管理对这些服务群众的创新做法、经验和智慧进行了总结提炼，将这些方式方法制度化、网状化、普遍化，并且利用现代化信息网络技术加以改造，全面提升了城市社区网格化管理服务工作的技术含量。以湖北宜昌市西陵区为例，2009 年（未实施网格化管理之前）西陵街办受理各类矛盾事件 1 074 起，成功处理 923 起，调处率为 86%。2011 年（实施网格化管理之后），受理各类矛盾事件 1 532 起，成功处理 1 470 起，调处率为 96%。同时，赴省上访和赴京上访率大幅下降。① 再以浙江舟山为例，通过构建"网格化管理、组团式服务"平台来整合社区服务资源、了解居民需求，为民服务由"坐等群众上门"为"主动上门服务"。除了依靠便民服务站为社区居民提供"一站式"服务之外，社区网格员还对空巢老人等特殊群体入户探望问候，为残疾人、行动不便的老人提供代办服务，代确有困难的居民向社区反映诉求，等等。从2009 年 8 月在浙江省在全省推广"网格化管理、组团式服务"以来，浙江省已组建各类服务团队 9.6 万支，参加团队服务人员达 74 万余人。截至目前，全省各级网格团队排查发现问题共 181 万多起，化解各类矛

———————

① 参见施俊勇、李娟、陈豪《网格化管理模式的创新之处——扁平化操作系统》，《教育教学论坛》2013 年第 2 期。

盾纠纷达 138 万多件，为群众解决问题、办实事近 46.4 万件，受惠群众达 1 190 万多人。[①]

网格化管理模式作为基层政府管理服务模式的创新，顺应了时代潮流，适应了日益复杂多元的社会管理需要，在有效克服传统社会管理的诸多弊端的同时，也为新时期推进基层政府职能转变与促进和谐社会发展提供了一条现实路径。然而，作为尚处于摸索阶段的创新模式，城市网格化管理不可避免的存在诸多的问题，对这些问题进行深入探讨有助于更加客观、全面的认识和评价这一模式，并且有助于在此基础之上进一步探索其未来的发展方向和发展趋势。

四 网格化管理的问题表现

从某种意义上讲，网格化管理模式向我们展示了未来一段时间里我国（主要是城市）社会管理和服务的较好前景。然而，网格化管理模式作为一项新生事物还处于探索阶段，由于其发展历程较短，在实践中仍然面临着诸多难以在短时期内解决的问题，需要我们在网格化管理模式的深化发展中逐步加以解决，具体而言，主要表现在以下几个方面。[②]

（一）重管理轻服务，人员素质有待提高

1. 缺乏服务意识

在网格化管理的实践过程中，各城市普遍存在着以管理为导向、以控制为主要手段的情况。虽然与"单位制"这种高度组织化的社会控制相比，网格化管理在维护社会秩序的基础上焕发了社会活力，但从目前的运行情况来看仍然可以视为一种社会化的控制手段。网格化管理工作的实践过程中，许多地方仍然将网格化管理的工作重心放在管理上而不是服务上，将深入基层与群众沟通交流视为搜集社情民意、维护稳定以及加强社会控制的手段，并没有从认识到"寓管理于服务之中"以及"以服务来促管理"的真正含义。尤其值得注意的是，在推行网格化管理

---

① 参见魏礼群等《社会管理创新案例选编》（下册），人民出版社 2011 年版，第 1123—1127 页。

② 参见杨海涛《城市社区网格化管理研究与展望》，博士学位论文，吉林大学，2014 年，第 77—85 页。

的实践过程中，有些成员认为，网格服务是吃力不讨好的事，只不过是走走过场应付一下而已，偏离了网格化管理的最终目的。还有个别地方的团队成员官僚主义作风十分顽固，没有做到转换思维，在与基层群众沟通过程中仍然流露出一种居高临下、高人一等的姿态，动辄采用行政命令手段或进行僵化的、灌输式的说教，很难与群众融为一体，得不到群众信任，服务效果十分有限。

2. 综治维稳功能突显

从现实情况来看，网格化管理的实行更多的是偏向于一种综治维稳的考虑。在当前构建和谐社会的背景之下，维护基层社会秩序的稳定是无可厚非的，但是分寸和火候要拿捏好，工作方式和态度要把握好，否则必然会演变成一种刚性的社会强制模式，不利于社会活力的生成。需要强调要的是，维稳只是手段而不是目的，要避免陷入为了维稳而维稳的线性误区。以北京市东城区为例（全国其他地方推行的网格化管理也多以此为出发点），东城区的网格化模式是在充分总结"信访代理制""城管综合执法机制"等理念和实践经验基础上形成的，主要针对社会安全稳定存在的薄弱环节和突出问题，特别是对那些已经发生或即将发生的"风险"进行防范与排查，以达到维护社会秩序的目的。从中不难看出网格管理的出发点其实还是在于综治维稳。

3. 人员素质有待加强

随着社会开放程度的不断增加，城市社区居民的素质明显提高，维权意识大大增强，这也增加了群众工作的难度，对网格化管理主体的自身素质提出了更高的要求。当前，在城市网格化管理的实践过程中，管理和服务主体往往涉及多个层级、多个部门，其组成成员的专业能力、工作态度、政治素养等自身素质有高有低、参差不齐，这些都会影响到其对待网格化管理工作的心态和成效。

例如，有许多网格化管理人员没有充分意识到网格化管理的实质和意义，存在片面着重经济效益而轻视社会效益，以及只看重眼前利益而忽视了长远利益的问题。个别基层干部与群众之间缺乏紧密的沟通和联系，主要依靠简单的行政命令和强制手段，而忽视了法律手段、经济手段和宣传教育手段的综合运用，管理操作上习惯通过约束和控制，而非协调和沟通来达到管理目标。还有些人员工作方式老套，方法单一，既缺乏与群众交流的技巧，又缺少说服、教育和引导的耐心。一旦与群众意见不一，便会陷入僵局，造成难以挽回的局面。特别是构成社区网格化管理主体的社区居委会成员，不仅要有能力处理网格内一般性事务，还要处理好各类协调性工作，随时应对各种突发性状况等，其人员素质的高低直接影响到网格化管理的实际效果。从全国范围来看，当前城市社区居委会队伍的人均年龄相对偏大，文化程度偏低，普遍缺乏专业管理知识和现代化信息管理技能。特别是一些年龄稍长的基层工作人员，由于电脑操作能力不强，写一个"电子民情日记"往往需要花费很多时间，或者只能请人代写，网上交流互动很不方便。还有些城市社区网格化管理成员主要来自家庭妇女、离退休人员，以及待业失业人员，既没有相应的学科背景，又不熟悉专业化的工作方法，工作起来常常是热情有余而能力不足，不利于城市社区网格化管理工作的开展和全面落实。

（二）重形式轻内容，人性化程度不够

1. "网格"的泛化和虚化

"网格化管理"模式诞生之后，迅速在国内各个城市掀起了一股社区管理的"网格热"。随着网格化管理的不断发展，"网格化"的功能与实施范围都被大大的"泛化"了，几乎所有政府相关的部门和工作都套用网格化管理模式，似乎只要实现了"网格化管理"一切问题就可以迎刃而解了。与此同时，网格化管理还存在着严重的"虚化"现象。例如，有些地方的社区网格化管理只是停留在表面，以为只要画几张工作流程图、安排几个网格管理员就是网格化管理了，而不去研究如何让这些机制和人员发挥实际效用，可谓是"轰轰烈烈搞形式，扎扎实实走过场"，陷入了为了"网格化"而"网格化"的线性误区。

2. 技术理性主义误区

众所周知，除了技术上和法律许可的问题之外，技术运用还需要同人文关怀结合在一起，要将保护人的权利作为一个最基本的考量和一切工作的出发点。当前，在应用城市网格化管理技术的过程中存在着一种"工具理性主义"倾向，这在信息平台建设中表现得尤为明显。以北京市东城区为例，为了确保"底数清、情况明"，东城区确立了"人进户，户进房，房进网格，网格进图"的工作目标，规定每一栋居民楼的"楼长"要负责采集"10＋X"项信息（10项固定信息包括户籍人数、常住人数和流动人口等，"X"则是指群众诉求及安全隐患等特殊信息），并通过家中配备的数字机顶盒统一连接网格平台，并上传至社区、街道和区相关职能部门。① 构建动态性、全覆盖的信息管理系统固然有助于动态的掌握和及时反应，但是否有必要达到北京市东城区模式的程度是有待商榷的。此外，将人、事件和部件置于同等程度的严密监视之下是否有欠妥当，以及如何保障个人隐私和个人信息的安全等等，这些还需要从伦理角度进行更多的思考和探讨。总而言之，城市社区网格化管理追求的不应该是冷冰冰的、使人产生异化的技术理性主义管理，而应该是一种以人为本、充满人性关怀的管理。

（三）管理主体单一，"网格"成为行政力量的新一级延伸

1. 行政色彩浓厚

城市网格化管理模式的构想始于中央号召加强和创新社会管理的大背景之下，是各级党委政府顺应社会转型期的时代变化，倡导从源头上维护社会和谐稳定的一大举措。因此，从某种程度上来说，网格化管理模式是行政系统内生的产物，而非社会化外在推动的结果。从现实情况来看，大多数试点城市网格化管理的实践过程是在政府的大力推动以及直接介入下才得以完成的，带有十分强烈的行政化色彩。垂直的命令与服从关系渗透在网格化管理的方方面面，依靠的是以行政力为核心动力的运行方式，其改革的范围和力度由政府把握，措施方法的制定源于政府，甚至社会与政府合作的空间有多大也取决于政府，其造成的直接后果就是片面强调行政力量的整合和调控，而忽视了社会资源的有效整合和充分利用。

2. "自上而下"的组织建构

网格化管理的组织结构虽然吸收扁平化组织的特点进行了组织创新，增加了"自下而上"的互动，但是并没有从根本上改变"金字塔"形的纵向组织结构，反而促使行政力量对基层社区的控制又得到了进一步的延伸。以湖北省宜昌市为例，宜昌市建立了"市—区—街道—社区—网格"五级管理组织体系，在最高层级的市级层面建立了宜昌市"社会服

---

① 参见竺乾威《公共服务的流程再造：从"无缝隙政府"到"网格化管理"》，《公共行政评论》2012年第2期。

务管理创新"工作领导小组，由市委书记担任领导小组组长，市长任第一副组长，市委常委、组织部部长等 14 位市级领导任副组长，从市委综治办、组织部等部门抽调专门人员集中办公，并由市委副书记、政法委书记兼任办公室主任。由此可见，城市网格化管理依然是围绕着政府自上而下进行的组织建构。

3. "网格"定位模糊

当前，我国的网格化管理依然处于探索阶段，关于"网格"的身份、定位、性质及使命还没有统一明确的规定。"网格"到底是代表着社会中间力量，还是代表着政府力量向下一级网格的延伸？如果"网格"代表的是社会中间力量，那么原则上来说，"网格"在人员构成上应该以自治力量为主、行政力量为辅，也就是说，团队成员的理想构成是以志愿者为主体，或者最大程度上吸纳志愿者。然而事实并非如此，我们看到很多城市网格化管理试点都在整合社区资源，充实"网格"团队力量方面进行了有益的探索和努力，这其中也不乏有许多亮点和创新之处。但从全国范围内来看，无论是湖北宜昌的"一格一员、综合履职"，深圳首创的"一格三员"，还是浙江舟山 6～8 人的"组团式服务"，以及诸如"1＋3＋X"[①]、"1＋2＋N"[②]……众多让人目不暇接的网格人员配备形式，其服务人员大都来自政府相关职能部门以及街道和社区的工作人员，虽然这其中吸纳了一部分民间组织人员和精英骨干成员的加入，但总体来说，行政力量仍然占据绝对的主导地位，掌握着网格中其他主体所不具备的资源和话语权，如此一来，"网格"就可能沦为"两极政府，三级管理"向下一级的延伸，成为在街道和社区之下建立的一个更小的行政执行单元。

（四）社区自治能力不足，体制外力量难以融入

1. 社区居委会难以发挥自治功能

众所周知，社区居民委员会的性质是基层群众性自治组织，社区治理的终极目标和理想状态是实现社区居民的自我管理、自我教育和自我服务。城市网格化管理模式的预想之一是将"网格"作为社区居委会的

---

① "1＋3＋X"形式，即 1 名管理员、3 名协管员、若干名社区志愿者。
② "1＋2＋N"形式，即 1 名网格长、2 名网格信息员和巡防员、若干名志愿协管员。

下一级承接载体,帮助居委会分担来自基层政府部门和街道的指令性任务,从而将社区居委会从繁重的行政事务性工作中解放出来,回归自治本质。从某种程度上来说,"网格"的设置也确实充实了社区服务力量,一定程度上缓解了长期以来居委会存在的"上面千条线,下面一根针"的困境。在实行网格化管理之前,居委会的职责往往是按"条"来进行划分,有的分管民政,有的分管计划生育,有的分管综合治理;实行网格化管理之后,社区干部不仅要管好"条"上的事情,还要下到"格"里管"块"上的事情,这样一来,必然会造成对社区自治空间的挤占。从总体上来说,网格化的实施并没有促使居委会从街道的"腿"变成群众的"头",网格化管理已经陷入了"控制有余、自治不足"的窘境。

2. 没有充分发挥其他社区组织的积极作用

随着社会管理和服务任务的复杂化,社会治理难度不断加大。事实上,政府已经无力独自承担许多城市社区衍生出来的公共服务职能,诸如社区矫正、社区关怀、社区保障、社区慈善等公益事业的推动和发展,以及社区治安的保障和社区环境的优化等,这些社会职能需要由社区民间组织来共同参与和承担。然而,从网格化管理的改革实践中,我们并未看到这类社区民间组织的发展和壮大,社区治理主体仍旧比较单一,缺乏多样性。

由于政府对社区网格化管理的干预直接而且具体,其造成的直接后果就是政府之外的其他力量往往难以融入网格。社区非营利组织、民间组织、志愿者组织等非政府力量自身发育不健全,驻区企事业单位发挥的作用也十分有限。失去了这些重要社区社会组织的依托,网格化管理开展的活动便难以深入群众,自然也就无法取得预期的效果。其中,社区非营利组织通常是某领域的专家,其利益诉求是实现组织的自身价值和目标,用优质高效的服务来获取政府和社区居民的认同和支持。非营利组织以其专业化技能和亲民的形象,成为社区服务中不可或缺的提供者之一,是政府力量的重要补充;同样,驻区企事业单位和其他市场组织也是社区建设过程中的一个重要力量,其与城市社区之间是一种休戚相关、合作共赢的关系,可以在资金支持、居民就业、公共设施建设和环境保护等多方面为社区发展提供帮助。① 由于社区市场组织基本不受政府财政及人事方面的制约，因而在提供个性化服务方面更加的灵活有效。然而，在各地网格化管理的实践活动中，我们并没有看到这些力量与"网格"的对接与融合，这不能不说是当前城市网格化管理的一大缺憾，同时也应该成为未来深入发展和完善的目标之一。

3. 社区居民的参与热情和参与程度有待提高

当前，在推行城市网格化管理的过程中，虽然居民参与社区活动的情况有所好转，但仍然面临着诸多困境，并没有成为真正意义上的"百姓网格"，具体表现为：

（1）在网格化管理中，社区民间组织既不具备权威性，又缺乏足够的自组织能力，无法形成有效的宣传和动员作用，加之其活动性质的公益性和服务性不强，因而往往对广大社区居民的吸引力度不够，以致无法取得群众的支持和信任。

（2）社区居民对网格化管理的认识还有待提高。大部分社区居民对于网格化管理还缺乏基本的了解和认识，认为自己只是社区服务的接受方，在对待网格化管理的态度上比较冷漠，习惯于被动等待和接受，参与意识淡薄。绝大部分成员属于被动式的执行性参与，往往是在网格工作人员的激励动员、说服和劝导下才勉强参与，仅仅把参与网格化活动仅仅当成社区布置的任务来完成，主动性和能动性均有待提高。

（3）居民参与网格化管理的各类机制不完善，不仅限制了居民的参与方式和途径，而且也严重制约着居民的参与热情。具体来说，居民参与网格化管理活动缺乏良好的参与平台，参与内容空泛单一、参与形式被动、参与范围有限。绝大部分社区网格化管理以非政治性参与为主，主要是对社区管理机构业已形成或已经做出决定的事项做做被动式的配合工作。例如，听取居委会关于网格化管理工作的动员、部署以及工作汇报等，缺乏治理性参与以及志愿服务等多样化的主动参与形式。特别是在有些地方，对于涉及社区网格化管理的一些重要事项、规定、举措，一些与自身利益密切相关的社区公共事务的决策以及社区公共权力的运

---

① 参见杨海涛、李德志《政策网络视角下社区治理失灵问题研究》，《东北大学学报》2010年第6期。

行过程等，居民连最起码的知情权都难以得到有效的保障，更别提发言权、参与权和监督权，严重挫伤了社区居民参与网格化管理的热情。

（4）居民参与社区网格化活动的主体比较单一，在年龄构成上也不尽如人意。在各地城市社区网格化管理实践中，绝大部分参与主体是以退休的老年人为主，保健性和文化娱乐性活动成为网格化活动的主要内容，青年群体的参与程度较差、参与热情不高。

五　网格化管理的价值冲突与矛盾挑战

（一）网格化治理的价值冲突

网格化管理有其产生的社会背景，它管理旨在对社会公共产品进行科学地维护和公正地分配，也对社会主体的行为进行适当的引导和规制。然而，这不免产生价值冲突。[①]

1. 自由与秩序价值的冲突

网格化管理以社会秩序和社会突发事件的控制为主要的价值追求，为了达到这一目的，管理借助现代信息技术，构建网络信息平台，定时更新各网格的信息，从而确保对社区、社情的随时追踪。然而，网格化管理所借助的科技手段在一定程度上侵入到私人自主的范畴。在大数据时代，个体行为会因为电子信息系统而被记录，个人隐私权具有被泄露的风险。

一方面是社会发展所必须确保的经济、政治和社会秩序，以及在此基础上要致力于实现的社会公平；另一方面是国家在社会治理过程中对私人领域的有意或无意侵入。两者之间应当如何选择？能否进行平衡？是否因特定社会结构的存在而产生价值的优先位次？这些问题的回答在一定程度上也是价值判断。并且，即便有令人满意的回答，也只是暂时的，社会结构与社会组织的细微变化，都能引起对这些价值问题认识的根本性改变。

哈贝马斯采取了一种动态的评价标准，主张将价值选择融入个体与国家之间的"交往性互动"中。他注意到随着现代国家政治和社会事务

---

① 参见潘德勇《我国社会治理模式选择的理论基础与现实依据——以网格化管理为视角》，《湖北经济学院学报》2014 年第 11 期。

的增多，自由主义法律范式面临解体，福利国家"家长式"的法律范式（以干预和监管为主要内容）也遭受危机：不符合法律自由的原则。以提供照顾、分配生活机会的福利国家，通过有关劳动、安全、健康、住宅、最低收入、教育、闲暇和自然生活基础的法律，在确保每一个人都具有符合人类尊严的生活物质条件的同时，也因提供无微不至的关怀而影响个人自主性，而最终要推进的，恰恰就是这种自主性。①

　　然而，一种法律秩序之为合法的程度，取决于它在多大程度上能兼顾公民的私人自主和公共自主。② 在私人自主的形式法（主要表现为权利法）保障被证明为不充分之后，而通过法律进行的社会导控却最终危害了它本来要恢复的私人自主，唯一的出路是重视那些同时保障私人自主和公共自主之形成条件的交往形式，研究它们之间的相互关联。③

　　为此，哈贝马斯分析了三种解决方案的可能性：（1）倒退到新自由主义所鼓吹的所谓"回到市民社会及其法律去"的退路，已经堵塞；（2）福利国家类型的法律化，与其公开宣称的重新确立私人自主的目标背道而驰，因而必须进行改革；（3）福利国家规划既不能仅仅固定不变，也不能就此中断，而必须在更高的反思层次上加以继续。④ 在此基础上，哈贝马斯提出，建立在权利体系的商谈论要求，实在法必须把权利人的自主性分成私人自主和公共自主之间的互补关系。法规的承受者同时也可以被理解成法规的创制者。这种相互指涉关系提供了一个直觉标准，借以判断一个规定是促进了自主还是妨碍了自主。根据这个标准，公民在实现其公共自主的时候，必须以一种特定方式来划定私人自主的界限，从而使私人具有足够充分的条件来履行公民角色。而且，这些标准也可以用来判断一条规定是形式法上的歧视，还是福利国家的家长主义。在限制自由方面：如果某一法律规定造成了事实上不平等的副作用，就是

---

① 参见［德］哈贝马斯《在事实与规范之间——关于法律与民主法治国的商谈理论》，童世骏译，生活·读书·新知三联书店 2003 年版，第 506 页。

② 同上书，第 508 页。

③ 同上书，第 508 页。

④ 同上书，第 509 页。

歧视性的;如果产生了国家补偿方面的不平等的副作用,就是家长主义的。①

2. 效率价值的质疑

网格化带来的社会治理的巨大成本,引起一些质疑。在犯罪控制理论上,社会学与犯罪学的诸多理论揭示出社会治理的侧重。

"城市同心圆"理论根据城市的功能差别将城市分为不同的区域,位于城市中心的商业区以及与商业区紧邻的富人居住区,犯罪率较高,社会治理相对复杂,因而应当重点防控和管理;而处于城市边缘的贫民区和工业区,犯罪相对较少,对犯罪预防的投入也不与中心区相同。

犯罪容积率理论认为,犯罪和违法行为的产生原因是多方面的,它并不会因为犯罪预防和控制而持续降低。尽管一定的控制措施能够有效预防特定的犯罪行为,但控制措施的采取达到一定程度后,犯罪率将会维持在一个相对稳定的幅度内;并且,犯罪行为具有适应性和迁移性。如果增强了对某类犯罪或某一地区犯罪的预防,行为人就会转向其他地区或其他犯罪。也就是说,特定区域的高压管理会产生犯罪转移的效果。

而社会学理论则认为,犯罪是一种正常的乃至必要的社会现象。犯罪在一定程度上是社会变革的必要。在美国,社会民众对犯罪嫌疑人普遍存在着同情的心理。人们倾向于认为,犯罪人多数是为生活所迫的穷人或是遭受过心理创伤的可怜人。犯罪的重要促发因素被认为是社会,而非个人。在这种社会价值观的主导下,美国的司法体制:一方面,通过设置完备的诉讼程序以保证犯罪嫌疑人的人权,并充分考虑犯罪动机、危害行为等因素,以尽可能区分各种犯罪的程度、危害性,区别惩罚。另一方面,反思犯罪问题的社会根源,从教育、家庭、就业、福利、医疗等各方而进行社会改革,以促进社会分配公平。

网格化管理带来了巨大的人力、物力成本,尽管今天的网格化管理已超出其原有的犯罪控制范畴,转向更广泛的社会服务。然而,网格管理员目前对于社区居民所提供的服务,或属于社区应承担的职责,或存在"越俎代庖"的嫌疑,相关事项应由居民自己或社会组织或商业机

---

① 参见［德］哈贝马斯《在事实与规范之间——关于法律与民主法治国的商谈理论》,童世骏译,生活·读书·新知三联书店 2003 年版,第 517 页。

构来处理。在网格管理中，为不少人津津乐道的是社区服务的质量和效率提高了。然而，如果这种高效率是以较高的成本为代价，而这些成本支出如果用于完善公共设施和增加居民福利，而不是作为网格化的管理成本，可能居民的某些看法会因此而改变。

3. 权力与职责的异化

网格化管理过程中，在一定程度上存在着通过权力压制的方式来化解矛盾的现象，例如城市拆迁纠纷解决、社区中的物业维修、社区环境治理、社区居民与物业的矛盾解决等。

在社会治理中，上级机构和公权机构可以通过权力因素对下级机构和非政府组织下达命令，隐形施加压力。例如，在"网格管理"的意义上，本属公民自治的社区问题，被赋予政治意义。某社区一居民某晚因其他业主的狗吵闹得不到良好休息而求助网格员，网格员将相关信息上报社区主管，最终迫使业主将宠物送走。在"网格管理"的背景下，以"社会秩序"为名，公权力来干预私权利由此获得了正当性，这也证明公共领域向私人领域的侵入。

另一方面，网格管理员的职责感来源于严苛的考评机制。为了达到某种治理的效果，网格管理员都规定有细致的量化考核标准。社区中的网格管理员实际上分担了计生、城管、民政、消防、治安等多个部门的职能。如果在定期考核中，网格管理员没有按照标准收集信息、逐户走访，就会被评定为不合格。同样，其他政府部门的工作也都在这种网格下被异化：网格管理所产生的监督效应不仅仅针对特定群体，而且也针对行政部门的工作人员。这给我们提出一个问题，权力的行使在何种情况下是正当的？职责的履行如何才能形成职业习惯而不再依赖于考评机制？

问题还在于，网格管理员的工作在多大程度上能产生一定的社会效应？如果社区居民安全、卫生、养老等问题严重依赖政府提供的免费的公共服务，这是否是一种社会的进步和人民自主性的提高？个体是更加自由了还是丧失了自主性？更进一步，什么是好的生活？是放任可能的秩序混乱而保有充分的自由，还是在国家安排的有序生活中去约束自我？显然，这是一个"鱼和熊掌不可兼得"的问题，它不存在正确答案，而只能通过权威意志或是民主决策来选择。并且，时代不同以及人们对自由需求的程度不同，决定了在自由和秩序之间做出的选择也会不同。

在网格化管理中，政府为人民该如何生活做出了太多的选择。普特南曾指出：政府为公民个人指定道德是错误的。之所以如此，并不是因为在有关什么生活方式令人满意、什么生活方式不令人满意，或某些其他方面在道德上是错误的问题上，不存在既成事实。许多人为之担心的一个事实是，如果他们公开承认任何类型的道德客观论，他们就会发现某个政府正在用它自己的道德客观性概念来堵他们的口。①

（二）网格化管理的矛盾与挑战

1. 社会自治诉求与政府社会管理诉求的矛盾与挑战②

城市社会管理一直存在两个维度，即政府自上而下的管理维度与居民自下而上的自治维度，城市基层社会秩序取决于这两个维度的良性互动情况。

新中国成立后，我国形成了"单位办社会"、高度政社合一的社会管理体制，作为政府延伸体的"全能"的单位包揽了几乎所有的社会事务，造成了个人对单位、组织的依附，作为社会自治组织的居民委员会被单位挤压而"虚拟化"与"边缘化"，逐渐演变成"拾单位之遗、补单位之缺"的具有"行政—社会"双重属性的行政区划结构，其自我服务、自我教育和自主发展的功能日渐萎缩。改革开放以来，国家与社会的关系开始出现分离，国家统包的社会管理职能逐步回归社会，社会自治组织也逐渐恢复"自我管理、自我教育、自我服务的基层群众性自治组织"的本质。但一方面，由于行政化的出身，从一开始社会自治组织便丧失了自治的理念及机能；另一方面，由于基层政府在城市基层社会管理中的"管制型的政府行政建构、准动员型的行政执行模式和以完成任务指标为手段的行政激励体制"，③造成城市基层政府在社会治理领域介入过多、过深，导致城市基层社会管理面临"行政整合过度"与"社会自治能力不足"的现实困境。

---

① 参见［美］希拉里·普特南《理性、真理与历史》，童世骏、李光程译，上海译文出版社 1997 版，第 160 页。

② 参见井西晓《挑战与变革：从网格化管理到网格化治理——基于城市基层社会管理的变革》，《理论探索》2013 年第 1 期。

③ 徐湘林：《"三农"问题困扰下的中国乡村治理》，《战略与管理》2003 年第 4 期。

网格化管理在面对社会自治诉求高涨和政府社会管理诉求居高不下的情境中，加深了这一困境，甚至存在"削弱社区自治能力的可能性"。① 网格化管理仅仅实现了社会管理的技术革新，并未从根本上改变社会管理权力运行的格局和机制，即网格化管理并未完全脱离政府"自上而下管理"的实质逻辑，反而进一步促使政府职能在基层社会的多角度展开，社会自治组织逐渐被淹没在政府交办的各种事务中，成为行政权力的延伸，社会自治组织在社会自治的名义下再度"被行政化"，基层社会自治空间进一步萎缩，网格化管理陷入"控制有余、自治不足"的窘境，社会管理的单主体使网格化管理在一些规范性、浅层次性的问题上具有较大优势，但在处理复杂问题、深层次问题方面却无法形成长效机制。由此可见，网格化管理无论从技术上还是从体制角度来说，都是对政府社会管理诉求的有效应对，却无法满足日益高涨的社会自治诉求，无法真正化解社会自治诉求与政府社会管理诉求之间的矛盾。

治理是"一个上下互动的管理过程，它主要通过合作、协商、伙伴关系、确立认同和共同的目标等方式实施对公共事务的管理"。② 基于治理权力向度的多元性，治理的有效运作关键在于如何处理好政府与社会自治组织的合作关系，即社会自治达到什么程度才是适当的，政府社会管理止于何处才算恰当。有效的社会自治将为政府管理提供有力支持。没有政府的社会管理，社会自治将走向异端；离开了社会自治，政府社会管理也必然力不从心。网格化治理利用网格化技术，通过网格化空间实现政府管理空间和社会自治空间的整合，政府以及社会自治组织之间在自主负责、合作分担治理责任的基础上共同从事公共产品的生产和供给，形成灵活的、多元的公共利益实现途径，通过政府与社会自治型组织之间的合作，可以达到取长补短、优势互补的效果。从而促进了政府管理与社会自治的有效衔接和良性互动，社会管理效率和资源利用率大大提升；同时治理主体的多元化从根本上排除了政府中心主义倾向，使

---

① 参见田毅鹏《城市管理"网格化"模式与社区自治关系刍议》，《学海》2012 年第 3 期。

② 郁建兴：《中国的公共服务体系：发展历程、社会政策与体制机制》，《学术月刊》2011 年第 3 期。

更贴近公民意愿和利益诉求的社会自治组织成为与政府平等的合作主体，有利于公民权的实现与保护。在政府社会管理与社会自治两者的关系上，网格化治理以社会自治组织的自治为基础、以政府的"有距离治理"为保障，政府与社会遵循各自领域的运行逻辑，实现政府与公民社会的良性互动和善治。

2. 静态化管理现实与动态化管理需求的矛盾与挑战

党的十八大报告明确提出，要建立源头治理、动态管理和应急处置相结合的社会管理机制，而当前我国的社会管理基本处于静态化管理状态。所谓静态化管理，是指国家与社会管理者对变化多端与千姿百态的社会生活实施"人为静止"的管理策略，其基本特征在于封闭性、静态化、保守性、单一化、控制性、专治性、差异性待遇与区别性对待、直接性，以及物质占有与人身束缚性依赖。① 静态管理形成于计划经济时代，是基于单位制的"单元分割"式治理模式的典型特征，其所面对的社会结构是封闭的，所有社会问题都消解于单位社会体系之中，政府并不直接面对社会，社会的复杂性被单位的同质性所掩盖。② 现代社会是一个开放性的体系，其基本特征在于社会结构动态化、社会价值多元化、社会关系错综化、社会问题复杂化。我国有超过2亿的流动人口，加之单位制的消解，政府直接面对社会"非结构性的复杂性"，复杂多层和多向流动的社会开始暴露在国家的面前，再以传统的静态方式对千变万化的社会进行管理和服务，显然难以适应社会发展的需要。

网格化管理可以对管辖范围内的人、事、物进行动态化监测，有利于及时发现问题、解决问题、反馈问题，实现管理的动态化。但从目前实施效果来看，我国网格化管理仍处于静态化向动态化管理转型过程中，总体上静态有余、动态不足。

（1）信息的动态把握不足、无法实现前馈控制。前馈控制是运用不断获得最新的有关社会运行的可靠信息加以预测，并将期望的社会管理

① 参见刘继同《由静态管理到动态管理：中国社会管理模式的战略转变》，《管理世界》2001年第10期。
② 参见彭勃《国家权力与城市空间：当代中国城市基层社会治理变革》，《社会科学》2006年第9期。

目标同预测的结果加以对照，在出现问题的临界点之前就发现问题，事先制定纠偏措施，将问题解决在萌芽状态，不使问题堆成山而积重难返，以确保管理目标与预测结果相一致。[①] 网格化管理实现了信息整合，但是对信息的管理处于静态化、被动化状态，只有采集，没有分析；只是单一发布信息，没有对信息进行整体性分析以抽取信息中的共性，并进而对信息进行细致的分类，以便于信息比对，从而在出现问题的临界点之前就能发现问题，防患于未然。因此，信息资源的价值没有被最大限度地挖掘出来，造成资源的浪费和前馈控制的无效性。

（2）信息资源互联与共享不足。网格化管理的基础在于将局部性信息在合理分类、动态更新的基础上，在网络上实现组织结构纵向与横向上的信息互联与共享。而网格化管理模式下，由于建设模式和技术标准各自为政，存在非常严重的条线分割，各网格系统都在本级系统内封闭运行，信息资源首先属于各网格单元，对于其他网格信息资源的使用需要通过信息交换来进行，数据信息无法统一共享，造成严重的信息不对称，甚至数据信息互相矛盾，无法实现各网格对整个网格系统资源的有效控制和利用，导致发现问题和处理问题的环节上无法有效衔接，严重阻碍了城市基层社会管理快速、有效的反应和处置。

（3）网格化管理主要处于静态的网格划分层次，动态的业务协同尚未有效开展。网格化管理的核心是在资源整合、条块互动的基础上实现协同作业，但由于政府管理体制的条块分割，分别按照条和块建立起来的众多网格没能够有序地整合在一起，无法实现业务协同，使网格化停留在表层，导致网格功能的虚化现象。

以间接性管理方式与手段为主，以人为中心和社会人管理的原则，既是动态管理模式的基本层面，又充分反映动态管理模式的基本特征。[②] 网格化治理以社会自治组织的自治为基础、以政府的有距离治理为保障，充分实现了管理手段的间接化和以人为本的治理理念。在政府与社会的关系上，政府的职责是为社会自治提供必要的条件，而不是直接去治理

[①] 参见阎耀军《城市网格管理的特点及启示》，《城市问题》2006 年第 2 期。

[②] 参见刘继同《由静态管理到动态管理：中国社会管理模式的战略转变》，《管理世界》2001 年第 10 期。

社会；在治理资源上，由资源掌控向资源动员转变。要坚决把政府不该管的事交给企业、市场社会组织，充分发挥社会团体、行业协会、商会和中介机构的作用。在继续抓好经济调节、市场监管的同时，更加注重社会管理和公共服务，把财力物力等公共资源更多地向社会管理和公共服务倾斜，把领导力更多地放在促进社会事业发展和建设和谐社会上。政府在社会管理中的定位应该是多做服务性工作，在治安防范、文化建设、计生服务、养老助残、慈善帮困、就业援助等城市基层民生事务上以社会和个人为主体，使政府职能从管理向服务转变，从而更好地应对动态化管理需求。

3. 重管理轻服务与公共服务需求多样化的矛盾与挑战

2012 年习近平总书记在省部级主要领导干部社会管理及其创新专题研讨班结业式上作总结讲话时指出："社会管理主要是对人的服务和管理，说到底是做群众的工作。"网格化管理实现了社会管理重心的下移，使基层政府实现了横向协调，促进了行政资源的整合，这无疑有利于公共服务的提供效率。但由于不少地方政府对社会管理仍存在管控思维而缺乏服务意识，不是着眼于改善民生和维护群众的合法权益，而是着眼于严防死守；不是从源头上预防和减少社会矛盾，而是停留在消极防范和事后控制的"灭火式"管理上，导致在网格化管理中"重管理轻服务"倾向严重。同时，从网格化管理的运作来看，网格化管理以行政权力为运作基础与核心，其单纯依靠行政力推动的操作结构使其在面对高度复杂性社会问题的时候，尤其在面对多样化、差别化和高级化的公共服务需求时，往往会捉襟见肘，其持久性令人怀疑。[①] 而当前，随着经济的快速发展，人民生活水平的提高，社会对政府服务功能的要求在快速增长的同时呈现出多样化、差别化和高级化的发展趋势：发展型公共服务需求逐渐提高，而保障型公共服务逐渐递减；基本需求标准逐步提高，权利需求越来越强烈；社会安全需求越来越迫切；阶层之间需求差异较大。但目前我国政府重管理轻服务的传统却与多样化的公共需求极不匹配，导致政府服务功能不足，对社会治理产生了广泛的不良影响。

---

　① 参见田毅鹏《城市管理"网格化"模式与社区自治关系刍议》，《学海》2012 年第 3 期。

基于此，公共服务需要实现无缝隙管理以应对公共需求多样化的社会现实。对于何谓无缝隙管理，拉塞尔·M.林登提出了自己的观点，他认为："对于那些和它相互作用、相互影响的人和事物来说，无缝隙组织提供了一种流畅的、真正的不费气力的经验。无缝隙组织的顾客与服务提供者直接接触；两者之间不存在繁文缛节、踢皮球，或者是诸多遁词。顾客的等候时间大大缩短。无缝隙组织以一种整体的而不是各自为政的方式提供服务。"① 无缝隙管理一方面是公共服务主体的多元、无缝覆盖，另一方面是公共服务功能的无缝覆盖。网格化治理从治理主体上实现了多元化，构建了以政府、社会和市场为主的多元公共服务提供格局，实现了政府服务管理与社会需求的无缝隙对接。政府以服务为先为理念，打破了各自为政的公共服务提供方式，以闭环、完整、连贯的整合式流程取代以往割裂的、各自为政的分散化流程，② 有效推动了跨部门公共服务提供，在政府内部形成了相互补位的网络体系，并摒弃"管"字当头的"硬性"思维，"软化"社会管理，以公民需求为导向前置社会服务触角，不仅提高了公共服务效率与水平，同时以有距离治理的方式让权于社会，为社会自治组织的发展提供了便利条件。目前，各类社会组织以及公民个人日益广泛积极参与到社会事务的管理和服务中来，不仅显著提高了自治能力，更有效填补了政府公共服务的不足。

从公共治理技术与流程的角度而言，网格化管理：延长了治理链条、下沉了治理资源；有利于改善我国社会治理中长期存在的条块分割现象，也有利于打破各职能部门间的壁垒、整合社会治理资源；一些地方还通过引入数字信息技术提升了社会治理的精细化水平。从社会治理体制以及基层政权建设的角度而言，网格化管理在街道和社区的组织构架基础上，增加了一个治理层级；通过加强基层党政组织的服务能力以及链接来自市场、社会的服务资源，构建起了管理与服务并重的治理体系；同

① ［美］拉塞尔·M.林登：《无缝隙政府——公共部门再造指南》，王大海、吴群芳等译，中国人民大学出版社2002年版，第4页。

② 参见杨宏山、皮定均《构建无缝隙社会管理系统——基于北京市朝阳区的实证研究》，《中国行政管理》2011年第5期。

时还通过网格主动吸纳和积极满足社会利益诉求。总的来说,网格化管理在一定程度上完善了我国以社区制为核心的城市基层社会治理体制,加强了基层政府与市场、社会组织的互动合作,有助于公共服务需求满足、社会秩序整合以及基层政府的权威重建。[①]

第二节　从网格化管理到治理现代化

党的十八届三中全会提出的"国家治理体系与治理能力现代化"的改革命题,第一次从全国政治高度明确了未来国家治理建设的任务。要完成这项历史任务,必须要"突出解决政党治理现代化、政府治理现代化、社会治理现代化"三个方面的任务。[②]

面对复杂的世情、国情、民情,如何深入推进国家治理现代化,如何提升党和政府的治理能力,如何突破传统的官僚组织架构与根深蒂固的管控思想?发端于水电行业领域,兴起在社会管理领域,渐渐明晰的网格化管理能深度契合这一改革命题。因此,网格化治理理论与网格化治理的制度创新,不仅能弥补网格化管理不足,开创社会治理新局面,而且能有助于将网格化治理从社会领域的治理推向整个公共领域的有效治理,从城市治理推向整个农村的治理。它能兼容中国体制,突破传统官僚组织架构下的行政模式,提升党和政府的治理能力,快速推进治理现代化。本节论证了网格化治理理论产生的历史逻辑,剖析了网格治理与治理现代化的深度契合性,提出了网格化治理制度创新的进一步设想。意在将网格化治理深度嵌入治理现代化制度创新之中,通过网格化治理全面推进治理现代化。

一　网格化治理理论提出的历史逻辑

(一)网格化治理能弥合网格化管理的先天不足

网格化管理的实质是无缝隙管理理论与科学管理主义的延伸,倡导

---

① 参见刘安《网格化社会管理及其非预期后果——以 N 市 Q 区为例》,《江苏社会科学》2014 年第 3 期。

② 参见包心鉴《以制度现代化推进国家治理现代化》,《中共福建省委党校学报》2014 年第 1 期。

的依然是效率至上管控为主的工具理性取向。学者们也更多的是在网格化"管理"视域内总结经验，探寻不足，罕见从"治理"视角去探索网格化管理及其完善，鲜有对网格化治理概念与基本内涵的界定。"治理"取代"管理"不是时髦词汇的选择，而是由治理的特点决定的。第一，治理是一个过程，不是一整套规则；第二，治理过程的基础是协调，不是控制；第三，治理既包括公共部门，也涉及私人部门；第四，治理是持续的互动，不是一种正式的制度。①

这些特点可以折射出管理与治理的理念、手段、模式的区别与跨越。网格化治理可以说是对网格化管理的扬弃。它吸纳了治理理念，弱化了管控思想，并以服务为导向，将多元共治、权力多维度阳光运行等理念嵌入到网格化管理的"监督轴心"与"调度轴心"双轴结构体系之中，这既能秉承网格化管理的优势，又能弥补其不足，迅捷灵动地整合与共享资源，实现对多领域的有效治理与公共服务的有效供给。因此，我们认为，这种理念可以将网格化治理从社会领域逐步扩展到整个公共事务领域。

(二) 网格化治理遵循了治理演进的必然历史逻辑

公共行政是"国家行政机构依法管理社会公共事务的有效活动。"②公共行政的活动主体是政府，活动机制是公权的依法运作。自从 19 世纪末公共行政学诞生以来，人们一直专注于政府的行政机构活动的研究，直至 20 世纪 70 年代后期始，公共管理的出现，才逐渐终结了公共行政的"学术霸权"。公共管理是"以政府为核心的公共管部门整合社会的各种力量，广泛运用政治的、经济的、管理的、法律的方法，强化政府的治理能力，提升政府绩效和公共服务品质，从而实现公共的福祉与公共利益"。③

由此可见，仅就"治理"主体的角度而言，公共管理相比于公共行政出现了不小的变化，这种变化可以概括为：由政府"治理"主体单一

---

① *The Commission on Global Governance：Our Global Neighborhood*，Oxford：Oxford University Press，1995.

② 竺乾威：《公共行政学》，复旦大学出版社 2012 年版，第 39 页。

③ 张成福、党秀云：《公共管理学》，中国人民大学出版社 2012 年版，第 121 页。

性到政府"治理"主体核心化的转变。公共行政将公共治理当然的纳入政府行政活动范畴,拒斥其他主体的介入;公共管理在公共治理权限上已出现相当的收缩,已变得开始欢迎各类社会、市场主体对公共事务管理的参与。但这种参与的前提是,政府必须发挥主导、核心的引领作用。一个广泛认同的治理定义是"一系列活动领域里的管理机制,是一种由共同的目标支持的管理活动。这些管理活动未必获得正式授权,主体也未必是政府,也无须依靠国家的强制力量来实现,却能有效发挥作用"。①公共治理的出现,进一步将公共管理平权化:"治理是政府与社会力量通过面对面的合作方式组成的网状管理系统……政府与其他主体是平等的关系,需要通过对话、建立伙伴关系和借助其他汉族体的资源来实现依靠自身无法实现的目标。"②

由此可见,公共治理理论是倡导权威多中心治理结构的。在此结构中,政府不再是公共管理下具有唯一核心功能的组织,它只不过是众多权威中心之一元。当前,治理现代化已成为我国的宏伟目标,治理理论已成为重要支撑理论。网格化治理的服务导向、多元治理、去行政化、去管控思想等理念刚好顺应这一历史潮流。但从我国公共治理的实际状况看,总体上网格化治理仍处于一种公共管理向公共治理的过渡或衔接阶段。

二　网格化治理与治理现代化的深度契合

治理现代化是治理的目标,网格化治理是实现治理现代化的手段与方式。网格化治理的民主化、法制化、信息化、多元化与开放性和治理现代化能深度契合。

(一) 制度体系的民主化与法制化

国家治理体系包括"规范行政行为、市场行为和社会行为的一系列制度和程序",以及"政府治理、市场治理和社会治理三个最重要的次级

---

① [美]詹姆斯·罗西瑙:《没有政府的治理》,张胜军、刘小林等译,剑桥大学出版社1995年版,第11页。

② 陈振明:《公共管理学》,中国人民大学出版社2012年版,第90—95页。

体系"。① "国家治理体系现代化程度实际上是国家治理制度体系的民主化法治化。"② "制度构成了造就和界定一个社会的'社会黏结剂'",③ 体系化的制度"社会黏结剂"的功能则更强,但这里必须澄清的是,这一制度或制度体系应是一种契合"帕累托优化"的,否则,终究会带来"制度之恶"。民主化对于制度而言,是符合"帕累托优化"趋势的。一个民主化的制度体系,是杜绝绝对"权威主义"的,它在制度设置上渗透了民主的理念,运作过程更倾向于一种平等的协商,不是依据权力势能的管控。法制化是对民主化的制度进行固化,法制化与民主化相互渗透,并行不悖。离开了法制化的纯粹的民主制度必将是乌托邦,最终必然会失败。

民主化与法制化也是网格化治理制度体系创建的要件。在治理主体方面,充分吸纳、引导与培育社会组织,广大民众平等协商参与治理;治理主体在提供公共产品、公共服务以及协调化解基层矛盾时,更离不开民主的方式。在法制化方面,网格化治理更应注重相关法律制度建设。网格化治理代替网格化管理的重要原因之一就是网格化管理相关制度滞后,在机构设置、权力运行等许多方面,网格化管理的法律依据不足,缺少法理权威。它运行的依据仅是地方性的一些文件,或中央一些指导性要求或目标,组织设置、运行主体、运行方式等都没有统一的规范的要求,这严重制约网格化的发展。网格化治理要真正实现有效治理,必须要不断注入法制化理念,不断创新相关的法律制度。

（二）治理手段的信息化

信息化作为现代社会的一个重要标志,也应在公共治理中得到充分彰显。传统科层制的治理信息系统已备受诟病,正如本尼斯所言"从60年代算起的20~50年里,人们将目睹并亲自加入官僚制的送葬队伍"。④当然,这是一种过于极端的说法,但这种说法恰恰反映出人们对当时所处环境下,科层制层层传递式的信息沟通方式带来的延迟性,造成的决

---

① 俞可平:《衡量国家治理体系现代化的基本标准》,《南京日报》2013年12月10日第A07版。

② 何增科:《国家治理现代化及其评估》,《学习时报》2014年1月13日第A6版。

③ 柯武刚、史漫飞:《制度经济学》,商务印书馆2008年版,第18页。

④ 朱国云:《组织理论:历史与流派》,南京大学出版社1997年版,第58页。

策、执行等活动的官僚主义表不满。20 世纪末出现的现代信息技术，使得科层制一度焕发活力：通过对科层制进行信息化，实现组织的扁平化，科层制的效率得到较大提升。但随着现代信息技术的进一步发展，"新媒体的开放性和隐匿性创造出新的信息传播方式，使权力运行留下技术的痕迹，信息自由流通为权力的双向监督提供了可能。"① 人们对于一个更高效率的政府及公共治理体系的渴求也与日俱增，这要求我们不得不考虑对现代治理体系与治理工具进一步技术化。网格化治理很大程度上就是数字化治理模式，离开了数字信息网格化根本无从谈起。整个网格的运行管理都是以现代化信息为基础的。从信息采集机制、信息传输机制、信息一体化化的平台打造等方方面面都是充分运用现代化的信息手段，两者具有天然的契合性。当然，在构建网格化信息运行机制时，不仅应实现信息的共享与高效运行目标，还应构建兼容、联动、开放的信息化运行格局，打破网格化管理现代信息技术的封闭性与垄断性等特点。

（三）治理主体的多元化

现代化公共治理应更多地弱化行政权力，而更多地强化"民有、民治、民享"的公民权利。现代治理体系应是多中心的，通过弱化政府公权本位，形成多个治理的权威中心。多元主体基于共同需要，参与到治理过程中来，形成一种纵横交错的立体网络。这种权威中心应该有党委、政府、广大公民、社会组织与市场等主体，有些领域应该突出党委与政府的主导地位，有些领域应该发挥其他主体的作用。应强化市场在配置资源的主导作用，充分发挥公民与社会组织的自治作用，充分强调企业的社会责任感等，这样才能处理好政府与社会、政府与市场、社会与市场的关系。网格化治理与治理现代化一脉相承，同样强调治理主体多元性，有些领域应发挥政府作用，有些领域突出政府的主导作用，有些领域应交给社会、市场、民众，政府不参与。政府应该是发挥引导与培育作用，不是主导作用。

（四）治理过程的开放化

权力规范、程序、阳光运行是国家治理现代化的重要标志。公共问

---

① 仰义方：《新媒体环境下的国家治理现代化》，《学习时报》2014 年 6 月 2 日第 A6 版。

题的治理是一个过程，这一过程是封闭抑或开放，能否实现权力的阳光运行，不仅仅会影响到治理的效度，还将影响到整个治理体系的评价。治理过程开放化，表现在以下几个方面：一是治理介入的无障碍。在治理过程的各个阶段，多元参与主体都可以依权介入，而不应设置任何障碍性条件。二是治理过程信息的及时公布。治理信息应在整个社会空间流动，而不能仅限于治理系统内循环，如此，可以谨防治理系统陷入"塔西坨陷阱"。三是治理主体、治理工具、协同原则等应与时俱进，依据情势的变化，做到情景化。这是一个封闭的治理过程难以做到的。网格化治理取代网格化管理另一重要原因是网格化治理注重开放化。数字化是网格化管理的手段、基础与优势，也给网格化管理带来巨大负面效应，其更多信息是在政府体制内封闭式运行的，不便于民众知晓与监督。网格化治理能弥补这一不足，既构建信息的运行系统，又构建信息的开放系统与共享系统；既能保证共享快速的办事流程，又能保证信息的阳光运行。

三　将网格化治理嵌入治理现代化的制度创新设想

（一）网格化治理应建成党委领导与政府主导的多元化治理制度体系

网格化治理应形成党委领导、政府主导、民众主体、市场配置的联动共治格局。网格化治理倡导多元共治的理念，但并不是所有主体之间完全是绝对平等的，必须结合我国国情，形成中国特色的网格化治理模式。党委领导是指网格化治理的指导思想、制度供给、组织设计、政治方向等方面应突出党委总揽全局、协调各方的宏观功能。政府主导是指政府要从网格化管理的全能政府中走出，应突出制度供给、搭建平台、提供服务、引导协调等主导作用。民众主体是指在网格化治理中突出民众的主体地位与主人身份，应充分发挥民众在网格化治理中的作用。可将"街区自治"组织、商会、协会等社会自治组织融入网格化治理之中，并通过社会自治组织和权威制度不断吸纳民众参与治理。当然，这两种吸纳方式并非泾渭分明，应融通互动，统一于网格治理体系之中。民众主体地位还应突出民众在制度设计、信息采集、监督管理、评估考核等方面的主体作用，要建立便于民众诉求的信息机制、监督机制、评估机制与自我服务机制，让民众真正地参与进来，民众的主体地位才能真正体现。市场配置是指在提供公共产品与公共服务时，应该多实行服务外包，市场化配置运行，尤其是涉及经济资源时，政府不能具体参与。总之，网格化治理应建成党委领导、政府主导的多元化的治理制度体系。

（二）网格化治理应以服务为主导

行政学历经统治行政、管理行政到服务行政三个阶段。统治行政是基于"合法暴力"之下高频运用的"钳制性"管理模式，主要存在于前资本主义社会；管理行政是一种政府"合法公权"程序化运用的"法理型"管理模式，倡导的是"制度理性"原则，当前，包括发达的资本主义国家在内，几乎所有国家的政府公共行政总体上仍处于"管理行政"的阶段；随着服务型政府理论的提出与践行，服务行政已是一种必然，一种匹配于"服务行政"的现代化治理模式将会相伴而行，现代化治理模式是一种基于"合法权利"充分行使的"民主化"治理模式。治理过程被严格置于多元治理主体治理权利充分张扬的协同议程中。网格化治理就是倡导多元主体协同治理的模式，就是一种提供公共产品、公共服务与协调矛盾的过程，一种服务主导的过程。在这一过程中，网格化管理的效率至上的管控思想必然会渐渐地淡化，基层社区的行政化渐渐被淡化。但目前我国处于急剧的转型升级期，改革的攻坚期，国内外因素都比较复杂，政府的管控职能与服务职能都很重要，甚至有时管控的职能更加突出一些。但从历史发展的长河看，服务主导必然是一种历史趋势。

（三）网格化治理应实现权力多维度运行

网格化管理的核心驱动力是政府，从问题发现、处理结案，到评价考核，都是政府在强行推动，权力主要是自上而下运行的。网格化治理权力多维度运行应体现在：上级的党委和政府与网格化组织之间的纵向流动；与基层民众与社会自治组织之间的纵向流动；基层自治组织与自治组织之间、市民与社会组织之间的横向流动。权力纵向流动既应实行权力自上而下的运行，突出党委和政府的主导作用，又要有权力自下而上的运行，突出民众的主体地位。应在监督轴心和指挥轴心的设置上体现出来。监督轴心应既有权对网格内的所有的普通社区居民的监督管理，又应该有权对居社区层级较高的单位与任何层级的领导人员进行监督，尤应突出自下而上的监督；指挥轴心应能自下而上对相关部门与单位进行分解事务、督办管理、考评等。权力的横向流动应注重不同社会自治组织之间的联动与合作，注重彼此之间的约束与制衡。当然，要实现这种横向制约，必须建立在政府不断引导与培育社会组织，不断增强自治组织的规范化、民主化与科学化基础之上。

（四）网格化治理应去科层化

网格化管理最大的亮点就是能突破官僚组织的层层节制，能实现多部门、多单位联合治理与资源共享，实现管理服务下移，让领导者直接与群众、责任区对接。从管理这个角度实现了组织的扁平化，也有利于去行政化。但网格化管理各地做法不一：有的地方直接进行网格单元划分，然后上级组织对接，实现扁平化去行政化目的；有的地方建立立体的网格体系，建立一级网格、二级网格、三级网格等，每级网格之间是层层管理的关系。这种设置依然是科层组织观念的缩影，不仅没有减少组织层级，而且加大了组织复杂性，难以和原有组织有机结合。因此，网格化治理的重要原则是最大限度地减少组织层级，实现组织扁平化，将原有部门与行政人员与基层网格进行对接，让管理服务下移。这是组织现代化与治理现代化的必然趋势。

网格化管理到网格化治理的嬗变是公共行政、公共管理到公共治理演进的必然历史逻辑，能开创治理新局面，有力地推进我国治理现代化，但网格化治理是一个全新的理论，治理过程更是复杂的，将涉及政治文化、公民自治、社会组织的发育程度与市场的成熟程度等。在相当长的时间内，我国可能仍处于一种传统公共管理向现代公共治理的过渡阶段，网格化治理取代网格化管理也需要一个相当长的时间。因此，在推行网格化治理制度创新时，必须切合我国的政治生态，探索我国的治理特色，不能盲目从外。如何从实践层面不断完善网格化治理，将治理理念扎入实践土壤？如何将网格化治理体系与原有的组织体系有机结合？如何以网格化治理的制度设计最大限度地推进新一轮行政体制改革？如何真正深入有效地将网格化治理从城市治理推向农村治理，从社会领域推向其他公共领域的有效治理？网格化治理能否成为整个现代化治理的必然方式？这一系列命题有待进一步去探索研究。①

第三节 创新网格治理体制机制

中共十八届三中全会《中共中央关于全面深化改革若干重大问题的决定》提出，在未来的 7 年里，"创新社会治理体制""建立科学有效的社会治理体制"将成为我国社会体制领域内全面深化改革的核心内容。该"决定"提出："以网格化管理、社会化服务为方向，健全基层综合服务管理平台，及时反映和协调人民群众各方面各层次利益诉求。"拓展网格化、社会化的基层综合服务管理平台，是创新社会治理体制的题中之义。

在社会政治生活中，治理是一种偏重于工具性的政治行为，是实现一定社会政治目标的手段。网格化管理借助信息技术构筑资源共享、工作协同的运作模式，通过网格提供全方位的管理和高效的公共服务，是政府管理流程上的重大变革和突破，在转变政府职能、解决政府职能的缺位和越位上具有重要的意义。作为一种治理方式，网格化管理被纳入社会管理体制改革的轨道中来，并被政府所推动和完善。网格化治理机制的技术支持是信息技术，外在表现形式是"网格划分"，内在要求是行政权力下放，基本思路是多元共治，核心理念是社会自治。深化社会治理体制机制改革是创新社会治理、构建现代治理体系的重要实践。

网格化治理是社会治理创新发展的大方向，其实质就在于从以政府为单一管理主体、以管控为主要目的的传统社会管理模式，向以党委领导、自上而下的政府管理与自下而上社会自治良性互动、管理与服务相融合的多元治理模式转变。在此过程中，需要适时进行城市基层社会管理体制和机制的创新，在发挥网格化治理的源头治理、动态管理优势的同时，不断强化网格化的服务功能和动态管理特征，从而不断提升城市社会治理水平。

---

① 参见徐敏宁、陈安国、刘东杰《地方治理制度创新：从网格化管理到治理现代化》，《行政管理改革》2014 年第 11 期。

一 创新网格治理体制机制的构建要素与形态

（一）基本要素①

社会治理体制机制创新的基本因素包括以下几个方面：

1. 主体要素：体制机制重组力量与主体合作能力

主体要素共治是创新社会治理体制机制的动力之源，是有效推进社会管理体制机制建设的现实着眼点。多元主体并存是构建创新型社会治理体制机制的充足条件。主体合作共治能力包括：党和政府的执政能力，事业单位和人民团体的参政议政能力，社区组织、社会组织和企业组织的参与社会管理能力。主体合作共治能力关键在于党和政府与民间社会互动的程度与水平。

2. 评价要素：价值理念和制度框架

评价要素是创新社会治理体制机制的基本保证。其中，价值理念保证创新型社会治理体制机制的发展方向，制度框架保证创新型社会治理体制机制的规范运行。

3. 运行要素：体制机制控制枢纽和自调节自优化系统

运行要素是创新社会治理体制机制的关键环节。它涉及体制机制由谁来推动运行、怎样运行的问题。事实上，推动创新型社会治理体制机制运行取决于体制机制控制枢纽，确定创新型社会治理体制机制怎样运行取决于自调节自优化系统。

4. 途径要素：创新的技术手段

途径要素是创新社会治理体制机制的重要条件。美欧学者预言称，一种建立在互联网和新材料、新能源相结合基础上的第三次工业革命即将来临，它以"制造业数字化"为核心，将使全球技术要素和市场要素配置方式发生革命性变化。新的工业革命直接关系经济社会发展和人民福祉，对社会治理既是挑战也是机遇。创新社会治理体制机制只有借助科学发明和技术创新，运用最新技术手段，才能科学配置社会治理资源，加强社会管理信息化建设，提高社会治理效能和服务质量。

---

① 参见张国祥《数字化语境下的地方政府创新型社会治理体制机制研究》，《湖北社会科学》2014 年第 7 期。

（二）基本形态

基于前述章节理论与实践的分析，我们认为，创新型社会治理体制机制的基本形态是：

1. 以网格化管理为基础

它按照"街巷（村组）定界、规模适度、无缝覆盖、动态调整"的原则，把城乡社区按小区划分为若干个网格，每个网格配备网格管理员，由网格管理监管中心负责队伍管理和工作协调督办。在加强对网格的现实社会管理的同时，通过社会服务管理平台，推进网格管理信息化。

2. 以数字化为支撑

全面推进以网格为基础的整个社会管理服务信息数字化，建设"数字网格"和"电子地图"，构建全地域统一、动态更新、联通共享、功能齐全的社会管理综合信息平台，从而建立一个数字社会，在此基础上进行社会管理。这一数字平台具体包括人口、房屋两大基础信息系统，和综合服务管理信息、专业服务管理信息两大应用系统。细分起来，实际上是建立起人口、法人、房屋、城市部件四个基础信息系统。

3. 以全程化服务为核心

把社会服务贯穿于常住人口的生命周期和流动人口的生活周期全过程，深入推进"一对接两跟进"：各部门主动对接社会管理综合信息系统，以人口信息变动为轴心，跟进服务、跟进管理。新生儿童刚刚出生，医院就将相关初始信息发送到人口基础信息系统，公安、计生、卫生、教育等及时跟进，一个新的社会成员信息体系随之开始形成，终身管理服务由此开始。一个外来人口进入本地区，则通过小区网格、公安、计生、人社等多种管道，建立形成外来人口相关信息，相关部门迅速跟进，全程化管理服务。

4. 以集成融合为特色

集成融合主要体现在四个方面：（1）重组街办社区体制。街道综合设置（或者是撤销街办、设立社区）便民服务中心、综治信访维稳中心、网格管理中心"三个中心"，社区建立便民服务站、综治信访维稳站、网格管理站"三个站"，打造社区专职工作者、网格管理员、志愿者"三支队伍"，建立"三个三"基层服务管理组织构架。（2）综合集成信息资源。通过"网格员与志愿者相结合、网格与部门相结合"的动态采集信息和"一方采集、多方响应"的关联比对信息，实现各类基础信息从静态管控到动态管控，从各自为战到融合共享。（3）融合社会工作力量。引导推动各级各职能部门整合基层资源、下沉工作重心，与街道、社区、网格工作力量融合联动，加强基层基础力量，条块的服务管理在基层连成一体、有机统一。（4）融合社会工作流程。推动各部门创新工作方式，再造工作流程。

5. 以合作治理为类型

合作治理是社会力量成长的必然结果，在中国现实国情下，社会治理领域的合作治理实际上是党和政府领导下的合作治理，即社会治理在党委领导下进行，政府具体负责，社会各方协同，公众有序参与。要实现合作治理，必须改变原有的、自上而下的控制型管理模式，从管制走向服务，注重社会服务、社会发展和社会建设，建立公共财政体系，满足公民社会需求。

6. 以五大机制为保障

社会管理事关发展全局，涉及方方面面，构建务实管用的新机制是社会治理顺利进行的根本保障。这些机制包括：（1）维护群众权益机制；（2）人口服务管理机制；（3）公共安全治理机制；（4）信息网络服务管理机制；（5）社会治理工作推进机制。

由此我们得出的结论是，创新社会治理体制机制是在社会治理创新理念指导下，在社会领域为实现好、维护好、发展好最广大人民根本利益，突破原有体制机制格局形成的以网格化管理为基础、以信息化为支撑、以全程化服务为核心、以集成创新为特色、以合作治理为类型的体制机制，是对已有社会治理体制机制的自我完善和发展。创新型社会治理体制机制具有时代性、历史性、动态性、创造性，它是为社会发展总目标、社会建设总要求服务的。

二　创新网格治理体制机制的主要措施①

（一）重新定位政府角色

政府角色定位一直是公共行政领域探讨的热点话题，我国多次的行

---

① 参见杨海涛《城市社区网格化管理与展望》，博士学位论文，吉林大学，2014 年，第 99—108 页。

政改革实践也说明了政府角色在改革成败结果中的重要性。从"网格化管理"向"网格化治理"的转变并不意味着非营利组织、企业组织或者公民可以取代政府的作用。从某种意义上来说，作为"网格化治理"的直接推动者和积极参与者，政府仍然处于整个社会治理网格的中心。有所不同的是，"网格化治理"模式要求政府轻装上阵，从社会管理的具体事务中抽身而出、统揽全局，全力以赴做好核心工作。从"网格化管理"到"网格化治理"的过程之中，政府的角色定位以及职责边界也会出现相应的变化，概括来说，政府要重点做好以下几方面工作：

1. 电子政务流程再造

城市网格化管理的形成和发展进一步推动了电子政务向社区层面的延伸，其在电子政府流程再造方面取得的成果是有目共睹的。因此，要充分发挥网格化、数字化和信息化管理的技术优势，以当前城市网格化管理取得的成果为基础，以网格化信息管理服务平台为支撑，继续深入开展城市电子政务流程的再造工作。一方面，加快政务信息资源的开发和管理，重点构建部门信息资源的共享博弈机制，构建一种基于网格化管理的城市电子政务流程优化发展模式；另一方面，政府要以公众需求为核心整合资源，进一步明确网格化政务流程的机构权责、规则程序、信息规范，真正破除后台管理条块分割、各自为政的局面，最大限度上减少流程中的断点和冲突，以确保电子政务流程的高效顺畅运作。

2. 政策引导和财政支持

政府需要以"治理"理念来代替传统的"控制"和"管理"观念，从而实现对社会治理的宏观控制和有效管理。一方面，要消除"全能型政府"的观念，淡化社会管理的行政色彩，实行"有距离的治理"。在"网格化治理"中，其他主体的参与稀释了政府部门一家独大的态势，权力关系被弱化，取而代之的是政府与社区其他利益相关者相互信任、相互补充的合作状态。政府要改变以行政化手段推进社区发展的方式，尽量采用柔性化和间接化的管理手段。另一方面，"网格化治理"的平等性并不意味着缺乏一个协作规则的主导性组织，事实上，从"网格化管理"到"网格化治理"的转变，离不开政府的政策引导和财政支持。作为"网格化治理"的倡导者，政府应该积极响应城市多元化治理主体的需求，为实现城市社会网格化治理的开展创造良好的环境和宽松的氛围。

应该在充分征求不同治理参与者意见的情况下，制定城市网格化治理的发展目标和发展规划，并不断推动网格化治理进一步走向法治化、制度化和规范化。与此同时，要设立专项资金，将社会管理投入列入市级和区级两级政府公共财政框架之中，以保证专项投入与社会发展状况相适应，并且设定最低保障线，重点向困难人群倾斜。此外，要建立多元化的财政支持体系。政府应当致力于开放式、多元化资金投入机制的构建，积极引导民间资金和社会资金对社会建设的支持和投入，并通过法律法规的完善来提供资金投入的制度化和长效化保障。

3. 建立监督和激励机制

从"网格化管理"到"网格化治理"的转变意味着小至每一个单元网格，大至整个社会都应该是开放的，成员可以不断根据自身利益对其他合作伙伴进行选择，从而使整个社会呈现出动态发展的状态，这同时也增加了政府进行监督和激励的难度。为此，要构建公开、公平、公正的监督激励机制，形成一套科学的评价指标体系，对各类主体履行法定责任和义务的情况进行动态化的监督和评价。当前，网格化管理在建立评价指标体系方面已经有了很大的进步，但仍存在着一些问题。

完善监督激励机制的关键：首先，在于信息公开，政府要投资于那些关键性、稀缺性信息，以减少信息的稀缺性和不对称性，从而妥善解决"搭便车"问题，有效降低合作主体间的交易费用。其次，从内部监督的角度来看，要鼓励合作各方积极参与彼此的监督和激励，不断培养和提高治理主体的规则意识和诚信精神，通过彼此间的合作博弈来达到相互制衡的目的。再次，从外部监督的角度来看，要进一步发挥社会监督、媒体监督和街道社区的监督考核作用，不断提高城市社会治理过程的透明度。

4. 社区专业人才的选拔和培训

从"网格化管理"向"网格化治理"的转变，需要一大批具有较高专业素养、知识技能、良好心态和服务精神的人才，充实到社区居委会、社区工作者和专业社区管理队伍之中，政府在人才的培养培训方面理应更有作为。首先，为了更好地满足专业需要和业务需要，应该对相关专业人员进行有目的、有计划的岗位培训，普及相关的信息技术以及业务流程知识,使其成为既了解社区具体工作情况,又熟悉管理制度和业务流程的现代化管理人员。其次,面向社会公开招聘,不断吸引和选拔具有较高素质的优秀人才,特别是当代大学生加入到社区服务管理队伍中来。大学生不仅具有明显的年龄优势,而且普遍具备一定的信息化管理技能和电脑操作基础,对于新生事物的学习能力和适应能力也比较强,可以更好的应对未来城市"善治"的挑战。再次,还可以效仿西方发达国家社区治理的经验,在网格化治理中引入专业社工人员,为社区工作人员提供辅助性工作,不断充实基层社区的服务力量。

(二) 建立政府的服务导向

从"网格化管理"向"网格化治理"转变,要求政府从着眼于维护秩序和稳定的刚性控制,转变为着眼于满足社会利益和服务需求的柔性治理。要完成这一转变,政府必须改变传统行政统治的基本特征,从"管理导向"转变为"服务导向",自觉将"服务"作为社会治理的自然定位和首要职责,将"服务"的价值理念以一种内化的方式渗透到整个社会治理过程之中。政府以提供更好的服务为目标,有效整合和充分利用处于零散状态的社会服务资源,调动方方面面的积极性,通过良性的互动合作来提高服务质量和服务水平。

1. 实现基本公共服务均等化

社区居民是社会服务的最主要也是最直接的对象,完善的社会服务能够满足社区居民从物质到精神各方面的需求,增强居民的归属感和幸福感,有利于实现城市基层问题的化解与和谐社会的构建。当前,社区居民的诉求大部分集中于利益和服务诉求,公共服务的均等化既是实现社会善治的最终目标和基本要求,同时也是社会服务的应有内容。从"网格化管理"到"网格化治理",必须将社区居民的服务需求为中心作为一切社会工作的出发点,只有这样,才能具备可持续发展的、强大的生命力,向以寻求公共利益和共同体普遍共识为目标的网格化治理方向发展。为此,政府有责任承担社会基础设施建设、就业、社会保障与救助、社会文化建设以及公共安全等职能,以实现社会公共服务均等化以及服务资源供给的差异性互补,并通过人文关怀与社会救助体现"以人为本"的治理理念,帮助社会中的弱势群体过上体面的、有尊严的生活,从而进一步推动和谐社会建设。

2. 推动政府购买服务进程

政府是社会服务最重要的提供者，但并不是唯一的提供者或者服务内容的决定者。公共服务不仅仅是政府服务在社会层面的延伸，同时更应该涵盖社会其他组织提供的服务以及居民互助的内容。因此，服务资源的整合不能仅仅局限于体制内行政组织资源的整合与共享，还要实现体制外社会资源和市场资源的整合，特别是整合企事业单位和其他社会组织的资源优势。政府机构在完成基本服务职能以及满足居民公益性需求以外，还要以供求关系为导向组织其他主体提供服务，积极构建城市社会有效、和谐的公私伙伴关系，形成多元化、立体式的城市社会服务体系，以满足居民多层次的需求。为此，政府需要对参与社会服务主体的优势资源进行梳理，然后根据环境和任务要求对社会服务的购买做出选择或者提供指向性意见。要按照"政社分开、政企分开、政事分开、管办分开"的原则，通过合同外包和项目运作形式，将技术性、专业性以及市场化强的服务，交由社会非营利组织、市场组织或志愿者来提供，为居民提供更具个性化、更有效率的公共服务。

3. 服务效果的监督与反馈

就政府而言，从"网格化管理"向"网格化治理"的转变过程，意味着将有更多可供选择的合作伙伴为社会提供公共服务。首先，为了确保服务的质量和服务效率，政府应该采用信誉担保制度对申请参与社会服务的组织的能力和资质进行认定。通过这种方式能够不断引导声誉良好的社会团体和企事业单位加入到社会服务队伍之中。与此同时，还可以有效解决合作初期参与主体间互不信任的问题。其次，由于绝大部分服务是通过政府购买、合同外包的形式来完成，为了确保服务质量以及政府对人力、技术资源的管理和成本控制的掌握，政府需要采用合同管理制度，来加强和规范对合作主体的监督。将合作各方的责任、权力通过合同的形式明确下来，能够有效地保障合作关系的稳定以及规避风险。与此同时，还要对相关合同的投标、签约、监督执行以及合同结果等一系列行为进行全程跟踪和认定。再次，政府应该以居民的满意度为依据，对参与提供服务的主体进行考核。作为社会服务最直接的体验者，要加大群众认可度的比重，以居民满意度作为检查和监督各服务参与主体工作成效的重要标准。要定期对社会服务用户进行服务质量的反馈回访，依据回访信息和任务完成情况对服务提供者进行考核，并系统总结社会服务体系的整体运行状况，总结经验教训，共同商议改进方法。

（三）不断扩展城市社会的自治空间

从"网格化管理"向"网格化治理"的发展离不开相对成熟的公民社会和社区居民的积极参与，从"管理"到"治理"转变的一个重要标志之一就是社会自治力量的觉醒和公民社会的成长。因此，如何努力发展和壮大城市社会管理中的"自治力量"，并使之与行政力量相互配合，便成为解决问题的关键所在。为此，政府必须秉承"善治"理念，将原属于社会自治的权力交还给社会自治组织和居民，完成由政府独家管理向社会组织和居民共同参与的转变过程，并最终实现城市社会的自我约束、自我管理和自我服务。

1. 回归居委会的自治本质

众所周知，社区居委会是社会自治的组织形式，是最重要的法定群众性自治组织，在地位和功能上代表社区与政府和社会进行沟通。作为基层群众的自治组织，居委会最大的职责是帮助公民表达以及实现他们的公共利益。实现从"网格化管理"到"网格化治理"的转变，政府必须为社会自治提供制度供给，也就是让渡部分权力，给社区居委会更大的自由空间、自由度和自主权。要通过实行居民代表大会制度，发挥居民在社区议事中的作用。首先，政府要依法保护居民委员会的群众自治性组织的地位。为此，要主动减少居委会的政治性、行政性事务，使其有更多的时间和精力从事社区自治活动。其次，要不断完善公共服务事项准入制度，明确规定凡属基层政府以及相关职能部门职责范围内的服务事项，不得以行政命令的形式向居委会硬性摊派。再次，在落实差额选举社区居委会成员制度的同时，还要鼓励社区单位代表、社会组织负责人以及居民代表经过民主选举担任社区居委会的兼职委员，以提高社区居委会民主参与的广度和深度。

2. 大力发展社会民间组织

城市社会民间组织是指社会自治组织成立或者协助成立的，参与社会管理和运作的各类组织，主要包括志愿者组织、群众性文体组织、慈善组织、社会团体、民间协会等，其优势在于提供知识和关键信息，侧重于执行方案的创新。相较于西方社会而言，我国城市民间组织发展在资金、人员等许多方面面临着很多问题，受行政干扰较大，独立性较差，组织形式和活动内容也比较单一。在这种情况之下，政府必须承担起培育民间组织的责任，积极支持并引导社会民间组织的健康发展。首先，对于那些顺应经济发展和社会需要的各类民间组织，政府要以一种开明务实的态度来鼓励它们在法律范围内和社区党组织的领导下，从事社会公共事务、公益性事业以及社会互助性项目的运作。其次，政府要主动进行培育，在法律法规建设、资金供给以及人力资源等方面提供制度性保障，为社会组织发展提供所需的资源和条件。换句话说，也就是政府要有意识地给自己设置一个竞争对手，并以它来倒逼政府的有效运作。除了加大政策支持的力度以及财政拨款之外，政府还应该允许民间组织通过经营性收入、企业捐赠和社会募集资金等方式来缓解其巨大的资金压力。

3. 激发居民的参与热情

在多元化治理体系之下中，居民才是社会真正的主人。从"网格化管理"到"网络化治理"必须改变当前居民参与积极性不高的现状，充分发挥居民在城市社会管理中的主动性。归根结底，居民参与不足在很大程度上是由社会自治制度供给不足造成的，让居民在社区事务中拥有"话语权"才是关键。首先，要继续发挥"网格"在密切联系群众、广泛发动群众方面的优势，关于居民参与哪些活动、如何参与需要进一步制度化、具体化和责任化。其次，创新民主运作机制。要不断完善社区居务公开、社区听证等民主制度，保障居民的表达权利以及居民参与的制度化。还要落实基层民主评议制度，创新民主测评方法，扩大民主测评范围，不断提高居民参与监督考评的热情。再次，要不断提高居民素质，促进居民通过不断的学习来提高参与意识和参与能力。在这方面，英国的社区学习网络和瑞典的社区学习小组活动都能够给我国政府社区治理以很大的启发。最后，要鼓励居民参与各类组织性和社会性活动，全方位拓宽居民参与社会事务的平台，通过多种方式动员和鼓励社会骨干、积极分子以及社区居民等更广泛的社会力量参与到社会治理的各类组织之中。

（四）培育开放、民主、和谐的社会文化

从"网格化管理"到"网络化治理"的转变过程中，形成开放、民主、和谐的社会文化氛围具有正向的激励作用，有利于增强城市社会治理的向心力和凝聚力。良好的社会文化氛围是一种感情黏合剂，有利于扩展多边的关系，实现社会资本增值，从而进入社会文化与社会资本相互促进、有效整合的良性循环。

1. 重视文化建设的作用

相对于行政命令和包办代替的刚性行政行为，社会文化建设作为一种柔性化、间接性的指导和激励更加有效。开展社会文化建设具有许多重要的意义。其一，社会文化有利于满足居民日益增长的精神文化追求，能够起到润滑剂和"软约束力"的作用；其二，社会文化建设能起到纽带的作用，为社会主体之间开展深层次的相互交往创造了条件，增进彼此的了解和信任，有助于城市社会由"陌生人社会"变为"熟人社会"；其三，开展社会文化建设还有利于提升社会认同感和归属感，培养居民的现代公民意识，即居民对社会的责任意识、公德意识以及民主意识。

社会文化建设是一个长期积累和沉淀的过程，需要有计划、有针对性地进行。一方面，政府要不断加大对社会文化场所，如信息咨询交流中心、公共图书馆，以及各类社会文化、体育场所等基础设施和硬件条件的资金投入，为开展各类文化活动创造良好的环境和氛围。加快建设社会文化教育基地的步伐，为社会文化建设的发展提供智力支持。要统筹各类文化教育资源，动员学校、企业等将本单位的活动场所和各类文体设施向社会居民开放，与其签订社会资源共享共建协议，并做好资源开放的日常协调和管理工作，将潜在的静态资源转化为现实的动态资源。另一方面，文化建设仅仅依靠投入资金和进行硬件建设是不够的，还必须关注软环境的建设。应当通过多样化的宣传手段，开展形式多样、丰富多彩的、群众喜闻乐见的社会文体活动，以此加强与居民群众的密切联系。要全面推进社会文化、体育类民间组织的备案管理制度，在场地、资金、人才等方面给予大力的支持和帮助，以吸引更多的社会组织和居民参与其中，培养共同的社会意识。

2. 培育社会志愿服务精神

从"网格化管理"向"网格化治理"的转变需要积极发展城市社会志愿服务。从国外社会发展实践来看，一些非专业化、操作相对比较简单却又很耗时费力的社会服务和社会工作完全可以交给志愿者来做，通过居民之间的互助、自助和他助，形成人人参与、共建共享的良好氛围。社会志愿服务，即由志愿者组织发动社会居民参与社会公共服务的提供，包括慈善捐赠、无偿献血、治安防护，以及针对残疾人、老年人的义工劳动和邻里互帮、互助等活动内容。志愿服务精神协助：有利于实现社会自治的目标，从而达到政府与社会互动互惠的双赢效果；有利于提高社会居民之间的信任，实现社会资本的增值；有利于培养公民文化和公民精神，增强居民的社会意识，提升社会归属感，在自我实现的基础上，形成"回报社会"的现代居民意识。

　　培育志愿服务精神必须建立志愿服务的长效机制：第一，加大宣传力度，大力倡导社会志愿服务。要通过各种宣传手段积极发动群众和志愿者力量，不断提升志愿服务精神，为志愿活动提供良好的环境。例如，采取"政府出钱、志愿组织办事"的方式，由政府或者其他社会组织出钱购买志愿服务，为志愿活动提供财政支持。第二，通过制定"社会服务方案"以及"志愿者保护法"来引导和规范志愿活动。通过多种多样的服务项目吸引更多的优质人才，特别是吸收优秀的青年志愿者，以及党员、老干部、教师、医生等一些既有专长又热心公益的先进分子加入到志愿服务的队伍当中来。第三，不断创新居民参与志愿服务的机制，可以借鉴国际上通行的"爱心银行""时间银行"等做法，将志愿者用于公益服务的时间"储存"起来，一旦自己需要他人的帮助时，就可以用"服务时间"用来换取"被服务时间"，从而形成"人人为我，我为人人、爱心传递、互帮互助"的良性循环。

三　结语

　　由于历史原因和现实条件的限制，"网格化治理"的理念与实践在我国城市社会普遍推广还存在着许多制约性因素，相对而言，网格化管理模式更为适合现实国情。因此，现阶段我们必须制定好适合中国实际的城市社会建设的总体规划和发展战略，从而避免社会建设的盲目性和无序化。首先，我们应该通过借鉴"治理"的理念，不断发展和完善网格化管理模式，然后，再逐步向"网格化治理"模式过渡。具体来说，在起步阶段，政府要充当"网格化治理"的启动者以及和制度规则的建立者；在发展阶段，政府要扮演好推动者、矛盾协调者和治理失灵的救火者;在稳定阶段,政府又要转变为治理的管理者、维护者和监督激励者。最终彻底实现城市社区从"网格化管理"向"网格化治理"的转型。

我国城市社会从"网格化管理"到"网格化治理"的转变是无法一蹴而就的,更不可能通过社会自身的演化而自发完成,而是一项长期的、复杂的、综合的系统工程。众所周知,西方的社会治理是以第三部门及社会力量的充分发展为前提的,很显然,现阶段我国的城市社会并不具备这种环境或者条件。当前,我国的城市社会治理还处于摸索阶段,方方面面的发展都离不开政府的推动和支持。从某种程度上来说,我国的城市社会治理不可能脱离政府而自发地从无序走向有序。那么,在目前的大政府格局之下,在城市社会治理基础薄弱、管理经验缺乏、相关理论和制度尚不健全等实际因素的制约下,如何才能实现"网格化管理"到"网格化治理"的转变,就成为一个十分重大而又亟待研究的课题,无论是方法上还是内容上都有许多值得进一步研究和探讨的工作。

第四节　三峡流域城市社会安全治理战略

社会安全在整个城市社会经济发展中占有绝对的比重,具有风向性和指标性的意义。这是因为城市是一个社会的集中反映和代表,无论是发展指数、幸福指数,还是保障指数、安全指数,都直接反映出一个社会的发展程度和文明程度,直接显示出一个社会的基本状态。城市社会安全水平如何,直接反映着一个社会的稳定水平和最基本发展条件,关系到一个社会是走向兴盛还是衰微。三峡流域城市发展要找到并走出一条能够不断促使经济与社会和谐协调、繁荣发展的道路,首先就是城市社会安全保障与增进之路。这对当前正处在社会转型期的中国社会来说,具有极其重要的现实意义。

一　城市社会安全治理的战略共识与战略框架[①]

面对急遽增加的城市社会安全问题及其带来的安全压力和挑战,从城市管理者和领导者到社会安全专家再到广大社会公众,都逐渐形成一

①　参见邱霈恩《城市公共安全增进战略研究》,《天津行政学院学报》2010 年第 1 期。

个明确的共识，即必须加强城市社会安全的建设和管理，既要突出增强城市应急管理能力，更要加强全面风险管理以全面确保城市安全。这反映了正在全社会达成普遍的战略共识，更反映了全社会对于急切加强城市社会安全的战略期待和战略需要。这一期待与需要将形成不断推进和强化城市社会安全的主要动力。

事实上，对于所有的城市管理者和领导者乃至国家管理者和领导者来说，给城市提供全面、切实、及时、高效的安全，确保城市繁荣昌盛，不仅是一项最主要、最基本的职责与任务，更是确保所有城市乃至整个国家安全、稳定和发展的战略需要。这就是说，确保城市社会安全其实是一个战略问题。在实际的城市管理与领导过程中，尽管需要对已发生的各种紧急情况或突发事件切实应对并处理好，解决燃眉之急；但是，真正的安全目光和重大安全措施却应该放在战略层面上，从长计议，整体下手，综合治理，全面防范，从根本上提高城市安全保障的能力和成效。这就是说，为了城市安全而加强城市公共管理、特别是城市危机管理，必须首先从战略层面加以充分的考虑和认真的对待。

就目前的城市安全保障来看，客观地说，每座城市都是有一定基础的，有的城市甚至还有相当大的关注与投入。只是这样的基础和这样的投入不仅在不同城市之间厚薄多少还差异很大，而且与现代条件下的城市安全要求也相差很远，难以最充分有效地保证和实现城市社会安全。这既有理论上的原因——譬如城市风险种类和机理亦未完全认知，也因为现实生活中的各种危机诱因层出不穷、复杂多样，既有的安全认识和措施还远不能有效应对，有点穷于应付、捉襟见肘的情状。因而，城市社会安全一般均面临更新更大的困境与难题。对现代城市来说，目前处理城市社会安全问题，最主要的是要在既有投入的基础上，从战略上着眼，大幅改善和增强城市安全能力，不断增进城市社会安全。

在整个城市安全战略上，加强城市应急管理应该成为重点。这是因为，城市却偏偏是紧急情况或突发事件频发或高发地区，非常需要有一个快速反应、准确高效的应急管理和应急服务机制来确保城市安全。因而，构建优良的应急处置系统、提高政府应急处治能力就变得十分重要，这也事实上成为每一座现代城市、每一个城市政府所共同面临的重大课题。与此同时，建立健全城市社会安全体系是社会城市化发展的必然趋势。

可以说，城市应急管理是整个城市安全管理的关键;不过，城市常规管理也是城市安全不可忽视的重要组成部分。这两个部分组成的城市社会安全管理才是完整的和全面有力的，才能充分胜任整个危机管理的需要。总之，要增进城市社会安全，就不仅要在问题发生时加以及时有效的处理，而且要在问题发生前，甚至问题萌芽之初就及早加以防范或避免。更重要的是，为此还必须通过全面、科学、优质、高效的综合管理战略来事先消除可能孕育风险的土壤，事先排除诱发风险的各种因子。只有这样，城市社会安全才是最有保障的，才能长期安稳无忧、赢得战略成功。

二　城市社会安全治理的战略对策

(一)　第一战略:综治与联动战略

城市社会安全治理的第一战略应是综治与联动战略。这是因为，城市安全问题一般都不是孤立出现的，而是在城市系统诸多因素的综合作用下孕育和发生的，这就决定该问题一般都是跨维度、跨领域乃至跨层级的，必须综合动用整个安全管理系统或者该系统的多部门联合行动而后才能实施有效治理。

所谓综治与联动战略，就是指在处理城市安全问题时，首先从总体安全考虑上着手设计和启动综合治理措施、联合行动机制的整体性城市安全管理模式。它具有城市安全管理的总平台的地位与功能。它既是处理安全问题的第一线，又是一个连接各级政府管理系统实施综合治理的关节点。这一战略的制定与实施将从根本上决定城市安全管理的可能结果和实际成效，也将基本上决定城市安全的实际水平和质量。它分为两个部分:

1. 横向综治与联动战略

这是专指以城市安全管理系统自身及其运作为安全问题处理主体的一种管理选择与定位。当一个城市发生了某种安全问题时，该市安全管理系统即行调动本市范围内的相关力量，首先在系统范围内实现横向的系统运作，目标是多种力量尽速尽好地联动以综合解决问题、获得综合成效。当该安全问题在本系统内不能充分完成时，还将超越本市范围时，横向扩大邻近或相关的其他城市安全管理系统进行合作，以更大范围的横向联动来达成综治目标。为此，不仅要制作最适合本市的综合治理方案，形成完备、灵活、高效和特适于本市的联动机制，而且还要制定和形成与毗邻或相关城市安全管理系统合作联动的计划和机制。其中必须把应急管理和常规管理既充分区别开来，又充分兼顾起来，还必须覆盖空间维度下的所有安全领域，不应仅针对某些突发事件或仅限于某些安全领域。

2. 纵向综治与联动战略

这是专指以城市安全管理系统自身及其运作为启动各级政府管理系统的关节点的一种管理选择与定位。当一个城市发生了超越其自身管辖范围、能力范围的重大安全问题时，该市安全管理系统就应当在首先实施临时控制措施的同时，迅速启动上传机制和下达机制，及时促成各级政府系统的警觉和重视，并在上级政府及时做出反应并主持具体运作的情况下，发挥基础信息中心和第一线协调联动中心的作用，集成一个立体、强大的政府安全管理系统和力量来综合施治、达成目标。这里也要同时注意和重视应急管理及常规管理的问题，但可以更侧重于重大的应急安全管理领域。

以上两个部分是完全可以明确分开的，但其内在联系也同时是非常紧密的，在制定和实施这两个部分的战略时，要注意这两者的一体化，只不过可以把重点放在第一部分。

(二) 第二战略：分治与分动战略

分治与分动战略实质是城市社会安全治理的第二战略。它要求，城市安全管理系统必须在综治联动和相互支持的基础上，主辅分明、职责分明、精专高效地实施安全防范与治理。它的实质是一种分门别类、分项实施、分层实施、专职专责地处置安全问题的分进式城市安全管理模式。它总是着眼于最大限度地发挥专门安全领域管理部门和人员的专门优势，以及专门安全管理层级和力量的积极性和创造性，使每个安全问题都能得到具体、良好的解决。它将具体影响着城市安全管理的可能结果和实际成效，将在很大程度上影响到城市安全的实际水平和质量，分为两个部分：

1. 横向分治与分动战略

这是专指根据城市安全管理系统内设诸领域、诸部门、诸职能的基本情况，而形成的一种并列分动、各自负责的管理选择与定位。一般来说，城市安全管理系统都根据反恐、治安、消防、民防、社群、民政、城管、交通、通信、物流、金融、卫生、防疫、食品、饮水、餐饮、住房、粮食、教育、就业、分配、社保、能源、资源、人口、环境、安全生产、地下管线、地铁、施工、地震、水利、气象等众多领域设置了专门的管理部门和职能职责，以便对各种专门的安全问题实施有针对性的治理。

事实上，其中每一个领域都有突发事件和常规事件，都同时需要施加相应的应急管理或常规管理。为此，各职能部门或责任主体必须以精专到位的标准制定，实质是在履行职能职责的有效管理措施。这个过程中，特别要做好专项应急管理措施的制订与实施工作，特别要建立专项应急指挥中心、紧急预警中心和应急服务中心，这是因为应急管理以往并未与常规管理一起成为职能履行的"两条腿"而受到削弱甚至被忽略。这一战略将能确保城市安全管理是两条腿走路。此外，要优化和强化安全管理质量与责任的评估和监督，确保安全管理真正到位，这样就能形成一个完整、专业、高效的专项安全管理体系。

2. 纵向分治与分动战略

这是指根据行政层级来建立一套分级施治、分级负责的社会安全管理系统的一种管理选择与定位。通常而言，城市安全问题在城市辖区解决，因而在城市范围内就可以首先建立起"市—区（县）—街道（镇）—社区"四级安全管理系统，每级分别承担一定的安全职能和安全职责，各自在职责范围内履行安全职能、达成社会安全。另外，为有效应对和处理大型安全问题，还必须建立市以上地、省、中央三级安全管理系统，根据安全问题的重要程度来确定安全职能职责的主要承担者，由其专门负责完成整个风险处理任务。这七级安全管理系统中，以市县为轴心，侧重加强应急管理，建立完善的市县级应急体系，在具体应对安全问题时分级担责、分别行动。不过，前四级侧重于最前沿执行决策，深入细节地处理问题；后三级侧重于责任范围内进行决策、实施领导。

这两部分运行时要选择重点，以便用好资源、提高成效。为此，要把在本地最容易发生、且危害最大的那些安全问题以及新的安全热点问题确定为安全管理重点，如地震、地质灾害、重大气象灾害、火灾、工业灾害、生命线事故、传染病疫情、危险性有害生物疫情和动物疫病、群体性事件、信息安全事件、重大刑事案件、恐怖主义及新的危险源就可确定为重点。一旦确定重点，就要在领导、投入和监督上以更大的力度来加强相关职能部门的专门行动。

（三）第三战略：立体保障战略

立体保障战略是指根据并紧切以城市为中心的双重安全管理战略，即综治与联动战略和分治与分动战略，建立一整套纵横架构、科学完善的保障体系，为第一、二战略的实施提供全方位的和灵敏高效的前提、支持与服务。可以说，第一、二战略完全在安全第一线直接处置安全问题，而此战略则在安全第二线备战和辅助解决安全问题。此战略包括如下三部分：

1. 核心保障战略

此即紧扣第一、二战略，构建起一套完整的核心保障体系，对第一、二战略的实施随时随刻提供最直接高效的支持和服务。具体而言，包含以下要义：

（1）以电子政务建设和发展为基础，建立、完善城市公共管理和公共服务电子平台。

（2）在此平台上，突出建设一个灵敏高效的应急管理与应急服务联动中心。由它整体掌控该市的应急处置事务，成为该市集中统一、高效有力的应急处置总部，其功能包括监测、预测、预警、接警、发警、以信息和技术支持应急决策、直接参与应急决策、实施具体的应急指挥和协调（指挥调度各相关部门、力量或资源）、实时应急反馈、迅捷追踪决策、附加应急调度、应急善后评估、应急总结、应急信息发布、应急总数据库、应急总体规划和政策措施起草人等。因而，此中心实质是一个应急处置平台与总部的复合体。

（3）与应急平台相配对，在同一电子平台上，还要明确建立一个高效优质的常规管理和常规服务联动中心。由它确保在履行正常的公共管理和公共服务职能时能够最充分地履行安全管理职能，就是在平时大量的日常社会生活中灵敏发现和处置任何一个风险信号、危机信息，与广大市民进行及时沟通，对矛盾问题、潜在危机和现实隐患，都能及时、负责和恰到好处地进行处理，把问题消灭在萌芽状态。此外，它还是该城市常规安全的信息中心、决策支持中心、具体指挥与协调中心（对各相关部门、力量或资源进行指挥调度）、常规安全规划与政策起草人等。因而，此中心实质是一个常规处置平台与总部的复合体。

最后，确保上述两个安全处置联动中心高度数字化、信息化、网络化（安全管理系统内部畅达通联，及时沟通协调，共保安全）、独立化（两个安全中心必须物理独立，整个安全系统与大众网络之间进行物理隔离，确保自身安全）、备份化（整套系统和内容都有一个备份以防不测）、关联化（在物理隔离下，在两个安全中心之间及其与整个安全系统间另设安全通道，相互联系）、窗口化和便民化（在关联化和自我安全化的基础上，设置工作窗口，直接进行有效管理和便民服务）、枢纽化（在完全物理隔离的基础上，与其他城市、与上级和下级进行安全工作的横向和纵向联系）。由此形成最周密安全、快捷迅猛的两个安全支柱，由其构成一个安全核心，支撑起一个强大、高效的城市安全保障，也成为城市公共管理和公共服务平台的一个中心和主力。

2. 前提保障战略

这是指在其他所有安全战略实施之前或期间应该提早做到、做好前期准备工作，亦叫安全预备。这是成功确保安全的前提。有无此前提，安全保障的质量和结果就大不一样。该前提好而充分，即使情况再突然、再紧急、再严重，都是可以很好地控制局面、解决问题的，使后果不会严重，这就叫做有备无患。如果该前提不好或者没有，那就后果严重了，即使是原本很小的事情，都会带来巨大的被动和代价，这叫无备患大。其要义如下：

（1）建立完善的安全预案。这有两类：一是应急安全预案，亦即应急预案；二是常规安全预案，简称常规预案。这两类实际是两种安全管理的预备方案，特点不同，做法也不一样。过去，城市安全管理是一类预案都没有，在诸如"9·11"、SARS之后，才开始注意搞预案，而且只搞应急预案，只强调应急预案体系的建立和完善。另一类预案就基本忽略了。而这本身就从战略上埋下了隐患——只有一条腿走路，不够安全。这两类预案在编制的原理和要求上都是相同的，即都要针对安全形势和具体风险源（即安全问题）分别制定总预案和分预案，形成应急预案体系和常规预案体系，并由此构成完备的城市安全预案体系。预案应在区分根据安全严重度或预警级别的基础上，针对某一具体形势、领域或问题，设定事前、事发、事中、事后四个环节的工作流程、运行机制、标准、要求、时限、责任、方法和要点，覆盖安全管理和安全服务，确保成为很有针对性和可操作性、非常实用的预设行动方案。

（2）建立完善的安全机制。这个安全机制是根据安全预案及其实施、特别是有效安全处置实践的真实需要，而明确建立起来的安全运作基本流程、基本方式和基本做法的总和，其实质就是安全工作机制。它内容上覆盖安全管理和安全服务，形态上覆盖应急处置和常规处置，在过程上覆盖领导和管理各环节，目标上就是最有效、最低耗、最低风险地解决任何安全问题。这四点是安全机制建设和完善的四个维度与标准，不与之符合或者对应有限，就表明该机制不善或不够完善。为此，完善的安全机制应：既有管理机制，又有服务机制。既有应急机制（含危机与非危机应急处置机制），又有常规机制。既有总机制，即以市政府主导、组织和动员基层政权组织和社会组织以及志愿者队伍共同参与的安全问题预防和应对机制；又有分机制，包括教育宣传机制、公共参与机制、训练机制、预备机制、信息机制、预警机制、决策机制、组织机制、动员机制、指挥机制、执行机制（含联动机制）、沟通机制、协调机制、激励机制、反馈机制、追踪决策机制、心理干预机制、评估机制、监督机制和责任机制等。这些机制由四维决定，既单独负责地运作，又相互组合、一体化运作，形成庞大的安全工作机制群。而安全机制建设就要全面搞好这些机制，而后才能形成真正完备的安全机制体系。目前，因公共突发事件频发，而只聚焦于应急管理机制建设显然是很不够的。

（3）建立完善的安全体制。安全体制是根据核心保障战略、安全机制的需要和主要状态形成的一整套制度化安全运作基本模式。它涉及公共权威主体的内部结构、职能设置、权力分配、资源配备、主辅设定、程序设定、协同设定、关系设定、工作内容、工作要求、工作标准、工作责任等重大要素。其实质是核心保障战略和主要机制的制度化与定型化。其价值就在于有助于安全机制得到最大限度的保障、巩固和支持，使之最有效地发挥出安全保障作用；进而使机制和体制都能同时充分胜任对安全职能的履行。其内容完全覆盖安全管理和安全服务、应急处置和常规处置、领导与管理以及最基本的城市安全保障模式。从现实情况看，不符合上述情况的城市公共管理和公共服务体制就必须进行调整或改革，直到理顺关系、便于高效达成城市安全为止。为此，必须建立一个集中统一、协调配合、灵敏高效的城市安全保障最高权威——城市安全保障委员会，实行市长负责制，在直属应急联动中心和常规联动中心之外，承担起对本市的整个应急与常规安全责任与工作，进行统筹安排和具体的整合、协调、实施、指导、监督和推动。这样，那些临时的、无权威的、随机设立的各形各色安全机构、安全运作模式和资源启用模式都将废弃，那些应急延误、危机疏忽、内耗浪费及由此而来的危险后果都将避免，进而是真正从体制上做到最充分确保城市社会安全。

（4）建立完善的安全法制保障。这是前提保障战略的锁定性措施。对上述各项保障措施以及整个城市社会安全所涉及的各个方面，都以强化安全成效为标准来加以规范化、制度化和法制化。其核心是为保障城市安全，针对需要硬性限制或强化的安全管理各方面，建立完善的法律法规和规章制度。这既包括综合性和专门性社会安全法律法规，也包括有效规范安全管理和安全服务的各种具体制度，诸如安全管理制度、安全服务制度、应急处置制度、常规处置制度、信息公开制度、媒体管理制度、公共参与制度、检查监督制度、绩效管理制度、责任追究制度等，最终形成一整套完善的安全类法律法规和制度政策体系。

3. 基础保障战略

这是为落实前面所有战略措施而在最基本保障上采取全面配合、提供良好而充分的必要条件、物质支持和技术支持。这里主要包括以下一系列措施：

（1）建立完善的安全力量保障。这是整个前提保障战略中最基本、也最重要的安全保证，它包括两个层面：

第一层面是具体解决安全问题的人力资源，包括四个部分：一是训练有素的专业安全队伍，包括安全工作队伍、紧急救援队伍和其他安全辅助队伍；可以将这些队伍分成相对稳定的各种专职行动小组，如信息小组、救治小组、支援小组、运输小组、宣传小组、维稳小组、医疗小组等；安全机制一旦启动，所有这些队伍都能立即各就各位，成为安全预案的实施主体、具体解决安全问题的主力军。二是专家队伍，包括管理专家队伍、技术专家队伍和其他相关专家队伍。三是警力、军力和国防后备力；其中的军力和国防后备力要专门化，专门履行城市应急安全保障职能；要避免随意动用直接处于国防第一线的精锐战斗部队来担负地方应急与常规安全任务。四是志愿者队伍和广大群众。

第二层面是对这些安全力量进行专门训练、优化和提高，增强这些力量全面应对和处置安全问题的能力和水平，既要依总预案进行综合配套的模拟演练，又要依分预案或专项预案分门别类地专门培训、模拟和演练。这样就能从整体上确保足够强大和专业的安全实力来应对和化解安全问题。

（2）建立充分而完善的专门物质保障。一是要根据城市人口数量、安保范围、安全问题（特别是灾难性事件）最大危害概率来确定救急需要的物资储备，在种类、质量、数量和应急新增生产潜力上都有一个科学的推定和投入，由此为可能的应急救助提供充分的物资保障。此外，对储备物资要实行统筹规划、统一管理、明确分工、责任到人、优势互补、协同配合的管理制度。二是要建立以公共财政专项资金为主、以各种社会资金渠道为辅的社会安全资金保障体系，以法定的形式、透明的机制和集中统一调拨的方式，来确保专用资金能够得到完全的专款专用，即使风险偏低年份的安全特用资金未用或所用不多，也不能挪作他用，而必须积累待用。三是对于储备范围以外所特需的各种物资、设备（特别是专用大型设备）和特别工具系统，要由政府统一采购、专业部门统一管理维护。

（3）要在现有的城市电子政务平台上加强和推进城市数字化建设，把城市的人口、区块、街路、管线、机场、车站、河湖、桥梁、公园、社区、商场、馆所、银行、学校、机关、企事业单位、交通设施、交通工具、体育设施、文化设施、市政设施、绿化设施及其他公共设施等诸城市硬件要素加以网格化和数字化，统一标准，全面缜密，全部纳入"城市数字"之中，建成"数字城市"，为城市社会安全管理提供优良的信息化基础和最基本保障。

（4）要为城市应急管理与应急服务中心、常规管理和常规服务中心，提供最优良、最先进的信息技术装备和完整的办公条件与备份条件，建成两个安全信息系统中心，与"城市数字"直接相连，直接充当"数字城市"的两个"心房"，构成整座"数字城市"的完整心脏。复杂而先进的预警预测系统、信息处理系统、决策支持系统、指挥系统、调度系统、协调系统、联络系统等均安装在这个心脏里。此外，要从当前现有条件和原有基础出发，建设全市统一的应急信息共享交换服务平台，解决各单位现有信息系统和业务系统数据库标准不一等问题。这是信息时代最重要的城市基础保障。

（5）要对整个城市安全管理与服务系统的办公条件与资源进行最科学合理的整合和优化，为此要不惜进行一场深刻的城市体制变革；并配套给予更多的专项投入，保证各级安全指挥场所建设以及其他全局性项目为重点，逐步扩展到整个系统，搞好专门的基础设施建设。

另外，要抓好后备安全基地建设：一是建设具有足量容纳力的救助系统、救助设施、救助物品和救助工具等完整、配套的救助基地。这要以现有的医院和救助院为主体，发现和整合其他医疗保健基地，以学校、教堂、体育场馆等为准后备救助基地。这样一套救助基地是在关键时刻能够发挥最重要作用的基本安全救助条件。二是建设应急避难所、疏散通道和紧急容纳机制。这主要通过战略规划来设定并建设好真正具有避难所功能的广场、操场、公园、大街、高地、医院、大型场馆等，要确保这些避难所的容纳量适合本市人口在紧急情况下避难的需要。三是建设能够满足本市按人口计算和安全问题概率所需要的安全培训和演练基地、科普和宣教基地。为此，要整合本市现有的教育培训基础设施并加以充分利用，并新建和扩建一批功能更齐全、容纳量更大、运作质量更高的基地。

（6）建立充裕而适当的救助性社会保障。这主要是指为减轻安全问题、特别是百年一遇或千年一遇大灾难带来的巨大损害，要设立社会保险基金，为公民、公众和法人提供保险性社会保障，把安全问题带来的物质损失尽量降低，把原本独自承担的物质压力和风险尽量分散。这样就便于全社会尽快稳住阵势，尽快抹平创伤，尽快恢复信心，尽早获得必要的物质基础。此外，要积极吸收来自国内外企业、非政府组织、个人和国际组织的赞助和捐助，完善社会保障、医疗保险、商业保险等的投资与管理机制，培育和发展社会共同参与的社会安全管理财力保障机制。最重要的是，要从国家层面着眼，积极推动、配合，探索建立巨灾保险体系，最终形成具备抵御巨灾的能力。

三　结语

从战略上促进城市社会安全治理，就是要以全面、系统的思维和理论视角来探析城市安全问题及其解决方案，避免就安全论安全、就灾害论灾害的简单性和片面性；此外还要从战略层面整体考虑如何正确处理城市社会安全与城市环境的关系、安全管理与整个公共管理的关系，从整体上考虑如何增进城市社会安全，并由此建立城市社会安全的战略规划。

换言之，要确保城市社会安全，就要从战略上加强城市安全管理，重点强化和优化城市危机管理：既充分重视城市的应急管理、特别是应急安全机制建设，也充分注重平时的日常管理和常规安全机制建设；既要最及时和最大限度地引用最新安全科技成果和手段，更要始终从战略上牢牢把握住城市安全管理的主动权和先决优势。由此确保城市安全管理变得更加科学合理、系统全面和切实有效，进而真正以更大的力度来充分改善和保障城市社会安全。

总之，要制定一整套完善的战略保障措施，确保整个安全管理和服务，特别是应急处置能够最快捷高效、强大有力地运作起来，由此逐步建立城市社会安全管理和服务体系，促成三峡流域城市的综合安全能力和水平得到有力支持和大幅提升。

参考文献

俞可平：《治理与善治》，社会科学文献出版社 2000 年版。

费孝通：《乡土中国》，生活·读书·新知三联书店 1985 年版。

孙柏瑛：《当代地方治理——面向二十一世纪的挑战》，中国人民大学出版社 2004 年版。

谭志松、朱静、梁贤艳：《乡镇应急管理体系优化研究》，中央民族大学出版社 2012 年版。

谭志松、王俊：《现代城市社会治理创新"一本三化"模式研究——来自宜昌的中国经验》，中国社会科学出版社 2015 年版。

吴鹏森、章友德：《城市社区建设与管理》，上海人民出版社 2007 年版。

顾丽梅：《信息社会的政府治理》，天津人民出版社 2003 年版。

陈平：《网格化城市管理新模式》，北京大学出版社 2006 年版。

夏建中：《中国城市社区治理结构研究》，中国人民大学出版社 2012 年版。

丁茂战：《我国城市社区管理体制改革研究》，中国经济出版社 2009 年版。

龚鹰：《社会管理模式的创新》，知识产权出版社 2012 年版。

潘小娟：《中国基层社区重构——社区治理研究》，中国法制出版社 2004 年版。

李培林、张翼、赵延东等：《社会冲突与阶级意识：当代中国社会矛盾问题研究》，社会科学文献出版社 2005 年版。

杨侯第：《中国城市民族工作的理论与实践》，民族出版社 2001 年版。

杨海涛：《城市社区网格化管理研究与展望》，博士学位论文，吉林大学，2014 年。

张弋明:《武陵山片区的乡村社会治理研究——基于恩施州巴东县石桥坪村的调查》,硕士学位论文,三峡大学,2014年。

王慧杰:《治理视野下的网格化社会管理》,硕士学位论文,山西大学,2013年。

李春节:《城镇化进程中涉及民族因素的群体性突发事件的成因及对策研究》,硕士学位论文,西南民族大学,2011年。

那丽丽:《和谐社会背景下三峡工程移民稳定研究》,硕士学位论文,西南大学,2009年。

陈福军:《城市治理研究》,博士学位论文,东北财经大学,2003年。

潘记永:《转型期我国公共安全的现状与对策研究》,硕士学位论文,山东大学,2007年。

唐承沛:《中小城市突发公共事件应急管理体系与方法》,博士学位论文,同济大学,2007年。

赵汗青:《中国现代城市公共安全管理研究》,博士学位论文,东北师范大学,2012年。

吴亮:《中国少数民族群体性事件及治理机制研究》,博士学位论文,中央民族大学,2011年。

崔庆五:《影响三峡库区移民社会稳定的因素研究》,硕士学位论文,西南师范大学,2005年。

汪豪杰:《宜昌市社区网格化管理研究——以治理现代化下社区治理转型为背景》,硕士学位论文,华中师范大学,2014年。

陈鹏:《城市网格化管理与居民自治的复合治理机制研究——基于宜昌市典型城市社区的调查》,硕士学位论文,华中师范大学,2014年。

郑建炯:《武陵山区突发公共事件应急机制探究——以恩施土家族苗族自治州为例》,硕士学位论文,湖北民族学院,2012年。

魏永忠:《论我国城市社会安全指数的预警等级与指标体系》,《中国行政管理》2007年第2期。

雷仲敏:《我国城市公共安全管理模式构想》,《上海市经济管理干部学院学报》2004年第1期。

李雪锋:《完善国家安全和社会安全治理的重要举措》,《中国经济时报》2013年11月29日第006版。

范维澄、刘奕：《城市公共安全体系架构分析》，《城市管理前沿》2009 年第 5 期。

董华、张吉光、李淑清：《城市公共安全与可持续发展》，《软科学》2004 年第 3 期。

王雪丽：《城市公共安全政府内部治理结构问题探究——伙伴关系的视角》，《理论导刊》2012 年第 9 期。

邱霈恩：《城市公共安全增进战略研究》，《天津行政学院学报》2010 年第 1 期。

井西晓：《挑战与变革：从网格化管理到网格化治理——基于城市基层社会管理的变革》，《理论探索》2013 年第 1 期。

魏源、赵晖：《社会管理创新视角下的网格化治理模式研究》，《湖北民族学院学报（哲学社会科学版）》2013 年第 6 期。

郑泽金、张国祥：《城市网格化管理拓展研究——以宜昌市网格化管理为例》，《湖北行政学院学报》2014 年第 4 期。

范柏乃：《推进社会管理创新：理论、实践与路径》，《社会科学家》2013 年第 12 期。

张国祥：《数字化语境下的地方政府创新型社会治理体制机制研究》，《湖北社会科学》2014 年第 7 期。

夏国锋、刘辉：《从"网格化管理"到"网络化治理"——社会管理模式与秩序观的转型》，《湖北文理学院学报》2012 年第 10 期。

朱仁显、邬文英：《从网格管理到合作共治——转型期我国社区治理模式路径演进分析》，《厦门大学学报（哲学社会科学版）》2014 年第 1 期。

徐敏宁、陈安国、刘东杰：《地方治理制度创新：从网格化管理到治理现代化》，《行政管理改革》2014 年第 11 期。

陈强、徐波、尤建新、关贤军：《城市公共安全管理体系研究》，《自然灾害学报》2005 年第 8 期。

朱武雄：《转型社会的公共安全治理——从公民社会的维度分析》，《东北大学学报（社会科学版）》2010 年第 9 期。

潘加军、张晓丹：《转型期我国城市公共安全体系的缺陷与重构》，《社会科学家》2004 年第 11 期。

陈道银：《风险社会的公共安全治理》，《学术论坛》2007 年第 4 期。

谢淑珍：《城市社区公共安全治理模式创新研究——基于整体性治理理论》，《安徽广播电视大学学报》2013 年第 2 期。

王焱：《城市社会公共安全市场的制度安排——以社区治安与犯罪预防为例》，《上海行政学院学报》2006 年第 7 期。

李礼：《城市化进程中的公共安全治理》，《电子科技大学学报（社会科学版）》2012 年第 4 期。

郭福亮、许宪隆：《论省际结合部的社会管理》，《西北民族大学学报（哲学社会科学版）》2012 年第 1 期。

李玉清：《加强省际协作维护边界稳定》，《甘肃法制报》2007 年 3 月 14 日第 003 版。

许安平、张立涛：《对当前我国涉及民族因素事件的浅析》，《中央民族大学学报》2009 年第 4 期。

张成、许宪隆、郭福亮：《省际结合部民族因素群体性事件调查报告》，《西南民族大学学报（人文社会科学版）》2012 年第 4 期。

宁华宗：《武陵山区农村民族社区发展困境与典型社区构建》，《湖北民族学院学报（哲学社会科学版）》2010 年第 1 期。

阮仕宏：《如何健全省际边界联防联调机制》，《人民公安报》2014 年 9 月 4 日第 005 版。

韩春梅、李侠：《跨界治理视阈下的区域警务合作机制》，《中国人民公安大学学报（社会科学版）》2012 年第 2 期。

庄万禄：《水电工程移民群体事件化解机制与和谐社会建设——以四川民族地区为例》，《西南民族大学学报（人文社科版）》2008 年第 1 期。

陈纯柱：《三峡移民中的社会稳定研究》，《重庆大学学报（社会科学版）》2002 年第 2 期。

罗昌勤：《偏远民族地区农村群体性事件的社会效应与治理对策思考》，《云南行政学院学报》2009 年第 4 期。

赵雪军：《民族地区群体性事件的发生原因及处置对策》，《湖北警官学院学报》2013 年第 11 期。

马雁：《城市化进程中的民族因素群体事件的诱因分析——以 S 市调研为例》，《经济研究导刊》2014 年第 9 期。

沙玉山、田爱民：《民族地区乡村平安建设中存在的问题与对策——以湖北省恩施土家族苗族自治州为例》,《中南民族大学学报（人文社会科学版）》2013年第11期。

王平：《论武陵地区民族关系与社会稳定机制的构建》,《中南民族人学学报（人文社会科学版）》2006年第11期。